Así es

SECOND EDITION

Manual de laboratorio y Cuaderno de ejercicios

Nancy Levy-Konesky

Brandeis University

Karen Daggett

Boston College

Holt, Rinehart and Winston
Harcourt Brace College Publishers
Fort Worth   Philadelphia   San Diego   New York   Orlando   Austin   San Antonio
Toronto   Montreal   London   Sydney   Tokyo

ISBN: 0-15-501924-4

Address editorial correspondence to: 301 Commerce Street, Suite 3700, Fort Worth, TX 76102.

Address orders to: 6277 Sea Harbor Drive, Orlando, FL 32887-6777.
1-800-782-4479, or 1-800-433-0001 (in Florida).

Printed in the United States of America

5 6 7 8 9 0 1 2 3 4 095 9 8 7 6 5 4 3 2 1

Contenido

Así es: Cuaderno de ejercicios *151*

Manual de laboratorio

Unidad preliminar: Secciones 1, 2, 3

In the laboratory manual, the *Unidad preliminar* is not divided into three separate lessons as it is in the text. Therefore, it is best to do the lab work after completing all three preliminary lessons in the text. For optimum reinforcement of the material presented in the *Así es* text, this practice is recommended for all subsequent lessons.

¡Bienvenidos al mundo hispánico!

PRONUNCIACIÓN

Vowels. Each vowel in Spanish consists of one sound. They are crisp, short sounds which show virtually no variation and no gliding as in English. Follow along on page 1 of your lab manual.

The vowel **a** is similar to, but shorter than, the **a** in the English word *father*. You will now hear a series of words which contain the **a** sound. Repeat the words after the speaker.

| la | mal | sala | habla | mar |
| canas | dama | papas | fatal | ¡caramba! |

The vowel **e** is pronounced like the **a** in the English word *lake,* but without the glide sound which follows the **a** in English. Repeat the words after the speaker.

| se | Pepe | jefe | arete | leche |
| meta | dedo | queso | menor | teléfono |

The vowel **i** is pronounced much like the **ee** in the English word *feet*, however the quality is shorter and crisper. Repeat the words after the speaker.

| lima | ti | rica | mi | bistec |
| mil | fila | bicicleta | sencilla | pedir |

The vowel **o** is pronounced like the **o** in the English word *so*, but without the glide sound that follows the **o** in English. Repeat the words after the speaker.

| noche | color | peso | mono | todo |
| motocicleta | cosa | modesto | dorado | solo |

The vowel **u** is pronounced like the **oo** in the English word *fool*. Repeat the words after the speaker.

| mucho | gusto | blusa | trucha | multa |
| azúcar | pulmón | música | culto | sumar |

You will now hear a series of ten sentences, each focusing on one vowel. Repeat the sentences after the speaker, imitating the pronunciation as closely as you can. Each sentence will be spoken twice.

1. La dama estaba cansada.
2. Calabaza, calabaza, cada niña para su casa.
3. ¿De dónde es Elena?
4. Meche prefiere leche.
5. El pintor pinta el piso.
6. Mi hijo pide pizza con piña y ají.
7. Ojo por ojo.
8. Los osos son más bobos que los lobos.
9. Tuve un fuerte susto.
10. Hubo muchas brujas cultas pero unas aún más brutas.

Diphthongs. You will hear eight pairs of words containing diphthongs. Repeat the words after the speaker the first time. The second time, write the number that corresponds to the diphthong you hear. All possible diphthong combinations are represented in the chart. You will hear the answers on the tape.

1	2	3	4	5	6	7	8	9	10	11	12	13
ai	au	ei	eu	ia	ie	iu	oi	io	ui	ua	uo	ue

1. _____
2. _____
3. _____
4. _____
5. _____
6. _____
7. _____
8. _____

Breath groups. The stretch of words that you pronounce in one breath is called a breath group. Breath groups are particularly important in Spanish because the pronunciation of some sounds depends on their position in the breath group and because the words in a breath group are linked together to sound like one long word.

You will now hear a series of breath groups of varying length. Repeat after the speaker, paying special attention to the linking of the words into one group. Each example will be spoken twice.

1. el estudiante
2. El policía está aquí.
3. El libro está en el escritorio y el mapa en la pared.
4. Pedro, ¿eres actor o abogado?

Consonants. Some consonants are pronounced the same in both Spanish and English and others are not. Within the same language, some consonants have more than one pronunciation.

You will now hear a series of word-pairs with the first word in English and the second in Spanish. The pairs will be read twice. Repeat the words following the speaker the first time, listening carefully to the indicated consonant. The second time, check **Same**, on the chart provided, if the consonant is pronounced the same and **Different** if it is not. You will hear the answers on the tape.

		Same	Different		
1.	*b*			boy	beso
2.	*b*			table	labios
3.	*c*			call	casa
4.	*d*			dill	dar
5.	*d*			radar	lado
6.	*f*			faith	feliz
7.	*g*			game	gusto
8.	*g*			get	gente
9.	*h*			hotel	hotel
10.	*j*			just	justo
11.	*k*			kiss	kilómetro
12.	*l*			bottle	lata
13.	*m*			mother	madre
14.	*n*			never	nadar
15.	*p*			pit	pato
16.	*q*			quiche	que
17.	*r*			rich	rico
18.	*s*			silly	sol
19.	*t*			tip	taco
20.	*v*			vase	vaca
21.	*z*			zoom	zorro

DIÁLOGOS

The dialogues in the lab manual are also found in the Así es *text.*

A. *The dialogue will first be read without pauses. Listen carefully. The dialogue will be read again with pauses for your pronunciation practice and for you to check your work.*

Un encuentro entre amigos (*A meeting between friends*)

MARGARITA: ¡Inés! ¡Hola!

INÉS: ¡Hola, Margarita! ¿Qué tal?

MARGARITA: Estoy bien, gracias. ¿Y tú?

INÉS: Pues, bastante bien.

MARGARITA: ¡Qué bueno! Mira, te presento a un amigo...

| CARLOS: | Mucho gusto... Carlos. |
| INÉS: | Encantada. Yo me llamo Inés. |

Y, más tarde...

MARGARITA:	¡Chau! Saludos a tu familia.
CARLOS:	Chau, Inés.
INÉS:	Chau, Carlos. Mucho gusto.

B. Comprehension. *You will hear a series of statements about the dialogue. Indicate whether they are* **Cierto** *(True),* **Falso** *(False), or* **No se sabe** *(Unknown). If the statement is false, correct it on the line provided. Each statement will be read twice. You will hear the answers on the tape.*

| MODELO: | You hear: | El amigo de Margarita se llama Miguel. |
| | You write: | **Falso. Se llama Carlos.** |

Cierto **Falso** **No se sabe**

1. _____ _____ _____ _____

2. _____ _____ _____ _____

3. _____ _____ _____ _____

4. _____ _____ _____ _____

C. *Listen to the second dialogue. It will first be read without pauses. As you listen, fill in the missing words. The dialogue will be read again with pauses so that you can fill in the words you didn't catch the first time, practice your pronunciation, and check your work.*

El nuevo empleado (*The new employee*)

SR. ORDÓÑEZ: _____, señorita Pérez.

SRTA. PÉREZ: Buenos días, _____ Ordóñez.

SR. ORDÓÑEZ: Señor Sierra, _____ presentarle a la señorita Elba Pérez, nuestra directora del departamento de ventas.

SR. SIERRA: _____, señorita Pérez.

SRTA. PÉREZ: _____

 Unidad Preliminar

Y más tarde...

SR. ORDÓÑEZ: Bueno, creo que _____ todo por ahora, ¿no?

SR. SIERRA: Sí, todo _____ muy claro.

SR. ORDÓÑEZ: Bueno, entonces, _____.

SRTA. PÉREZ: Hasta luego, señor Ordóñez.

SR. SIERRA: Adiós, y _____ por todo.

SRTA. PÉREZ: _____.

D. Comprehension. *You will hear a series of statements about the dialogue. Indicate whether they are* **Cierto, Falso,** *or* **No se sabe.** *If the statement is false, correct it on the line provided. Each statement will be read twice. You will hear the answers on the tape.*

MODELO: You hear: Elba Pérez es directora del departamento de computadoras.

You write: **Falso. Es directora del departamento de ventas.**

	Cierto	Falso	No se sabe	
1.	_____	_____	_____	_____
2.	_____	_____	_____	_____
3.	_____	_____	_____	_____
4.	_____	_____	_____	_____

VOCABULARIO

E. Greetings, Introductions, and Expressions. *You will hear a series of minidialogues. After listening to each dialogue twice, check **Lógico** (Logical) if the second item is a logical response to the first item or **Ilógico** (Illogical) if it is not. You will hear the answers on the tape.*

> **MODELO:** You hear: ¿Cómo te llamas?
> You hear: María Luisa.
> You check: **Lógico**

	Lógico	Ilógico
1.		
2.		
3.		
4.		
5.		
6.		
7.		
8.		

GRAMÁTICA Y ESTRUCTURAS

F. "You" in Spanish. *You will hear a series of exchanges twice. Listen carefully for the clues which indicate a formal or an informal relationship. Check the appropriate box in the chart provided. You will hear the answers on the tape.*

> **MODELO:** You hear: ¿Cómo está Ud., señora Padilla?
> You hear: Estoy bien, gracias.
> You check: **Formal.**

	Formal	Informal
1.		
2.		
3.		
4.		

G. Subject Pronouns. *The sentences that you will hear do not contain the subject pronoun. Indicate the understood subject of each sentence by writing in the blanks the letter corresponding to the pronoun(s) listed below. Each sentence will be read twice. You will hear the answers on the tape.*

A. yo   B. tú   C. él, ella, Ud.
D. nosotros   E. ellas, ellos, Uds.

> **MODELO:** You hear: ¿Eres de Panamá?
> You write: **B (tú)**

 Unidad Preliminar

1. _____   6. _____

2. _____   7. _____

3. _____   8. _____

4. _____   9. _____

5. _____   10. _____

H. The verb *ser*. *The sentences that you will hear contain the verb **ser**. Indicate how each verb is used by checking the appropriate box below. Each sentence will be read twice. You will hear the answers on the tape.*

> **MODELO:** You hear: Los profesores son inteligentes.
> You say: **Description**

	Nationality	Profession	Description	Definition	Origin	Possession
1.						
2.						
3.						
4.						
5.						
6.						
7.						
8.						
9.						
10.						
11.						
12.						

I. More practice with *ser*. *You will hear a brief narration followed by a series of imcomplete statements about the narration. When you hear the beep, indicate the correct conclusion of each statement. Everything will be read twice. You will hear the answers on the tape.*

Useful Vocabulary

respuesta = answer

1. A. literatura   B. historia

2. A. doctora   B. profesora

3. A. Europa   B. Centroamérica

4. A. diez   B. tres

5. A. cuatro   B. tres

J. Interrogative Words. *You will hear a series of questions. Match the questions with the drawings and write the letter that corresponds to the appropriate drawing in the space provided. Each question will be read twice. You will hear the answers on the tape.*

A.

B.

C.

D.

E.

F.

1. _____

2. _____

3. _____

4. _____

5. _____

6. _____

K. The verbs *ser* and *estar*. *Answer the questions using the cues provided. You will be practicing both **ser** and **estar**. Follow the model. Repeat the correct response after the speaker.*

> **MODELO:** You hear: ¿De dónde es José?
> You see: José/México/mexicano/Cancún
> You say: **José es de México. Es mexicano. Está en Cancún.**

1. Silvia / Chile / chilena / Santiago

2. Luis y Pepe / España / españoles / Granada

3. Pablo / Cuba / cubano / La Habana

4. Nosotros / Bolivia / bolivianos / La Paz

5. El profesor / Honduras / hondureño / Copán

6. Nosotras / España / españolas / Madrid

7. Ellos / Puerto Rico / puertorriqueños / Ponce

 Unidad Preliminar

L. More practice with *ser, estar,* and interrogative words. *You will hear a series of statements. Give the question that produced each statement. Repeat the correct response after the speaker.*

> **MODELO:** You hear: Estamos muy mal.
> You say: **¿Cómo están Uds.?**

M. Numbers. *You will hear a series of numbers between zero and twenty. Identify the picture that contains a reference to the number you hear. Write the letter that corresponds to the appropriate picture in the blanks provided. Each number will be spoken twice. You will hear the answers on the tape.*

A.

B.

C.

D.

E.

F.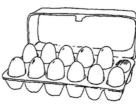

1. _____   2. _____   3. _____

4. _____   5. _____   6. _____

N. *Hay.* *Answer the questions using the cues provided. You will be practicing the expression **hay** and classroom vocabulary. Repeat the correct response after the speaker.*

> **MODELO:** You hear: ¿Hay tiza en el aula?
> You see: 4 borradores
> You say: **No, no hay tiza pero (*but*) hay cuatro borradores.**

1. muchos lápices

2. 10 cuadernos

3. 6 mapas

4. 2 puertas

5. muchas sillas

6. 3 profesores

O. Nouns and articles. *Give the feminine equivalent of the nouns and articles that you hear. Repeat the correct response after the speaker.*

> **MODELO:** You hear: el chico
>   You say: **la chica**

P. Plurals. *Give the plural of the nouns and articles that you hear. Repeat the correct response after the speaker.*

> **MODELO:** You hear: el bolígrafo
>   You say: **los bolígrafos**

DICTADO   En la clase

During each pause, write what you heard. The sentences will be read twice, and the entire section will be repeated so that you may check your work. The sentences are also in the key at the back of the lab manual.

1. _____

2. _____

3. _____

4. _____

5. _____

        Unidad Preliminar

Lección 1

En el centro estudiantil

PRONUNCIACIÓN

In Spanish **b** and **v** are pronounced exactly the same. They each have two possible pronunciations, depending on the position in a breath group.

The **b** or **v** is pronounced like the **b** (hard **b**) in the English word *bake:*

- when the **b** or **v** appears at the beginning of a breath group, as in the following examples.

  baño   **vaso**   **beso**   **volar**   **bate**

- when the **b** or **v** follows **m** or **n**, as in the following examples.

  cambio   **envuelto**   **un bote**   **un visor**   **ombligo**

When the **b** or **v** appears anywhere else, it is pronounced by bringing the lips close together and letting air pass through them creating a little friction (soft **b**). There is no equivalent in English. Listen to the following examples.

  libro   **hablar**   **el vasco**   **esbelto**   **revelar**

Práctica de pronunciación

You will now hear a series of words or phrases in Spanish that contain both pronunciations of the letters **b** and **v**. After you hear each word, indicate whether it contains either the hard **b** or the soft **b** sound, by checking the appropriate column on the chart. Each word will be spoken twice. You will hear the answers on the tape.

	Hard b	Soft b
1.			bola
2.			lavar
3.			limbo
4.			oboe
5.			arbusto
6.			en vista
7.			alba
8.			Javier
9.			vida
10.			bulto

You will now hear a series of words that contain the hard **b** sound. Repeat the words after the speaker.

burro	vaca	Colombia	vamos	buscar
vosotros	también	bolígrafo	vuelo	bueno

You will now hear a series of words that contain the soft **b** sound. Repeat the words after the speaker.

Pablo	cubano	jueves	la ventana	árboles
televisión	acabar	Alberto	el valor	labios

You will now hear a series of phrases with words containing both the hard and the soft **b** sounds. Repeat each phrase after the speaker, imitating the pronunciation and intonation as closely as you can. Each phrase will be spoken twice.

1. Vino a buscarme a las nueve.

2. No estaba ni bañada ni vestida todavía.

3. Vamos a ver al nuevo bebé de Víctor y Beatriz.

4. Volveremos a Bolivia en noviembre.

DIÁLOGO

A. *The dialogue will first be read without pauses. Listen carefully. The dialogue will be read again with pauses. Repeat, imitating the speakers' pronunciation and intonation.*

Saludos y presentaciones

ANTONIO: Con permiso, señorita, mire, ¿es ésta la clase de… ? Pero, Catalina… Hola… ¿tú por aquí? ¿En una clase de medicina? No comprendo.

CATALINA: Es fácil, Antonio. Necesito la clase para mi carrera de medicina.

ANTONIO: ¿Tu estudias medicina? ¡Qué coincidencia! ¡Yo también! Pues, mira, Catalina…

CATALINA: Un momento, por favor, Antonio… Te presento a mi amiga Alicia Fonseca. Alicia, éste es Antonio Mendoza.

ANTONIO: Encantado, Alicia.

ALICIA: Igualmente, Antonio.

CATALINA: Hoy es el cumpleaños de Alicia, ¿sabes?

ANTONIO: Felicitationes, Alicia.

ALICIA: Gracias.

ANTONIO: De nada

CATALINA: Ya es hora de clase. ¿Vamos?

ANTONIO: Sí, cómo no. [*Antonio tropieza con* (bumps into) *el profesor*] Ay, perdón.

PROFESOR: No es nada.

 Lección 1

• • •

ANTONIO:	Alicia, después de clase, ¿por qué no vamos a la cafetería para tomar café?
ALICIA:	Gracias, pero acabo de tomar café, y necesito trabajar a las tres hoy.
ANTONIO:	¿Dónde trabajas? ¿Qué haces?
ALICIA:	Trabajo en la biblioteca para la profesora Sopeña. Busco libros y preparo listas de artículos allí.
ANTONIO:	¿Y mañana?
ALICIA:	Mañana, sí. A las diez en punto, en la cafetería.

B. Comprensión. *You will hear a series of statements about the dialogue. Indicate whether they are* **Cierto, Falso,** *or* **No se sabe.** *If the statement is false, correct it on the line provided. Each statement will be read twice. You will hear the answers on the tape.*

> **MODELO:** You hear: Antonio estudia arquitectura.
> You write: **Falso. Antonio estudia medicina.**

	Cierto	Falso	No se sabe	
1.	_____	_____	_____	_____
2.	_____	_____	_____	_____
3.	_____	_____	_____	_____
4.	_____	_____	_____	_____
5.	_____	_____	_____	_____
6.	_____	_____	_____	_____
7.	_____	_____	_____	_____
8.	_____	_____	_____	_____
9.	_____	_____	_____	_____
10.	_____	_____	_____	_____

VOCABULARIO

C. Lugares (Places). *You will hear a series of places. In the space provided, write the letter of the drawing that matches the place that you hear. Each place will be named twice. You will hear the answers on the tape.*

A.

B.

Hablo, Hablas, Habla

D.

C.

F.

E.

1. _____		4. _____	
2. _____		5. _____	
3. _____		6. _____	

D. Asociaciones de palabras (*Word associations*). *You will hear a series of words. Underline the verb that logically corresponds to the word that you hear. The answers are on the tape.*

> **MODELO:** You hear: profesor
> You underline: **pagar / enseñar**

1. pagar / regresar

2. tomar / practicar

 Lección 1

3. charlar / escuchar

4. usar / llegar

5. pasar / contestar

6. comprar / estudiar

7. trabajar / bailar

8. mirar / presentar

GRAMÁTICA

The present indicative of *-ar* verbs

E. Diana y el presente. *Practice using the present tense. Listen to the statements that Diana has made today. From the context decide how Diana used the present tense. Check the appropriate box in the chart. You will hear each statement twice. The answers are on the tape.*

MODELO: You hear: Hablamos con Fernando ahora.
You check: **In progress**

	Present/ habitual	Emphatic speech	In progress at moment of speaking	Action in immediate future
1.				
2.				
3.				
4.				

F. No, no... *Use the printed cue and answer* **no** *to the questions that Cecilia asks you. In this exercise you will practice making negative statements and you will reinforce new vocabulary. Repeat the correct response after the speaker.*

MODELO: You hear: ¿Bailas bien?
You see: mal
You answer: **No, no bailo bien. Bailo mal.**

1. tarde

2. allí

3. con

4. poco

5. medianoche

6. más tarde

7. toda la noche

8. después de

Los números 21–100

G. ¿Cuántos? *Answer the questions using the cues provided. Repeat the correct response after the speaker.*

> **MODELO:**   You hear: ¿Trabajas veinte horas?
>   You see: 30
>   You say: **No, trabajo treinta horas.**

1. 48

2. 60

3. 100

4. 65

5. 21

6. 55

Telling time

H. ¿Qué hora es? *Using the cues provided, tell whether Arturo's watch is keeping the correct time. Repeat the correct response after the speaker.*

> **MODELO:**   You hear: Son las tres.
>   You see: 2:45
>   You say: **No, son las tres menos cuarto.**

1. 1:30

2. 3:50

3. 11:04

4. 12:00

5. 1:15

6. 5:35

I. La hora. *Using the T.V. listing provided, indicate whether the statement that you hear is* **Cierto** *or* **Falso.** *If the statement is false, correct it on the line provided. Translate the 24-hour clock into the traditional clock when necessary. Each statement will be read twice. You will hear the answers on the tape.*

> **MODELO:**   You hear: *Para todos* es a las dos de la tarde.
>   You indicate: **Cierto**

Televisión

Canal 2   Tel. 201-3120
Canal 7   Tel. 802-6001/6
Canal 9   Tel. 801-3065
Canal 11   Tel. 943-2555
Canal 13   Tel. 27-3661/9

6.50

⑦ ATC **Actualidad agropecuaria.**

7

⑦ ATC **De 7 a 9,** informativo; cond. D. Mendoza.

9

⑦ ATC **La mañana,** periodístico; cond. A. Percivale y M. Viale.

10.30

② **Reunión de administradores.**

11

② **Antes de salir,** de interés general; cond. C. Mena y L. Festter.

⑦ ATC **Dibujos animados.**

11.30

⑨ **Flavia está de fiesta,** infantil; cond. F. Palmiero.

12

② **Noticias al mediodía,** cond. M. Mintz y H. Giofre.

⑦ ATC **El extraño retorno de Diana Salazar,** telenovela; c/J. Martínez, L. Méndez y elenco.

⑪ **Telefé noticias,** informativo.

⑬ **Teledía 13,** informativo.

13

② **Deportemas,** con todas las disciplinas deportivas; cond. R. Aldao.

⑦ ATC **Almorzando con Mirtha Legrand,** de interés general.

⑨ **Nuevediario (1a. edición),** informativo.

⑪ **La dama de rosa,** telenovela; c/J. Rodríguez, C. Mata y elenco.

⑬ **Fax,** Magazine de humor y noticias; cond. N. Repetto y J. C. Mendizábal.

14

② **Para todos,** de interés general.

⑨ **¿Diosas o demonios?,** femenino; cond. K. Alemann, C. Medina, L. Delfino y S. Monetti.

⑪ **Indiscreciones,** con noticias del espectáculo; cond. L. Avilés.

15

② **Sentirse bien,** de interés general; cond. O. Gómez Sánchez.

⑦ ATC **Video moda,** cond. R. Giordano.

⑪ **Utilísima,** femenino; cond. P. Miccio.

⑬ **Manuela,** telenovela; c/G. Colmenares, J. Martínez y elenco.

15.10

⑦ ATC **Cine argentino: El amor nunca muere,** c/Z. Moreno, T. Merello y M. Legrand. Dirección: Luis César Amadori (capítulo 1°).

16

② **Nuestra casa,** femenino; cond. V. Hanglin.

⑨ **Chiquilina mía,** telenovela; c/D. Fanego, D. Garzón y elenco.

⑪ **El show de Los Pitufos,** dibujos animados.

⑬ **Pobre diabla,** telenovela; c/J. Rodríguez, O. Laport y elenco.

17

② **Plaza feliz,** infantil; cond.

Lección 1

	Cierto	Falso	
1.	_____	_____	_____
2.	_____	_____	_____
3.	_____	_____	_____
4.	_____	_____	_____
5.	_____	_____	_____
6.	_____	_____	_____

The verbs *hacer* and *ir*

J. ¿Qué hacen allí? *Listen to the questions. Choose a verb from the list to complete each sentence. Repeat the correct response after the speaker.*

> **MODELO:** You hear: ¿Qué hace Marcela en el laboratorio de lenguas?
> You write: **Escucha cassettes.**

practica   bailan   busco   miran   tomo   enseña   compramos   hablan

1. _____ español.

2. _____ bolis y cuadernos.

3. _____ café.

4. _____ la televisión.

5. _____ flamenco.

6. _____ libros.

7. _____ el básquetbol.

8. _____ matemáticas.

K. Y después... *Answer the questions using the cues provided. You will be practicing both* **hacer** *and* **ir**. *Repeat the correct response after the speaker.*

> **MODELO:** You hear: ¿Hacer la tarea?
> You see: clase
> You say: **Sí, hago la tarea y después voy a la clase.**

1. librería

2. biblioteca

3. residencia

4. sala de clase

5. fiesta

L. ¿Qué vas a hacer? *Answer the questions using the cues provided. You will be practicing* **ir a +** **the infinitive.** *Repeat the correct response after the speaker.*

> **MODELO:** You hear: ¿Qué vas a hacer en la fiesta? (bailar)
> You see: bailar
> You say: **Voy a bailar.**

1. tomar café
2. estudiar español
3. escuchar cassettes
4. buscar un diccionario

5. practicar el básquetbol
6. hablar con el profesor
7. charlar con Teresa
8. hacer la tarea

NOTA CULTURAL   Las cafeterías en España

M. *You will hear a description of a scene in a Spanish cafeteria. The second time you hear the description, repeat after each pause, imitating the speaker's pronunciation and intonation. Prepare to do a comprehension activity in N.*

Useful Vocabulary

bistec = steak   **té** = tea
Estados Unidos = United States   **vino** = wine

N. *You will hear a series of incomplete statements about the passage. After each statement, there will be three possible conclusions. Circle the letter of the correct conclusion. Everything will be read twice. You will hear the answers on the tape.*

1. A   B   C

2. A   B   C

3. A   B   C

4. A   B   C

5. A   B   C

DICTADO   Las escuelas secundarias en España

During each pause, write what you heard. The sentences will be read twice, and the entire section will be repeated so that you may check your work. The sentences are also in the key at the back of the lab manual.

1. _____

_____

2. _____

_____

Lección 1

3. _____

   _____

4. _____

   _____

5. _____

   _____

Lección 2

En clase

PRONUNCIACIÓN

The letter **h** in Spanish is always silent regardless of its position in any word, as in the following examples.

hablar   **hospital**   **moho**   **alcohol**   **helado**

You will now hear a series of words and phrases containing the letter **h**. These words are also included below so that you can see the position of this silent letter.

hacha   **hoja**   **¡hola!**   **hondo**
huella   **Su hija tiene hambre.**   **Hoy hay tres hermanos allí.**
La hormiga en el hombro del hombre tiene hipo.

Más pronunciación

The Spanish **c** has two distinct pronunciations. When the **c** precedes **e** or **i**, it is pronounced like the English **s** in the word *silent,* as in the following examples.

cielo   **cero**   **dice**   **lección**   **francés**

When the letter **c** precedes all other letters, it is pronounced like the **c** in the English word *come* without the puff of air that follows the **c** in English. The letters **qu** before **e** and **i**, and the letter **k**, found only in foreign words, are pronounced in the same way. Listen to the following examples.

clase   **poco**   **creer**   **cálculo**   **que**   **química**   **kilo**

Note: See **Lección 18** for the peninsular pronunciation of **c** before **e** and **i**.

Práctica de pronunciación

Now place your index finger about one inch in front of your mouth and repeat the pairs of words imitating the pronunciation of the speaker. The first word is in English, the second in Spanish. Notice the difference in the amount of air released following the two pronunciations.

cat / calor   **kiss / kiosco**
cover / comer   **educate / actor**
quick / queso   **garlic / coñac**

You will now hear a series of words that contain the letter **c** before **e** or **i**. Repeat the words after the speaker.

decidir   **hace**   **despacio**   **centro**   **encima**
necesitar   **ciencia**   **docena**   **medicina**   **receta**

You will now hear a series of words that contain the letter **c** in other contexts, **qu** before **e** and **i**, and **k**. Repeat the words after the speaker.

acto	Carmen	porque	decano	kriptón
parque	culto	quién	acción	equipo

You will now hear a series of phrases containing the letter **c** in all positions, as well as **qu** before **e** and **i**. Repeat each phrase after the speaker, imitating the pronunciation and intonation as closely as you can. Each phrase will be spoken twice.

1. ¿Cuántos chicos buscan casas?

2. Como carne y queso con una Coca-Cola.

3. Cien estudiantes de ciencias corren con cuidado.

DIÁLOGO

A. *The dialogue will first be read without pauses. As you listen fill in the missing words. The dialogue will be read again with pauses so that you can fill in the words you didn't catch the first time, practice your pronunciation, and check your work.*

Sí, yo sé la respuesta (Yes, I know the answer)

ANTONIO: Es mi segundo día de clase y no _____ nada _____ idioma inglés.

JUAN: Pues, en sólo _____ días no vas a _____

mucho. Pero, ¿qué piensas _____ profesora?

BLAS: Yo _____ que no es mala profesora de lenguas, pero _____

hablar más _____.

ANTONIO: Y también debe _____ todas las palabras _____.

BLAS: Estoy _____ de no poder hablar bien la lengua _____.

Soy tímido y no me gusta hablar delante _____ clase. Prefiero la

química y las matemáticas porque no necesito hablar en clase. La profesora de esta clase

siempre me hace hablar.

JUAN: Tú, ¿tímido? ¡Imposible! Además, _____ necesario hablar mucho y

participar si deseas _____ una lengua. Yo creo que la profesora es muy

_____. Nos va a ayudar mucho. Y por lo menos en la comprensión

 Lección 2

voy a _____ una buena _____ porque ya

comprendo todo lo que ella dice.

ANTONIO: Luego _____. Ahora viene la profesora.

PROFESORA: Buenos días, o como se dice en inglés... *Good morning, class.* Hoy empezamos en la

página número dos _____ libro de lecturas. Empieza a _____, Laura.

LAURA: _____ una frase que no sé leer.

PROFESORA: Bueno, vamos a _____ todos a la primera lección y voy a
pronunciar esa frase.

Y más tarde...

PROFESORA: Esto es todo por hoy. Uds. _____ estudiar los verbos *to be* y *to do*

para mañana porque _____ un examen.

· · ·

Y luego... en la cafetería

JUAN: Bueno, ¿qué _____?

BLAS: Un sándwich grande y delicioso, una limonada _____ y papas fritas.

ANTONIO: ¿_____ loco? _____ de comer un sándwich grande.

No _____ bueno comer tanto.

BLAS: Ya lo sé. Pero, creo que la comida en la cafetería está tan rica, ¿por qué no?

B. Comprensión. *You will hear a series of incomplete statements based on the dialogue. When you hear the beep, indicate the word or phrase that logically completes each statement. You will hear the answers on the tape.*

MODELO: You hear: Antonio no... nada del idioma inglés.
You indicate: **comprende**

1. A. La profesora   B. Juan   C. Antonio

2. A. contento   B. preocupado   C. enfermo

3. A. Asistir a   B. Aprender en   C. Hablar en

4. A. aburrido   B. fácil   C. difícil

5. A. estudiar   B. pronunciar   C. repasar

6. A. pizzería   B. cafetería   C. librería

VOCABULARIO

C. ¿Cómo están ellos? *Practice using the verb* **estar** *with temporary conditions. In the space provided write the letter of the drawing that matches the description of the physical or emotional state that you hear. The descriptions will be read twice. The answers are on the tape.*

A.

B.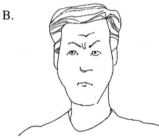

C.

D.

E.

1. _____   4. _____

2. _____   5. _____

3. _____

D. Asociaciones de palabras. *You will hear a series of words. Underline the verb that logically corresponds to the word that you hear. The answers are on the tape.*

> **MODELO:** You hear: composición
>
> You underline: **escribir / asistir**

1. recibir / entrar

2. insistir / asistir

3. llevar / repasar

4. comprender / deber

5. beber / comer

6. decidir / leer

7. vender / abrir

8. vivir / consistir

GRAMÁTICA

The present indicative of *-er* and *-ir* verbs

E. La vida universitaria. *Change the following sentences according to the new subjects that you hear. Repeat the correct response after the speaker.*

> **MODELO:** You hear: Nosotros aprendemos los verbos. (tú)
>
> You say: **Tú aprendes los verbos.**

F. Actividades estudiantiles. *You will hear a series of incomplete statements. When you hear the beep, indicated the verb that correctly completes each statement. Repeat the correct response after the speaker.*

> **MODELO:** You hear: Sandra… estudiar por la mañana.
>
> You see: consiste en / insiste en
>
> You say: **Sandra insiste en estudiar por la mañana.**

1. decidir / aprender

2. bebe / come

3. abren / viven

4. Escriben / Venden

5. Debo / Creo

6. asisto / recibo

Adjectives

G. ¿Cómo es? *Practice using the verb* **ser** *with adjectives. Change the following sentences according to the new subjects that you hear. Repeat the correct response after the speaker.*

> **MODELO:** You hear: Blas es moreno.
> You hear: Carolina / Los chicos / Las chicas
> You say: **Carolina es morena. / Los chicos son morenos. / Las chicas son morenas.**

More about *ser, estar,* and *hay*

H. El profesor Ramos. *You will hear a series of incomplete sentences about Professor Ramos. When you hear the beep(s) indicate the verb(s) that correctly complete(s) each sentence. You will hear the answers on the tape.*

> **MODELO:** You hear: Eduardo Ramos... español y... profesor de literatura.
> You indicate: **es** / está   está / **es**

1. Está / Es   está / es

2. Son / Hay

3. es / está   están / hay

4. está / es

5. Es / Está   ser / estar

6. es / está

7. está / es   es / está

8. Es / Hay   está / es   son / están

I. Estudiantes diferentes. *Jorge and Luisa are friends but they are very different. In Box 1, write the adjectives that describe the characteristics of Jorge and Luisa. Note the use of the verb* **ser** *with these characteristics. In Box 2, write the adjectives that describe the changeable physical conditions of Jorge and Luisa. Note the use of the verb* **estar** *with these conditions. You will hear the descriptions twice. The answers are on the tape.*

	Características	Condiciones
Jorge	1. aplicado 2. 3.	1. 2. 3.
Luisa	1. 2. 3.	1. 2. 3.

 Lección 2

The contractions *al* and *del*

J. ¿Adónde vamos? *To practice the contraction* **al,** *answer the questions using the cues provided. Follow the model. Repeat the correct response after the speaker.*

> **MODELO:** You hear: ¿Vamos a la cafetería?
> You see: cafetería / bistec * restaurante
> You say: **No, en la cafetería no hay bistec. Vamos *al* restaurante.**

1. sala de clase / papel * despacho

2. biblioteca / muchachos * gimnasio

3. residencia / cassettes * laboratorio de lenguas

4. cafetería / música * cuarto de Ramón

5. librería / bolígrafos * campus

K. ¿De quién es? *To practice the contraction* **del,** *answer the questions using the cues provided. Repeat the correct response after the speaker.*

> **MODELO:** You hear: ¿De quién es el cassette?
> You see: el profesor
> You say: **El cassette es *del* profesor.**

1. el hombre

2. las amigas de Juan

3. los alumnos

4. el decano

5. el maestro

6. las chicas

7. la consejera

NOTA CULTURAL   Los exámenes finales en las universidades hispánicas

L. *You will hear a brief description of what final exams are like for Joaquín, who studies in a Spanish university. The second time you hear the description, repeat after each pause, imitating the speaker's pronunciation and intonation.*

Useful Vocabulary

Este = this   **en voz alta** = aloud

M. *You will hear a series of statements about the passage. Indicate whether they are* **Cierto, Falso,** *or* **No se sabe.** *If the statement is false, correct it on the line provided. Each statement will be read twice. You will hear the answers on the tape.*

	Cierto	Falso	No se sabe	
1.	_____	_____	_____	_____
2.	_____	_____	_____	_____
3.	_____	_____	_____	_____
4.	_____	_____	_____	_____
5.	_____	_____	_____	_____
6.	_____	_____	_____	_____

DICTADO   En la clase de inglés

During each pause, write what you heard. The sentences will be read twice, and the entire section will be repeated so that you may check your work. The sentences are also in the key at the back of the lab manual.

1. _____

_____

2. _____

_____

3. _____

_____

4. _____

_____

5. _____

_____

Lección 3

Necesito trabajar

PRONUNCIACIÓN

The **t** in Spanish is pronounced by touching the tip of the tongue to the back of the upper front teeth. Like the Spanish **k**, there is no puff of air following the **t**, as in the following examples.

tener	**cliente**	**todo**	**Teresa**	**triste**

The **d**, when it occurs at the beginning of a breath group, or after **n** or **l**, is pronounced with the tongue in the same position as the **t**. Unlike the **t**, the vocal cords are used to pronounce the **d**, as in the following examples.

decano	**¿dónde?**	**caldo**	**el día**	**deber**

The **d** in all other positions is pronounced like a weaker version of the **th** in the English word *these*. The tip of the tongue is placed slightly between the teeth, as in the following examples.

estudios	**cansado**	**la decana**	**tarde**	**los dedos**

Práctica de pronunciación

You will now hear a series of words that contain the letter **t**. Repeat each word after the speaker.

taco	**bate**	**pronto**	**contento**	**alto**
todo	**Tomás**	**texto**	**tres**	**astuto**

You will hear a series of words that contain the letter **d** at the beginning of a breath group or after **n** or **l**. Repeat each word after the speaker.

dos	**dental**	**entender**	**dormir**	**balde**
disco	**el dólar**	**vender**	**derecho**	**tilde**

You will hear a series of words that contain the letter **d** when pronounced like a weak **th** in the English word *these*. Repeat each word after the speaker.

nadie	**médico**	**más de**	**verdad**	**perder**
poder	**periódico**	**contabilidad**	**edad**	**mediodía**

You will now hear a series of phrases with words containing **t** and both pronunciations of the letter **d**. Repeat each phrase after the speaker, imitating the pronunciation and intonation as closely as you can. Each phrase will be spoken twice.

1. David no duerme los sábados.

2. ¿Dónde está el alto tejano?

3. El contador cuenta su dinero a diario.

4. El candidato deja el folleto debajo de la puerta.

DIÁLOGO

A. *The dialogue will first be read without pauses. As you listen fill in the missing words. The dialogue will be read again with pauses so that you can fill in the words you didn't catch the first time, practice your pronunication, and check your work.*

En la agencia de empleos

Es una agencia de empleos grande en la ciudad (*city*) mexicana de Querétaro. La secretaria termina su conversación telefónica y llama a una de los candidatos que están sentados.

SECRETARIA: Muy bien, gracias. ¿Alicia Jurado?

ALICIA: _____, señorita.

SECRETARIA: Por favor, diríjase a ese escritorio. Ahí la atenderá el Sr. Ruiz.

ALICIA: Gracias. _____, señor.

SR. RUIZ: Buenos días, señorita...

ALICIA: Jurado. Alicia Jurado.

SR. RUIZ: Tome asiento, por favor. ¿En qué puedo servirle?

ALICIA: Pues _____ por el anuncio que _____ hoy en el periódico.

SR. RUIZ: ¿Cuál de ellos, señorita? Ésta es una agencia muy grande y _____ varios anuncios hoy en el periódico.

ALICIA: Claro. Es para el _____ de programadora de computadoras para los Laboratorios Quimex.

SR. RUIZ: ¡Ah, sí! Un _____ excelente con un _____ futuro.

ALICIA: Eso es exactamente lo que más me interesa, la posibilidad de superarme y

_____.

 Lección 3

SR. RUIZ: ¿Es por eso que _____ dejar su trabajo actual?

ALICIA: Sí, señor. Ya llevo cinco años trabajando allí y hasta ahora no he tenido un solo ascenso.

SR. RUIZ: ¿No será porque no está muy bien preparada?

• • •

ALICIA: ¡No, señor! Estoy muy bien preparada como Ud. _____ ver en mi

solicitud. También _____ inglés perfectamente.

SR. RUIZ: Por supuesto. Eso es algo muy importante a su favor y es esencial para este puesto.

Quimex _____ muchas relaciones comerciales en los Estados

Unidos. ¿Por qué no _____ para una entrevista con ellos?

ALICIA: Muy bien, gracias.

B. Comprensión. *You will hear a series of incomplete statements based on the dialogue. When you hear the beep, indicate the word that correctly completes each statement. You will hear the answers on the tape.*

MODELO: You hear: La secretaria acaba de...
You circle: **hablar por teléfono.**

1. A. pequeño   B. grande   C. viejo

2. A. México   B. España   C. los Estados Unidos

3. A. jefes   B. candidatos   C. trabajadores

4. A. por la noche   B. por la tarde   C. por la mañana

5. A. soltera   B. casada   C. divorciada

6. A. ingeniera   B. contadora   C. programadora

7. A. dejar   B. perder   C. hacer

8. A. escribe a máquina   B. habla inglés   C. lee francés

VOCABULARIO

C. ¿Quién soy? *Indicate the profession or occupation that corresponds to the description that you hear. Repeat the correct response after the speaker.*

> **MODELO:** You hear: Trabajo en un hospital pero no soy médica.
> You see: enfermera / ingeniera
> You say: **Ud. es enfermera.**

1. vendedora / peluquera (*hair dresser*)

2. artista / músico

3. analista / periodista

4. siquiatra / abogada

5. camarero / programador

6. profesor / maestro

7. científica / enfermera

8. policía / médico

D. Busco trabajo. *Marta is thinking out loud about her job search. You will hear a series of incomplete statements about Marta's employment situation. When you hear the beep, indicate the word or phrase that logically completes each statement. You will hear the answers on the tape.*

> **MODELO:** You hear: En el periódico hay un anuncio para un... de programadora en la compañía Quimex.
> You indicate: **puesto**

1. A. experiencia   B. beneficio   C. gerente

2. A. obrero   B. candidato   C. jefe

3. A. cita   B. solicitud   C. carrera

4. A. contar   B. dejar   C. ganar

5. A. de medio tiempo   B. de tiempo completo   C. con muchos beneficios

GRAMÁTICA

The present tense of *e* → *ie* and *o* → *ue* stem-changing verbs

E. En el restaurante francés. *Two couples are planning to have lunch in a French restaurant. Follow the model and answer the questions affirmatively. Repeat the correct response after the speaker.*

> **MODELO:** You hear: ¿Recuerdan Uds. el nombre del restaurante?
> You answer: **Sí, recordamos el nombre del restaurante.**

 Lección 3

Tener expressions

F. ¿Qué tiene? *In the space provided, write the letter of the drawing that matches the sentence that you hear. Each sentence will be read twice. Repeat the correct response after the speaker.*

A.   B.   C.

D.   E.   F.

1. _____   4. _____

2. _____   5. _____

3. _____   6. _____

G. Tengo que... *In this exercise you will practice the expression* **tener que** *+ infinitive. You will hear a short description of what Manuel and Francisco have to do today. Write their activities in the appropriate section of the chart provided. The description will be read twice. You will hear the answers on the tape.*

	¿Qué tienen que hacer?
Manuel	1. Tiene que estudiar mucho. 2. 3. 4.
Francisco	1. 2. 3. 4.

Possessive adjectives

H. ¡Qué negativo! *Change the possessive adjective in each sentence according to the cue that you hear. Repeat the correct response after the speaker.*

> **MODELO:** You hear: Nuestra empresa pierde dinero. (Carlos y Marta)
> You say: **Su empresa pierde dinero.**

I. Para aclarar. *Using the cues provided, clarify the following sentences by replacing the possessive adjective with the* **de** *construction. Follow the model and repeat the correct response after the speaker.*

> **MODELO:** You hear: Es su secretaria.
> You see: José Alberto
> You say: **Es la secretaria de José Alberto.**

1. la Sra. Torres
2. la compañía
3. Uds.
4. Rosaura

5. Ricardo y Marisela
6. el abogado
7. Ud.

Indefinite and negative expressions

J. ¡Qué aburrido! *Rosita always plans an interesting weekend. Play the part of Rosita's colleague who doesn't know how to have fun. Change the following statements to the negative. Repeat the correct response after the speaker.*

> **MODELO:** You hear: Hago algo interesante esta noche.
> You say: **No hago nada interesante esta noche.**

 Lección 3

NOTA CULTURAL   El problema del paro (*unemployment*) en el mundo hispánico

I. *Gustavo Castro is a senior at the Universidad Mayor de San Marcos in Lima, Peru. You will hear a passage describing the economic situation that awaits Gustavo upon his graduation. The second time you hear the passage, repeat after each pause, imitating the speaker's pronunciation and intonation.*

Useful Vocabulary

se gradúa = he graduates
este año = this year
lejos = far

L. *You will hear a series of incomplete statements about the passage. Circle the letter that corresponds to the correct conclusion of each statement. Everything will be read twice. You will hear the answers on the tape.*

1. A   B   C

2. A   B   C

3. A   B   C

4. A   B   C

5. A   B   C

DICTADO   ¡Busco trabajo!

During each pause, write what you heard. The sentences will be read twice, and the entire section will be repeated so that you may check your work. The sentences are also in the key at the back of the lab manual.

1. _____

_____

2. _____

_____

3. _____

_____

4. _____

_____

5. _____

_____

6. _____

_____

Lección 4

Así es mi familia

PRONUNCIACIÓN

The letter **r** has two distinct pronunciations in Spanish. In the following instances, the **r** is trilled very strongly as the tip of the tongue strikes the upper palate in a series of extremely rapid vibrations:

• when the **r** appears at the beginning of a word, as in the following examples.

| **Roberto** | **rosa** | **repetir** | **radio** | **risa** |

• when the **r** appears after the consonants **l, n,** or **s,** as in the following examples.

| **Enrique** | **alrededor** | **Israel** | **honrar** | **enredo** |

• when the **r** is spelled **rr,** as in the following examples.

| **perro** | **carro** | **torre** | **cerro** | **marrón** |

In any other position the **r** sound is pronounced with a single flap of the tongue against the upper palate. The sound is very similar to the English *tt* and *dd* in the words *butter* and *fodder*. Note the following examples.

| **caro** | **pero** | **ahora** | **libro** | **cero** |

Práctica de pronunciación

You will now hear a series of words in Spanish that contain the **r** sound. After you hear each word, indicate whether it contains either the trilled **r** or the flap **r**. Place a checkmark in the appropriate column on the chart. You will hear the answers on the tape.

	Flap R	Trilled R
1.		
2.		
3.		
4.		
5.		
6.		
7.		
8.		
9.		
10.		

You will now hear a series of words and phrases that contain the trilled **r** in Spanish. Repeat each word after the speaker.

enredo	regular	borrador	morro	Rodrigo	Enrique
ronda	tierra	cerrar	repetir	correr	arriba

You will now hear a series of words containing the flap **r** sound in Spanish. Repeat each word after the speaker.

loro	mujer	colores	oro	libro	verbo
mirada	Laura	práctica	caro	cero	toro

You will now hear a series of phrases with words containing both the trilled and the flap **r** in Spanish. Repeat each phrase after the speaker, imitating the pronunciation and intonation as closely as you can. Each phrase will be spoken twice.

1. Ramón y Rodrigo repiten los verbos irregulares.

2. Enrique regresa en el ferrocarril.

3. El loro y el perro se ríen de Rosa.

4. Rosa quiere repasar el libro de historia.

5. La tierra y el morro son de color marrón.

DIÁLOGO

A. *The dialogue will first be read without pauses. As you listen fill in the missing words. The dialogue will be read again with pauses so that you can fill in the words you didn't catch the first time, practice your pronunciation, and check your work.*

Te invito a comer

ROSA: Carla, _____ invitarte a _____ casa mañana.

Va _____ estar toda mi _____.

¿_____ ir?

CARLA: Sí, gracias. Me gustaría _____ tus padres.

ROSA: También van a estar mi hermano _____ y mi _____.

Mi hermano _____ no, porque está en la universidad.

CARLA: ¡Qué pena! Me dicen que es muy _____.

ROSA: No te preocupes. Va a estar un _____ que también es guapísmo. ¡Te va a encantar!

CARLA: ¿_____ qué hora es la reunión?

ROSA: A las doce, para _____.

CARLA: ¿A qué hora _____ tu primo?

ROSA: Creo que _____ las once.

CARLA: Entonces, ¡Yo también voy a estar ahí a las once!

. . .

ROSA: Oye, Carla, tú _____ dónde vivo, ¿no? Creo que _____ a los López, que también viven en mi calle.

CARLA: Sí, sí. Es decir, conozco a su hija Berta. Pero no _____ llegar a su casa.

ROSA: Mira, te _____ un mapa. ¿Está bien?

CARLA: Perfecto. Bueno, _____ a ir a clase. _____

ROSA: Chau, chica.

B. Comprensión. *You will hear a series of false statements about the dialogue. Correct them on the lines provided. Each statement will be read twice. You will hear the answers on the tape.*

MODELO: You hear: Carla conoce al hijo de los López.
You write: **Falso. Carla conoce a la hija de los López.**

1. _____

2. _____

3. _____

4. _____

5. _____

6. _____

7. _____

8. _____

VOCABULARIO

C. La familia de Hortensia. *Listen to the the description of Hortensia Aguilar's family, which is depicted in the family tree below. Indicate whether each statement is* **Cierto** *or* **Falso.** *If the statement is false, correct it on the line provided. You will hear the answers on the tape.*

> **MODELO:**   You hear: Juanita es la hermana de Rogelio.
> You write: **Falso. Juanita es la esposa de Rogelio.**

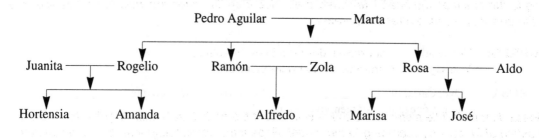

	Cierto	Falso	
1.	_____	_____	_____
2.	_____	_____	_____
3.	_____	_____	_____
4.	_____	_____	_____
5.	_____	_____	_____
6.	_____	_____	_____
7.	_____	_____	_____
8.	_____	_____	_____

D. Asociaciones de palabras. *You will hear a series of words. Underline the verb that logically corresponds to the word that you hear. The answers are on the tape.*

> **MODELO:**   You hear: desayuno
> You underline: **comer** / **decir**

1. poner / crecer

2. llorar / contar

3. dar / almorzar

4. conducir / producir

5. nevar / invitar

6. decir / salir

7. oír / ver

8. vivir / abrir

   Lección 4

GRAMÁTICA

More irregular verbs in the present tense

E. La reunión familiar. *Rosaura describes a family gathering. Change the following sentences according to the cue that you hear. Previously presented irregular verbs are included in this exercise. Repeat the correct response after the speaker.*

> **MODELO:** You hear: Conozco a todos los primos. (nosotros)
> You say: **Conocemos a todos los primos.**

F. La fiesta. *Natalie's little sister wants to know all about the party that Natalie is going to. Answer each question affirmatively, according to the model. Repeat the correct response after the speaker.*

> **MODELO:** You hear: ¿Oyes música salsa en la fiesta?
> You say: **Sí, oigo música salsa en la fiesta.**

The personal *a*

G. Mi abuela está enferma. *You will hear a series of sentences. When you hear the beep indicate whether the personal **a** belongs there. Repeat the correct response after the speaker.*

> **MODELO:** You hear: En la sala de espera (*waiting room*) del hospital miro... la televisión.
> You indicate: **a /_____-_____ (nothing, the direct object is not a person.)**

1. a / -
2. a / -
3. a / -
4. a / -
5. a / -
6. a / -
7. a / -

The verbs *saber* and *conocer*

H. Una familia interesante. *Decide whether **saber** or **conocer** should complete the sentences of the dialogue that you will hear. When you hear the beep, indicate the appropriate verb. Repeat the correct response after the speaker.*

> **MODELO:** You hear: ¿Por qué quieres... de la familia de Octavio?
> You indicate: **conocer / <u>saber</u>**

1. sabes / conoces
2. conoce / sabe
3. sabe / conoce

4. conozco / sé

5. sabes / conoces

6. conoce / sabe

7. saber / conocer

8. Conozco / Sé

I. ¿Qué saben Uds.? *Practice using the verbs* **saber** *and* **conocer** *by answering the questions according to the model. Repeat the correct response after the speaker.*

> **MODELO:** You hear: ¿Conoces a la madre de Sofía?
> You say: **Sí, conozco a la madre de Sofía.**
>
> You hear: ¿Qué sabes de ella?
> You see: Habla francés.
> You say: **Sé que habla francés.**

1. Es arquitecta.

2. Es español.

3. Son famosos.

4. Hace calor allí.

5. Es bailarina.

6. Son inteligentes.

7. Son bonitas.

8. Es de México.

El tiempo y las estaciones

J. ¡Vamos a escuchar la radio! *Listen to the following weather reports from Spain and Latin America and indicate what season of the year it is at that location. You will hear the answers on the tape.*

> **MODELO:** Radio Maya Sol / Copán, Honduras
> You hear: Buenos días, amigos. Hoy la temperatura va a llegar a 30 centígrados (86° Fahrenheit). Recomendamos una limonada bien fría.
> You indicate: **Verano**

		Primavera	Verano	Otoño	Invierno
1.	Radio Azteca / Guadalajara, México	_____	_____	_____	_____
2.	Radio Montevideo / Montevideo, Uruguay	_____	_____	_____	_____
3.	Radio Lima / Lima, Perú	_____	_____	_____	_____
4.	Radio Sur / Tierra del Fuego, Argentina	_____	_____	_____	_____
5.	Radio Nacional de España / Madrid, España	_____	_____	_____	_____

Numbers Above 100

K. De compras. *Adela is shopping in a large department store in San Juan, Puerto Rico. You will hear several clerks telling her how much certain items cost. Match each statement with the correct picture by writing the corresponding letter in the spaces provided. You will hear the answers on the tape.*

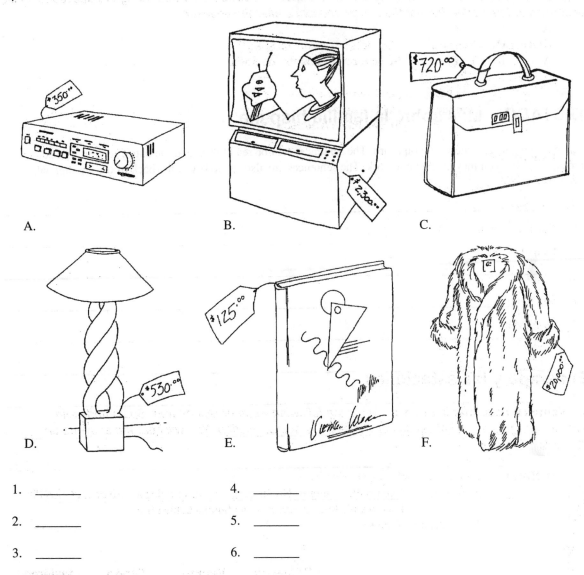

A. B. C.

D. E. F.

1. _____   4. _____

2. _____   5. _____

3. _____   6. _____

NOTA CULTURAL   La familia hispana

L. *You will hear a brief description of the Gonzáles family of Ponce, Puerto Rico. The second time you hear the description, repeat after each pause, imitating the speaker's pronunciation and intonation.*

Useful Vocabulary

don/doña = titles of respect   **unida** = close, united   **generaciones** = generations
casa = house

M. *You will hear a series of incomplete statements about the passage. When you hear the beep, indicate the letter of the correct conclusion of the statements. Everything will be read twice. You will hear the answers on the tape.*

1. A   B   C

2. A   B   C

3. A   B   C

4. A   B   C

5. A   B   C

DICTADO   Más sobre la familia hispana

During each pause, write what you heard. The sentences will be read twice, and the entire section will be repeated so that you may check your work. The sentences are also in the key at the back of the lab manual.

1. _____

_____

2. _____

_____

3. _____

_____

4. _____

_____

5. _____

_____

Lección 5

Así es mi casa

PRONUNCIACIÓN

The **g** has three distinct pronunciations in Spanish. When the **g** is followed by **a, o,** or **u** and is at the beginning of a breath group or following an **n**, it is pronounced much like the **g** in the English word *give*, as in the following examples.

| gato | gordo | gusto | guantes | burgués | mango |

When the **g** is in any other position except **ge** and **gi**, it is much weaker, as in the following examples.

| mago | agua | pregunta | legumbre | largo | rasgo |

When the **g** is followed by **e** or **i**, it is pronounced somewhat like the **h** in the English word *heart*, as in the following examples.

| gesto | giro | rige | Bunge | inteligente | gitano |

The Spanish **j** is pronounced like the Spanish **ge** or **gi**, as in the following examples.

| jota | Javier | mejor | reloj | hijo | Jorge |

Práctica de pronunciación

You will now hear a series of words that contain the **g** followed by **a, o,** or **u** at the beginning of a breath group or following an **n**. Repeat each word after the speaker.

ganar	gris	lengua	golpe
tango	guapo	Gloria	inglés

You will now hear a series of words that contain the **g** in any other position except **ge** and **gi**. Repeat each word after the speaker.

pago	agudo	pargo	holgazán
lograr	los grupos	Afganistán	reglas

You will now hear a series of words that contain the **g** before **e** or **i**. Repeat each word after the speaker.

gente	genio	regente	corregir
ágil	coger	álgebra	ginebra

You will now hear a series of words that contain the **j**. Repeat each word after the speaker.

cajón	jerez	ají	jabón
adjunto	objeto	pasaje	forjar

You will now hear a series of phrases using the various pronunciations of the Spanish **g**. Repeat each phrase after the speaker, imitating the pronunciation and intonation as closely as you can. Each phrase will be spoken twice.

1. Los ingleses gobiernan Gibraltar.

2. El gigante gordo tiene gestos graciosos.

3. Al gorila grande no le gustan los gusanos.

4. Luego de ganar, mi suegro regresó al gimnasio.

DIÁLOGO

A. *The dialogue will first be read without pauses. As you listen fill in the missing words. The dialogue will be read again with pauses so that you can fill in the words you didn't catch the first time, practice your pronunciation, and check your work.*

Hogar, dulce hogar

Ana muestra las renovaciones de su casa. Entra con su amiga Rosa.

ROSA: No puedo _____. ¡Qué renovación más perfecta!

ANA: Acompáñame. _____ mostrarte toda _____ renovación.

Entran en la sala...

ROSA: Me gusta _____ sala. Tiene un estéreo estupendo con disco compacto

y un _____ a color con videocasetera. ¡Qué cómoda!

Pasan por el baño...

ANA: Mira. _____ es el cuarto _____ pequeño. Sólo

tiene _____, pero el otro tiene _____ con

jacuzzi y un _____ muy grande.

ROSA: Me gustaría ver tu _____.

Van a la alcoba de Ana...

ANA: Como ves, no es muy grande pero _____ es bonita. Tiene un

_____ donde guardo todas _____ cosas y mi

_____ es muy cómoda. Quiero una _____ pero

mamá _____ que no. Y _____ escritorio _____

mis trabajos de clase, claro, cuando no _____ contigo por teléfono.

 Lección 5

• • •

ROSA: Me gusta la ventana que hay en el techo. Oye, te quiero _____ una

cosa. ¿Podemos ir a la cocina? Estoy muriendo de hambre.

ANA: Sí, cómo no. Pero te pido algo, también. No debes dejarme comer nada. _____

una dieta estricta. Ahora, ¿qué te _____?

Van a la cocina.

B. Comprensión. *You will hear a series of statements about the dialogue. Indicate whether they are* **Cierto, Falso,** *or* **No se sabe.** *If the statement is false, correct it on the line provided. Each statement will be read twice. You will hear the answers on the tape.*

MODELO: You hear: La cocina es muy grande.
You write: **No se sabe.**

	Cierto	Falso	No se sabe	
1.	_____	_____	_____	_____
2.	_____	_____	_____	_____
3.	_____	_____	_____	_____
4.	_____	_____	_____	_____
5.	_____	_____	_____	_____
6.	_____	_____	_____	_____
7.	_____	_____	_____	_____
8.	_____	_____	_____	_____

VOCABULARIO

C. ¿Dónde está el lavaplatos? *The movers did a hasty job moving you into your new home. Listen to the statements and indicate whether it is* **Lógico** *or* **Ilógico** *that the movers left the objects where they did. Correct the illogical statements on the lines provided. You will hear the answers on the tape.*

MODELO: You hear: La bañera está en el garaje.
                     You check: **ilógico. La bañera está en el baño.**

	lógico	ilógico
1.		
2.		
3.		
4.		
5.		
6.		

_____

_____

_____

_____

_____

_____

D. Asociaciones de palabras. *You will hear a series of words. Underline the verb that logically corresponds to the word that you hear. The answers are on the tape.*

MODELO: You hear: alfombra
                     You underline: **planchar / pasar la aspiradora**

1. barrer / impedir (*impede*)

2. servir / seguir

3. chismear / limpiar

4. arreglar / ayudar

5. alquilar / fregar

6. competir / hacer

7. pedir / corregir

8. repetir / elegir

E. Casas y apartamentos. *Listen to the descriptions of the kinds of housing that certain people are looking for in Spain. As a real estate agent you wish to match your clients' needs with the appropriate listing. Write the letter of the correct listing in each blank. You will hear the answers on the tape.*

MODELO: You hear: Pienso pasar mis vacaciones de agosto en el norte del país, no importa el costo (*cost*) del alquiler (*rent*).
                     You write: **E**

Paseo Prado, zona, completamente reformado, dos dormitorios, abuhar-dillados,° baño. 9.500.000 más hipo-teca.° ☏ 429 17 08.

garrett-like
mortgage

Turísticos desde tres días, sema-nas, meses, servicios incluidos. Ge-neral Pardiñas, 92. ☏ 401 18 12.

A.   B.

Lección 5

Villalba, 120 m², amueblado, dos baños, chimenea, garaje, trastero.° lumber room
12.700.000. Financiación 15 años.
☏ 850 61 61.

C.

Argüelles, salón-comedor, cinco habitaciones, tres baños hidromasaje,
aire acondicionado. 39.000.000 pesetas. ☏ 593 97 43.

D.

Alquilo apartamento lujo. Temporada verano. Zona Santa Cristina-Co-
ruña. ☏ 981 / 20 64 00.

E.

1. _____   4. _____

2. _____   5. _____

3. _____

GRAMÁTICA

F. ¿Para quién es? *The Buentello family is adjusting to their new home. Answer the questions using the cues provided. Follow the model. Repeat the correct response after the speaker.*

> **MODELO:** You hear: ¿El televisor es para mí?
> You see: Elena
> You write: **No, el televisor es para ella.**

1. Juan y Óscar

2. Carlos

3. María y yo (*female*)

4. Fernando

5. Ada, Juanita y tú

6. Natalia y yo (*male*)

The present progressive tense

F. ¿Qué están haciendo? *Tell what these people are doing by writing the corresponding letter of the drawing that matches the description that you hear. You will hear the answers on the tape.*

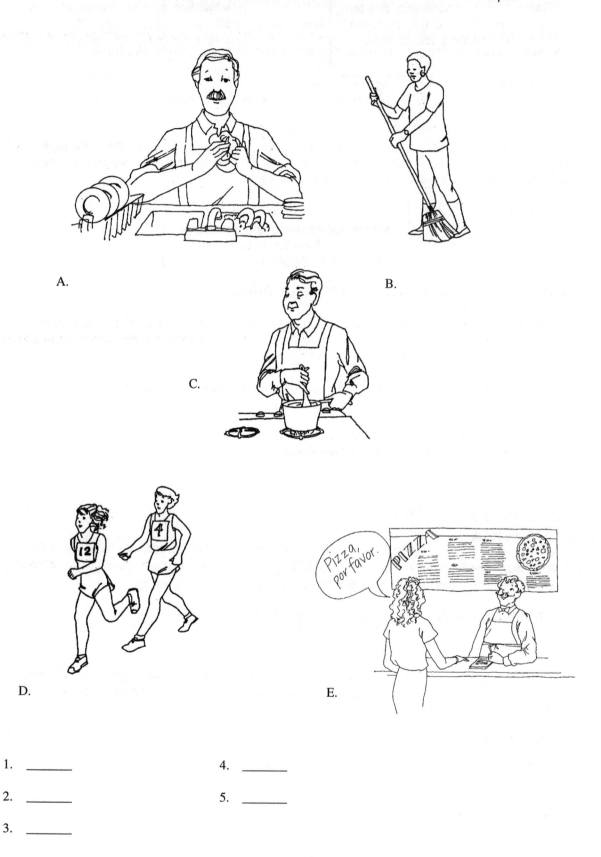

A.

B.

C.

Pizza, por favor.

D.

E.

1. _____

2. _____

3. _____

4. _____

5. _____

 Lección 5

The present tense of *e* → *i* stem-changing verbs

H. Nosotros, también. *The subject of the sentences that you will hear is* **yo.** *Change the sentences according to the new subject,* **nosotros.** *Repeat the correct response after the speaker.*

> **MODELO:** You hear: Impido crimen en la ciudad.
> You say: **Impedimos crimen en la ciudad, también.**

I. ¿Pido o pregunto? *In this exercise you will practice distinguishing between the verbs* **pedir** *and* **preguntar.** *Listen to the following sentence fragments. Choose either* **pido** *or* **pregunto** *to begin each one. Repeat the correct response after the speaker.*

> **MODELO:** You hear: ... quién es el nuevo presidente.
> You say: **Pregunto quién es el nuevo presidente.**

Demonstrative adjectives and pronouns

J. Compras para la casa nueva. *The salesman of a department store will ask you questions regarding possible purchases. Follow the model and use the cues provided.* **Allí** *refers to* **ése** *and its variations;* **lejos** *refers to* **aquél** *and its variations.*

> **MODELO:** You hear: ¿Quisiera (*Would you like*) Ud. estos espejos? (allí)
> You say: **No, prefiero ésos.**
>
> You hear: ¿Quisiera Ud. esta escoba? (lejos)
> You say: **No, prefiero aquélla.**

Direct object pronouns

K. ¿Por qué no? *You don't understand why Miriam doesn't do what she says she wants to do. Respond to the statements that you hear substituting pronouns for the direct object nouns. Repeat the correct response after the speaker.*

> **MODELO:** Miriam says: Quiero mirar el programa.
> You say: **¿Por qué no lo miras?**

L. No tienes que hacerlo. *Rodolfo will list numerous things that he doesn't want to do. Tell him that he doesn't have to do them. Follow the model, substituting pronouns for direct object nouns. Repeat the correct response after the speaker.*

> **MODELO:** You hear: No quiero lavar el suelo.
> You say: **No tienes que lavarlo.**

NOTA CULTURAL   La vida urbana (*urban life*) en Latinoamérica

M. *You will hear a brief description of urban and suburban life in Latin America. The second time you hear the description, repeat after each pause, imitating the speaker's pronunciation and intonation.*

Useful Vocabulary

urbanizaciones = suburbs

N. *You will hear a series of statements about the passage. Indicate whether they are* **Cierto, Falso,** *or* **No se sabe.** *If the statement is false, correct it on the line provided. Each statement will be read twice. You will hear the answers on the tape.*

	Cierto	Falso	No se sabe	
1.	_____	_____	_____	_____
2.	_____	_____	_____	_____
3.	_____	_____	_____	_____
4.	_____	_____	_____	_____
5.	_____	_____	_____	_____
6.	_____	_____	_____	_____

DICTADO   El patio

During each pause, write what you heard. The sentences will be read twice, and the entire section will be repeated so that you may check your work. The sentences are also in the key at the back of the lab manual.

1. _____

   _____

2. _____

   _____

3. _____

   _____

4. _____

   _____

5. _____

   _____

Lección 6

Pasando el día en casa

PRONUNCIACIÓN

More practice with linking. You will recall that linking is the connection of words *within a breath group.* Linking gives the impression that the words which make up the breath group unite to form one long word. Linking occurs in the following instances.

When a word ending in a consonant is followed by a word that begins with a vowel, as in the following examples:

el alma   **los ojos**   **ir así**   **faltan ocho**   **la verdad es que sí**

When a word ending in a vowel is followed by a word that begins with the same vowel, as in the following examples:

¿Come Eduardo?   **una alumna**   **otro ojo**   **mi interés**

When a word ending in a vowel is followed by a word that begins with any other vowel, as in the following examples:

¿Cómo está usted?   **mi ejemplo es malo**   **¿Gana ella?**

When a word ending in a consonant is followed by a word that begins with the same consonant, it is pronounced as one consonant, as in the following examples:

el libro   **es sábado**   **pasar rápido**   **con nueces**

Práctica de pronunciación

You will now hear a series of sentences which has also been provided below. Notice how the breath groups function as a unit. Linking only takes place within the breath group. Each sentence will be spoken twice.

1. ¿Estaba Ana en la fiesta?

2. ¿Aprende usted mucho en esta clase?

3. Amelia es más alta que Inés.

4. ¿Cuánto son ocho y nueve?

5. El premio Oti, entre todos, es uno de los más bellos.

6. ¿Tiene Elena una casa amena?

7. ¡Bravo! —dijo el hombre. —¡Adelante!

8. Mis abuelos hablan italiano en la casa.

DIÁLOGO

A. *The dialogue will first be read without pauses. As you listen fill in the alternate lines. The dialogue will be read again with pauses so that you can fill in the words you didn't catch the first time, practice your pronunciation, and check your work.*

Hablando por teléfono

Una cita por teléfono

JULIO: ¿Aló, Paula?

PAULA: _____

JULIO: Soy yo, Julio.

PAULA: _____

JULIO: Bien... Oye, ¿qué haces ahora?

PAULA: _____

JULIO: Entonces, ¿por qué no vamos al cine? Hay una buena película de Carlos Saura en El Colón.

PAULA: _____

JULIO: Se llama *El amor brujo* y tiene música y baile flamenco.

PAULA: _____

JULIO: A las siete. Paso por ti en media hora y así podemos ir a tomar un refresco, ¿bien?

PAULA: _____

JULIO: Entonces nos vemos. Chau.

¿Puedo dejar un mensaje?

Hombre 1 conteste el teléfono.

HOMBRE 1:   _____

HOMBRE 2:   Buenos días, ¿está la Sra. Prado?

HOMBRE 1:   _____

HOMBRE 2:   Estoy llamando de la compañía de seguros Atlas y necesito hablar urgentemente con la Sra. Prado.

HOMBRE 1: _____

HOMBRE 2: Es para el trabajo de programadora de computadoras que ha solicitado.

HOMBRE 1: _____

HOMBRE 2: ¿Le puede dar el mensaje? Tiene que venir a nuestras oficinas hoy mismo antes de las tres.

HOMBRE 1: No hay problema, señor. Ella regresa en una hora. Yo le diré que se comunique con Ud.

HOMBRE 2: _____

HOMBRE 1: _____

Número equivocado

JUANA: _____

MARÍA: No, soy María.

JUANA: _____

MARÍA: ¿Qué Rosa? Aquí no vive ninguna Rosa.

JUANA: _____

MARÍA: No, señora, tiene el número equivocado.

JUANA: _____

MARÍA: No tiene por qué.

• • •

Entra José, el esposo de María.

JOSÉ: _____

MARÍA: Pues, fue un número equivocado. Pero, es la tercera vez esta semana que alguien nos llama buscando a Rosa. La primera vez no me molestó, ni la segunda. Pero ahora creo que debemos cambiar nuestro número de teléfono. ¿Qué piensas?

JOSÉ: _____

_____

B. Comprensión. *You will hear a series of incomplete statements based on the dialogue. When you hear the beep, indicate the words that correctly complete each statement. The answers are on the tape.*

> **MODELO:** You hear: Cuando Julio llama a Paula, ella...
> You indicate: **no hace nada.**

1. A. al baile flamenco.   B. al teatro.   C. al cine.

2. A. en el   B. del   C. de

3. A. tomar un refresco.   B. bailar flamenco.   C. escuchar música.

4. A. por la mañana.   B. mañana.   C. por la tarde.

5. A. no está.   B. contesta el teléfono.   C. habla por teléfono.

6. A. vuelve a llamar.   B. deja un mensaje.   C. tiene el número equivocado.

7. A. no dice nada.   B. dice "lo siento".   C. pide perdón

VOCABULARIO

C. El periódico. *Note the following newspaper items. In the spaces provided, write the letter corresponding to the item that matches the section heading that you hear. Each heading will be read twice. You will hear the answers on the tape.*

CICLISMO

Ciclo Ases

El Club Ciclo Ases efectuó este fin de semana sus habituales chequeos de ruta. en los alredededores de la capital de la República:

A.

2 **Bush,** "muy impresionado" por la reforma económica de la URSS tras entrevistarse con Primakov

B.

Empresa Multinacional Requiere
2 motores trifásicos, 48 HP, 460 voltios, 60 HZ, 3600 RPM. tipo TEFC NO ODP, protección IP55, **total protección a prueba de agua a presión.**
3 motores trifásicos, 48 HP, 460 voltios, 60 HZ, 1800 RPM. tipo TEFC NO ODP, protección IP55, **total protección a prueba de agua a presión.**
Informes al Anunciador No. 344, EL TIEMPO.

C.

LEO
(Julio 23 a agosto 22). La información conflictiva significa que debe estudiar la situación. Ahora no le va muy bien en los tratos sociales. Le favorecen los asuntos mentales y la investigación.
VIRGO
(Agosto 23 a septiembre 22). Este es un buen momento para salir con otros en vez de tener visitas. Se divertirá con un socio. Cuide su tarjeta de crédito.

D.

Despertares
1990. EE UU. Drama. Director: Penny Marshall. Intérpretes: Robert de Niro, Robert Williams, John Heart. En la década de los veinte, la epidemia de la enfermedad del sueño inmovilizó a más de cinco millones de personas. Un excéntrico médico intentará reanimar a Leonar Lowe. **Albatros, Dúplex 2.**
Dinero
1990. Alemania. Comedia. Directora: Doris Dörrier. Intérpretes: Billie Zöckler, Uwe Ochsenknecht. Casi por casualidad una mujer se entera de que su marido está en el paro y de que la cuenta bancaria común está en números rojos, sin vacilar atraca un banco y coge como rehén al director de la sucursal. **Renoir (plaza España).**
Durmiendo con su enemigo
1990. EE UU. *Suspense.* Director: Joseph Ruben. Intérpretes: Julia Roberts, Patrick Bergin, Kevin Anderson. Las experiencias de una mujer ·

E.

Fallecidos en Madrid. Luisa Alfonso Casas, de 82 años. María Álvarez García, 60. Gregoria Arribas Escorial, 81. Michel Bishara Assily, 78. Trinidad Aznar Berbiela, 67. Fernando Bascarán Márquez, 56. Ángeles Bosch Abasolo, 84. Miguel Bosch Torre, 78. Alfonso Cabrera Cachinero, 87. Emilia Caviro Llorente, 94. María Carmen Clapes Bosch, 87.

F.

1. _____   4. _____

2. _____   5. _____

3. _____   6. _____

D. ¿Lógico o ilógico? *Olga has been abroad and her friends are filling her in on the events of the past semester. You will hear a series of statements followed by Olga's reactions. Indicate whether her reactions are **lógico** or **ilógico.** Correct the illogical reactions on the lines provided. The answers are on the tape.*

MODELO: You hear: Hilda ganó una beca para estudiar en Madrid.
You hear: ¡Qué pesado!
You indicate: **Ilógico. ¡Qué suerte! / ¡Qué bien! / ¡Qué alegría!**

	lógico	ilógico
1.		
2.		
3.		
4.		
5.		

E. Una conversación telefónica. *Complete the following brief phone conversation by indicating the correct response. You will hear the complete conversation on the tape.*

¡¡¡Brrrrrrring!!!

FEDERICO: "   "

ANTONIO: A. ¿Bueno?   B. ¿Con quién hablo?   C. Buenos días. ¿Está Paco?

FEDERICO: "   "

ANTONIO: A. Soy Antonio.   B. Un momento, por favor. C. ¿De parte de quién?

FEDERICO: "   "

ANTONIO: A. Lo siento.   B. Sí, gracias.   C. Están comunicando.

GRAMÁTICA

Indirect object pronouns

F. ¿Directo o indirecto? *The sentences that you will hear contain object pronouns. Indicate whether the pronoun is a direct object or an indirect object. Write the pronoun on the line provided. Each sentence will be read twice. You will hear the answers on the tape.*

> **MODELO:** You hear: Lo leemos para mañana.
> You indicate: **directo** / **indirecto** ___**lo**___

1. directo / indirecto _____
2. directo / indirecto _____
3. directo / indirecto _____
4. directo / indirecto _____
5. directo / indirecto _____
6. directo / indirecto _____
7. directo / indirecto _____
8. directo / indirecto _____
9. directo / indirecto _____
10. directo / indirecto _____

G. ¿A quién? *Complete the following sentences by adding the indirect object pronoun according to the cue you hear. Repeat the correct response after the speaker.*

> **MODELO:** You see: Compro revistas.
> You hear: a mamá
> You say: **Le compro revistas.**

1. Presto libros.
2. Regalo juguetes.
3. Hago café.
4. Doy regalos.
5. Consigo libros.
6. Pido permiso.

Direct and indirect object pronouns

H. Dos pronombres. *Change the following sentences by substituting the appropriate pronoun for the direct object noun. Make necessary changes in the indirect object pronoun. Repeat the correct response after the speaker.*

> **MODELO:** You hear: Le limpio la cocina.
> You say: **Se la limpio.**

The preterite tense of regular verbs

I. ¡Hay mucho que hacer! *At the Padilla home there's a lot to do and someone (**alguien**) has to do it. Follow the model and repeat the correct response after the speaker.*

> **MODELO:** You hear: Alguien tiene que preparar la cena.
> You hear: Sandra
> You say: **Sandra ya (*already*) preparó la cena.**

 Lección 6

J. Yo lo hice todo. *In this exercise you will practice verbs that have spelling changes in the first-person singular form. Follow the model and repeat the correct response after the speaker.*

> MODELO: You hear: ¿Quién negó el problema?
> You say: **Yo negué el problema.**

The preterite of the verbs *ir, ser, dar,* and *hacer*

K. Una visita al médico. *Laura went with her mother to the doctor and then answered her father's questions about the visit. When you hear the beep, indicate the correct verb to complete the statements that you will hear. Repeat the correct response after the speaker.*

> MODELO: You hear: Mamá le... las gracias al doctor.
> You underline: **di / <u>dio</u>**

1. hice / hizo

2. hice / hizo

3. fue / fui

4. di / dio

5. fui / fue

6. dieron / dimos

7. hizo / hicieron

8. fui / fue

NOTA CULTURAL La realidad de los teléfonos en el mundo hispánico

L. *You will hear a brief description of what telephone service is like in some parts of Spain and Latin America. The second time you hear the description, repeat after each pause, imitating the speaker's pronunciation and intonation.*

Useful Vocabulary

funcionar = to work, to function   **pueblo** = town, village
lado = side   **mejor** = better

M. *You will hear a series of statements about the passage. Indicate whether they are* **Cierto, Falso,** *or* **No se sabe.** *If the statement is false, correct it on the line provided. Each statement will be read twice. You will hear the answers on the tape.*

	Cierto	Falso	No se sabe	
1.	_____	_____	_____	_____
2.	_____	_____	_____	_____
3.	_____	_____	_____	_____

	Cierto	Falso	No se sabe	
4.	_____	_____	_____	_____
5.	_____	_____	_____	_____
6.	_____	_____	_____	_____

DICTADO   La televisión en España

During each pause, write what you heard. The sentences will be read twice, and the entire section will be repeated so that you may check your work. The sentences are also in the key at the back of the lab manual.

1. _____

_____

2. _____

_____

3. _____

_____

4. _____

_____

5. _____

_____

Lección 7

En el restaurante

PRONUNCIACIÓN

The **ll** in Spanish is considered one letter and is pronounced like a strong **y** in the English word *yes*, as in the following examples.

calle	**llantos**	**sello**	**patrulla**	**silla**

The letter **y** in Spanish has both consonantal and vocalic qualities. When the **y** begins a syllable, it is being used as a consonant and is also pronounced like a strong **y** in the English word *yes,* as in the following examples.

yo	**hoyo**	**inyección**	**payaso**	**yeso**

The conjunction **y** meaning *and* is always pronounced like the Spanish vowel **i**, as in the following examples:

ser y estar	**¿Y usted?**	**ésa y aquél**	**Juan y Tomás**

In Spanish the letter **y** is sometimes used as a vowel to form diphthongs. In these instances, which are few in number but frequent in use, the **y** is pronounced like the Spanish **i** and appears at the end of the syllable, as in the following examples.

hay	**voy**	**soy**	**doy**	**estoy**	**muy**

Práctica de pronunciación

You will now hear a series of phrases containing the consonantal **y** and the conjunction **y**. Listen carefully, then indicate on the chart provided which of these you hear. Each phrase will be spoken twice. You will hear the answers on the tape.

	Consonantal	Conjunction
1.		
2.		
3.		
4.		
5.		
6.		
7.		

You will now hear a series of words that contain the **ll** in Spanish. Repeat each word after the speaker.

allí	pollo	llevar	bello	llamada
ladrillos	sillón	lleno	mellizos	maravilla

You will now hear a series of words that contain the consonantal **y** in Spanish. Repeat each word after the speaker.

ayer	yate	mayor	leyes	cayera
yuca	mayas	yerno	cónyuge	Yugoslavia

You will now hear eight phrases. The first half contain the **ll** and the second half, the consonantal **y**. Repeat each phrase after the speaker, imitating the pronunciation and intonation as closely as you can. Each phrase will be spoken twice.

1. Lleva dos días llamando.

2. Ella compró una silla amarilla.

3. Como no entraba la llamada, lloraba allí en la lluvia.

4. Al castillo de ladrillos llegaron los mellizos listos.

5. Los reyes no obedecen las leyes.

6. Mi yerno se cayó al hoyo.

7. En tonos peyorativos, habló del yugo conyugal.

8. El yate rumbo a Yugoslavia se destruyó con unos rayos.

DIÁLOGO

A. *The dialogue will first be read without pauses. As you listen fill in the missing words. The dialogue will be read again with pauses so that you can fill in the words you didn't catch the first time, practice your proununication, and check your work.*

Platos raros

MOZO: ¿El señor es norteamericano?

JOHN: Sí, _____.

MOZO: Si Ud. me permite, quisiera _____ algo. Es la especialidad de nuestro

cocinero y además es el _____ favorito de los norteamericanos. Es éste:

el _____ tropical a la orden. Ud. _____ los

_____ y nosotros lo hacemos como Ud. lo pida. _____

veintidós ingredientes para escoger. Es un plato _____.

ESPOSO: Una idea sensacional, ¿no, John?

JOHN: Sí... Pero yo no _____ qué son todas estas cosas.

ESPOSA: Es verdad. _____ ayudarte.

MOZO: Pues... Yo puedo volver _____. ¿Está bien, señores?

JOHN: Pues yo sé qué son _____, _____, _____,

garbanzos y chiles. Pero, ¿qué son _____?

ESPOSO: Las aceitunas son los frutos de los olivos. Son _____, como de este

tamaño y a veces están rellenas de _____.

JOHN: Claro... *Aceitunas...* como *aceite.*

ESPOSO: Exactamente.

JOHN: A ver. ¿Qué más? Guisantes, habichuelas, _____, hongos,

_____, lentejas... Ummmm. Todos me _____.

ESPOSO: Y, ¿no le ponen _____ al arroz?

ESPOSA: No sé. No _____ en la lista.

ESPOSO: La lista no incluye carnes.

MOZO: Sí, es que nuestro cocinero _____ cocinar sin carne —es _____

para la salud— pero si Uds. desean carne tenemos res, _____,

_____ y varias clases de _____.

JOHN: Yo _____ prefiero sin carne de todos modos.

PILAR: Yo quiero dos _____. Uno de quesito con almendras y el otro de

_____ con crema de _____.

MOZO: _____

ESPOSA: Para mí la _____ rellena, por favor.

MOZO: Muy bien. Y el caballero, ¿va a _____ el arroz?

JOHN: Sí, para mí el arroz. Y aquí tengo la lista... _____, _____,

_____, _____, _____...

• • •

JOHN: Quiero _____ mucho. Me _____ el arroz y

_____ gustó mucho el restaurante.

ESPOSA: Sí, sí. Me _____ un sitio muy agradable. _____ aquí

en diciembre para celebrar el cumpleaños de Pilar. Ella _____ el arroz

tropical también, con quince ingredientes, y no pudo _____, ¿verdad

que sí, Pilar?

PILAR: Mami, por favor. No _____ a Juan escuchar esas cosas.

B. Comprensión. *You will hear a series of incomplete statements based on the dialogue. When you hear the beep, indicate the word or phrase that correctly completes each statement. The answers are on the tape.*

MODELO: You hear: La comida (*food*) que sirven en el restaurante es muy...
You indicate: **sana**

1. A. Pilar
   B. El mozo
   C. La madre de Pilar

2. A. arroz
   B. pastel
   C. piña

3. A. frutas
   B. verduras
   C. carne

4. A. escoger
   B. probar
   C. cocinar

5. A. La madre de Pilar
   B. El padre de Pilar
   C. Pilar

6. A. el queso
   B. el ajo
   C. la cebolla

7. A. La madre de Pilar
   B. Pilar
   C. La tía de Pilar

8. A. sopas
   B. cebollas
   C. aceitunas

9. A. el restaurante
   B. el mozo
   C. el cocinero

 Lección 7

VOCABULARIO

C. Una cena. *Alicia and Teo are discussing the menu for their dinner party. Listen carefully for the menu items and write them in the appropriate column. The dialogue will be read twice. You will hear the answers on the tape.*

Aperitivo	Platos principales	Postres (*Desserts*)	Bebidas
1. aceitunas	1.	1.	1.
2.	2.	2.	2.
3.	3.		3.
	4.		4.

D. En el restaurante. *You will hear lines from a conversation between a waiter and two clients in a restaurant. Listen carefully and indicate which of the people said what you heard. Each line will be read twice. The answers are on the tape.*

> **MODELO:** You hear: ¿Algo más?
> You indicate: **Mozo**

	Mozo	Clientes
1.		
2.		
3.		
4.		
5.		
6.		
7.		
8.		

GRAMÁTICA

Gustar and similar verbs

E. Gustos y disgustos (*Likes and dislikes*). *Tell what the following people like and don't like. Follow the model and repeat the correct response after the speaker.*

> **MODELO:** You hear: ¿A ti te gusta la carne?
> You see: a Juan
> You say: **A mí, no, pero a Juan le gusta mucho.**

1. a ellos
2. a mí
3. a los niños
4. a la señora
5. a Pablo
6. a nosotros
7. a ella

F. Más gustos y disgustos. *Carolina is learning a lot about the wants, needs, likes, and dislikes of her friends. Answer the questions using the cues provided. Follow the model and repeat the correct response after the speaker.*

> **MODELO:** You hear: ¿Qué le molesta a Ramona?
> You see: la música rock
> You say: **A Ramona le molesta la música rock.**

1. el chocolate
2. la propina
3. recibir buenas notas
4. el tenedor
5. el pollo
6. las chicas bonitas
7. las servilletas

The use of *por* and *para*

G. Un día muy tranquilo. *Sara is going to spend a peaceful day with her grandmother. When you hear the beep, indicate* **por** *or* **para** *to correctly complete the sentences you will hear. Each sentence will be read twice. Repeat the correct response after the speaker.*

> **MODELO:** You hear: Mi abuela y yo hablamos mucho... teléfono.
> You underline: **por** / **para**

1. por / para
2. por / para
3. por / para
4. por / para
5. por / para
6. por / para
7. por / para
8. por / para
9. por / para
10. por / para

 Lección 7

H. Un día frenético. *Silvia is ranting and raving to her husband about the hectic day she is going to have. After you listen to the passage you will hear a series of incomplete statements. Circle the letter that corresponds to the correct conclusion to the statement. The passage will be read twice. You will hear the answers on the tape.*

1. A   B   C
2. A   B   C
3. A   B   C
4. A   B   C
5. A   B   C

The preterite of more irregular verbs

I. Una fiesta. *Andrés is describing a party. Listen to the sentences. Form new ones using the cues you hear. Follow the model and repeat the correct response after the speaker.*

> **MODELO:**   You hear: Anduve a la fiesta.
> You hear: Nosotros
> You say: **Anduvimos a la fiesta.**

J. Problemas en la oficina. *As manager, Ramón has to deal with problems in the department on a regular basis. Change the sentences that you hear from the present tense to the preterite. Follow the model and repeat the correct response after the speaker.*

> **MODELO:**   You hear: Ramón sabe del problema.
> You say: **Ramón supo del problema**.

The preterite of stem-changing verbs

K. Estos verbos no cambian. *Remember, -**ar** and -**er** present tense stem-changing verbs have no stem change in the preterite. Mom is back from a trip and she has a lot of questions about what happened in her absence. Answer the questions according to the model. Repeat the correct response after the speaker.*

> **MODELO:**   You hear: ¿Quién perdió los platos?
> You hear: Los trabajadores
> You say: **Los trabajadores perdieron los platos.**

L. Estos verbos sí cambian. *Practice the -**ir** verbs that do have a stem change in the preterite. Answer the questions using the cues provided. Repeat the correct response after the speaker.*

> **MODELO:**   You hear: Juanito, ¿seguiste las instrucciones?
> You see: Pablo
> You say: **No, no seguí las instrucciones.**
> **Pablo siguió las instrucciones.**

1. Paco

2. Los abuelos

3. Antonio

4. Los niños

5. El tío

6. Marta y Juanita

NOTA CULTURAL ¿A qué hora comen en España?

M. *Steve is a North American who is in Spain on business. You will hear a brief passage about Steve's introduction to mealtimes in Spain. The second time you hear the passage, repeat after each pause, imitating the speaker's pronunciation and intonation.*

Useful Vocabulary

postre = dessert   **costumbres** = customs   **plato** = (meal) course
hasta = until   **aperitivo** = appetizer   **primer** = first

N. *You will hear a series of statements about the passage. Indicate whether they are* **Cierto, Falso,** *or* **No se sabe.** *If the statement is false, correct it on the line provided. Each statement will be read twice. You will hear the answers on the tape.*

	Cierto	Falso	No se sabe	
1.	_____	_____	_____	_____
2.	_____	_____	_____	_____
3.	_____	_____	_____	_____
4.	_____	_____	_____	_____
5.	_____	_____	_____	_____
6.	_____	_____	_____	_____

DICTADO La cocina (*cuisine*) española

During each pause, write what you heard. The sentences will be read twice, and the entire section will be repeated so that you may check your work. The sentences are also in the key at the back of the lab manual.

1. _____

_____

2. _____

_____

3. _____

_____

4. _____

_____

5. _____

_____

Lección 8

¡Qué comida más fresca!

PRONUNCIACIÓN

The **m** in Spanish is pronounced like the **m** in the English word *mother*, as in the following examples.

comer	**mamá**	**cambio**	**calmar**	**Carmen**

The **n** in Spanish, when it occurs at the end of a breath group, at the beginning of a syllable, or before any consonant except those which we will mention shortly, is pronounced like the **n** in the English word *never*. Listen.

nada	**entre**	**sonido**	**pan**	**Enrique**	**enlatado**

However, when the **n** precedes **b, v, m,** or **p** it is pronounced like an **m**, as in the following examples.

un beso	**envidia**	**inmundo**	**un poco**	**inmediato**

And, when the **n** precedes **c, qu, g,** or **j**, it is pronounced like the **n** in the English word *sing,* as in the following examples.

encaje	**yunque**	**con gusto**	**injusto**

Práctica de pronunciación

You will hear a series of words that contain the **m** in Spanish. Repeat each word after the speaker.

mesa	**hermoso**	**rumbo**	**comité**
impuestos	**madre**	**familia**	**madona**

You will now hear a series of words that contain the **n** in Spanish. Repeat each word after the speaker.

nevar	**corren**	**interesar**	**atender**
carne	**flan**	**consejera**	**gimnasio**

You will hear a series of words or phrases that contain the **n** before **b, v, m,** or **p**. Repeat each word or phrase after the speaker.

un bastón	**envolver**	**un mapa**	**con Pablo**
en busca de	**sin mover**	**un poeta**	**inmenso**

69

You will hear a series of words or phrases that contain the **n** before **c, qu, g,** or **j**. Repeat each word or phrase after the speaker.

un crío	sin guantes	pan con queso	un juego
incrédulo	tengo	arranque	monje

You will hear a series of words that contain **m** and all three pronunciations of **n**. Indicate on the chart provided which sound you hear, based only on the sound, not your knowledge of the words. When it is ambiguous, check **?**. Each word will be spoken twice. You will hear the answers on the tape.

MODELO: cama

	m	n	n → ng	?
1.	✗			
2.				
3.				
4.				
5.				
6.				
7.				
8.				
9.				
10.				
11.				
12.				
13.				

DIÁLOGO

A. *The dialogue will first be read without pauses. As you listen fill in the missing words. The dialogue will be read again with pauses so that you can fill in the words you didn't catch the first time, practice your pronunication, and check your work.*

Comprando comida

Frutas y verduras

MUJER: _____ ¿Qué más llevamos?

HOMBRE: Naranjas y plátanos. _____

MUJER: _____

_____

HOMBRE: Bien, Señora, dénos diez naranjas y dos kilos de uvas, por favor.

Lección 8

DEPENDIENTE: Cómo no. ¿Desean verduras también?

MUJER: Sí. Una lechuga, dos pepinos, un kilo de tomates, medio kilo de _____

y dos kilos de _____. ¿Alguna otra cosa?

HOMBRE: _____, ¿no? Por favor, lo pone todo

junto. Regresamos a recogerlo en quince minutos.

DEPENDIENTE: Sí, señor. Aquí estará todo listo.

En la panadería

DEPENDIENTE: Buenas, buenas. Ya tengo aquí todo lo que me _____. Tres litros de

leche, medio kilo de mantequilla, medio kilo de _____ del país y

dos panes de molde.

MUJER: _____

DEPENDIENTE: _____

MUJER: Dos docenas.

DEPENDIENTE: Aquí tiene. Bueno... Con los huevos son 10.500 pesos.

HOMBRE: Aquí tiene y gracias.

DEPENDIENTE: _____

MUJER: Así es. Hay que comer, ¿no?

• • •

DEPENDIENTE: Sí, claro, hay que comer. Pero hoy día todos comen comida rápida. Cuando yo

_____ pequeña, mi mamá nos _____ una

comida grande _____, y _____ una hora a la

mesa comiendo y charlando.

MUJER: Sí, Ud. _____. Ayer _____ sólo una naranja y unas

galletas porque _____ estar en Monterrey a las tres para una reunión.

HOMBRE: Y yo tampoco almorcé. _____ un refresco a las tres, pero nada más.

B. *Comprensión.* You will hear a series of statements about the dialogue. Indicate whether they are *Cierto, Falso,* or *No se sabe.* If the statement is false, correct it on the line provided. Each statement will be read twice. You will hear the answers on the tape.

MODELO: You hear: El mercado está en un edificio grande.
You indicate: **No se sabe.**

Cierto	Falso	No se sabe	
1. _____	_____	_____	_____
2. _____	_____	_____	_____
3. _____	_____	_____	_____
4. _____	_____	_____	_____
5. _____	_____	_____	_____
6. _____	_____	_____	_____
7. _____	_____	_____	_____

VOCABULARIO

C. **¿Botella o bolsa?** You will hear a series of food products. Indicate whether they are usually bottled or bagged. Write the word in the appropriate column. The answers are on the tape.

	botella	bolsa		botella	bolsa
1.	_____	_____	7.	_____	_____
2.	_____	_____	8.	_____	_____
3.	_____	_____	9.	_____	_____
4.	_____	_____	10.	_____	_____
5.	_____	_____	11.	_____	_____
6.	_____	_____	12.	_____	_____

D. **¿Dónde se encuentra?** You will hear another series of food products. Indicate where you go to purchase them. Write the word(s) in the appropriate column. The answers are on the tape.

pastelería	frutería	carnicería
galletas de fresa	_____	_____
_____	_____	_____
_____	_____	_____
_____	_____	_____
_____	_____	_____

E. Laurel y Hardy. *Laurel can eat anything, but Hardy is always on a diet. You will hear a list of foods that they are eyeing at a buffet dinner. Write the food that you hear under the name of the person who is likely to eat it. The answers are on the tape.*

Laurel	Hardy
1.	1.
2.	2.
3.	3.
4.	4.
5.	5.
6.	6.

GRAMÁTICA

The imperfect tense

F. Cuando era niño. *Jorge's questions cause José to reflect upon his childhood. Using the imperfect tense, answer the questions according to the model. Repeat the correct response after the speaker.*

> **MODELO:** You hear: ¿Escribes poesías?
> You say: **No, pero cuando era niño escribía poesías.**

The use of the preterite and the imperfect

G. Cuando sonó (*rang*) el teléfono... *You will hear a series of questions about what people were doing when the phone rang. Answer the questions based on the drawing below. Follow the model. Repeat the correct response after the speaker.*

> **MODELO:** You hear: ¿Qué hacía el perro cuando sonó el teléfono?
> You say: **El perro comía cuando sonó el teléfono.**

MODELO

H. El accidente. *You will hear an incomplete narration about an accident that Sra. García saw from her kitchen window. Follow along carefully and when you hear the beep, choose the correct form of the verb. You will hear the exercise twice, and then you will hear the complete narration.*

> **MODELO:** You hear: Los pájaros... en los árboles.
> You underline: **cantaron / <u>cantaban</u>**

1. Eran / Fueron
2. fue / era
3. Hizo / Hacía
4. jugaban / jugaron
5. tomó / tomaba
6. leía / leyó
7. lavé / lavaba
8. miraba / miré

9. vi / veía
10. Llamé / Llamaba
11. venía / vino
12. llamó / llamaba
13. pasaba / pasó
14. llegó / llegaba
15. llevó / llevaba

     Lección 8

I. ¿Lógico o ilógico? *You will hear a series of exchanges which focus on the distinction between the preterite and the imperfect. Indicate on the chart whether the second item of the exchange is* **lógico** *or* **ilógico.** *You will hear the answers on the tape.*

> **MODELO:** You hear: ¿Supiste tú que Juan tuvo un accidente?
> You hear: Sí, Carolina me lo dijo.
> You check: **Lógico**

	lógico	ilógico
1.		
2.		
3.		
4.		
5.		
6.		
7.		
8.		

Se to express an indefinite subject

J. Contrastes. *Follow the model and use the cues provided to de-personalize the following sentences. Repeat the correct response after the speaker.*

> **MODELO:** You hear: Aquí compramos verduras en el supermercado.
> You see: Guatemala / mercado al aire libre
> You say: **En Guatemala se compran verduras en el mercado al aire libre.**

1. México / cerveza

2. Cuba / vinagre

3. Chile / tomate

4. Honduras / plátanos

5. España / aceite de oliva

NOTA CULTURAL La tortilla mexicana y la tortilla española

K. *You will hear a brief description of two very popular foods, the tortilla from Mexico and the tortilla from Spain. The second time you hear the description, repeat after each pause, imitating the speaker's pronunciation and intonation.*

Useful Vocabulary

básico = basic
harina = flour

solo = alone
champiñones = mushrooms

pimientos = peppers

L. *You will hear a series of incomplete statements about the passage. Circle the letter that corresponds to the conclusion of the statement. Everything will be read twice. You will hear the answers on the tape.*

1. A   B   C

2. A   B   C

3. A   B   C

4. A   B   C

DICTADO   La sangría

During each pause, write what you heard. The sentences will be read twice, and the entire section will be repeated so that you may check your work. The sentences are also in the key at the back of the lab manual.

1. _____

_____

2. _____

_____

3. _____

_____

4. _____

_____

5. _____

_____

     Lección 8

Lección 9

¡Toma y pruébatelo!

PRONUNCIACIÓN

The **l** in Spanish is pronounced by placing the tip of the tongue on the ridge high over the back of the front teeth. It is slightly clearer and lighter than the **l** in the English word *list,* and much clearer and lighter than the **l** in the English word *frightful.* Listen to the following examples.

ala	boliche	luto	elefante	el borde	el alma

Práctica de pronunciación

You will hear a series of words that contain the **l** in Spanish. Repeat each word after the speaker.

listo	lámpara	calor	bolígrafo	alto
azul	alma	colchón	leche	lobo

You will hear a short paragraph with pauses that contains the Spanish **l**. During the pauses, repeat each phrase or sentence after the speaker, imitating the pronunciation and intonation as closely as possible. The paragraph will be read twice, the second time with fewer pauses.

Now, listen and repeat.

La linda Lulú de Santa Lucía vive sola en la isla. Con playas blancas y cielos azules se pasa la vida al sol. Los colores claros le placen mucho y los altos árboles le dan sombra. Y bajo la lujosa luz de la luna no lamenta su lancha perdida.

DIÁLOGO

A. *The dialogue will first be read without pauses. As you listen fill in the missing words and lines. The dialogue will be read again with pauses so that you can fill in the words you didn't catch the first time, practice your pronunciation, and check your work.*

Comprando ropa

Ropa de mujer

DEPENDIENTE: ¿En qué puedo servirles?

MUJER 1:   _____

DEPENDIENTE: ¿Prefiere algún color en especial?

77

MUJER 1: _____

DEPENDIENTE: Tenemos varios modelos y todos son muy bonitos. En seguida se los muestro. Pruébese éste primero.

MUJER 1: _____

MUJER 2: _____

MUJER 1: No sé. Mientras me decido, ¿por qué no pides tú lo que quieres?

MUJER 2: Bien. Señorita, yo quisiera una blusa, una falda, medias y un cinturón.

DEPENDIENTE: _____

Ropa de hombre

DEPENDIENTE: _____

HOMBRE: Sí, una más grande porque ésta no es de mi talla.

DEPENDIENTE: _____

HOMBRE: No sé. Es un poco incómoda. Me queda demasiado apretada aquí en los hombros. Además el color es demasiado llamativo.

DEPENDIENTE: _____

HOMBRE: No, tampoco. Mire, voy a ver otras tiendas y si no encuentro nada, regreso.

DEPENDIENTE: Cómo no. Aquí lo esperamos.

En otra tienda de ropa

DEPENDIENTE: ¿Busca Ud. algo en especial?

HOMBRE: _____

DEPENDIENTE: Pues, tenemos una selección muy grande. _____ algunos de los últimos modelos.

El dependiente va y vuelve con tres chaquetas.

DEPENDIENTE: Pues, tenemos ésta de lana. Luego una de cuero marrón y otra gris, de algodón.

HOMBRE: Ah, me gusta mucho esta última. _____ (*Se la prueba.*) No, no me gusta. Me queda muy grande.

 Lección 9

DEPENDIENTE: Pues, _____

   HOMBRE: Sí, sí. Mucho mejor. Me la compro.

B. Comprensión. *You will hear a series of imcomplete sentences based on the dialogue. Indicate the word from the list that completes each sentence. The answers are on the tape.*

   MODELO: You hear: Al hombre no le gustan las chaquetas. Va a otras...
                You write.   **tiendas**

medias   chaquetas   se prueba   azul   apretada   de todo   el color   talla   queda   suéter

1. _____   6. _____

2. _____   7. _____

3. _____   8. _____

4. _____   9. _____

5. _____   10. _____

VOCABULARIO

C. Asociaciones de palabras. *You will hear a series of words. Underline the verb that logically corresponds to the word that you hear. The answers are on the tape.*

   MODELO: You hear: tienda
                You underline: **probarse** / **parecerse**

1. afeitarse / despertarse

2. quedarse / levantarse

3. llamarse / bañarse

4. quitarse / dormirse

5. acostarse / ponerse

6. vestirse / sentarse

D. ¿Qué se pone primero? (*What do you put on first?*) *Tell what item of clothing you logically put on first. Answer the questions according to the model. Repeat the correct response after the speaker.*

   MODELO: You hear: ¿Qué se pone primero, los pantalones o el cinturón?
                You say: **Me pongo los pantalones.**

E. Prendas de vestir (*Articles of Clothing*). *You will hear a series of questions about what the people below are wearing. First, write the item that you hear in the question in the appropriate box. Then answer the questions by writing **X** in the appropriate box. The answers are on the tape.*

   MODELO: You hear: ¿Quienes usan abrigos?
                You write: **abrigos**
                You check: **Carlos y Mabel**

Carlos

Iván

Mabel

Juana

 Lección 9

Jorge

Sonia

	prenda de ropa	Carlos	Juana	Mabel	Iván	Jorge	Sonia
MODELO:	abrigos	✗		✗			
1.							
2.							
3.							
4.							
5.							
6.							
7.							
8.							
9.							

GRAMÁTICA

Reflexive verbs

F. Háblame de tus hábitos. *Talk about your daily habits. Answer the questions using the cues you hear. Repeat the correct response after the speaker.*

> **MODELO:** You hear: ¿Te pones una chaqueta o un abrigo? (un abrigo)
> You say: **Me pongo un abrigo.**

G. ¿Qué hacen? *What are these people doing? Answer the questions according to the drawings. Repeat the correct response after the speaker.*

MODELO: You hear: ¿Se viste o se baña él?
You say: **Se viste.**

1.

2.

3.

4.

5.

6.

Copyright © 1996 Holt, Rinehart and Winston, Inc. All rights reserved.   **Lección 9**

H. Ud. escoge. *Choose the verbs from the list below to complete the sentences that you will hear. Repeat the correct response after the speaker.*

> **MODELO:** You hear: Luis y Juliana van a... en junio.
> You choose: **casarse   Luis y Juliana van a casarse en junio.**

bañarte	probarme	me voy	te levantas	me duermo
nos acostamos	quedarme	divertirnos	se quitan	se parece

Commands with *Ud.*

I. Comprando en un almacén español. *Shopping in a large department store in Madrid is more overwhelming than you expected, but there is always someone to help you. You will hear a series of verbs in the infinitive. Write the formal singular command (**Ud.**) in the chart provided. Repeat the correct response after the speaker.*

> **MODELO:** You see: _____ el metro al centro de Madrid.
> You hear: tomar
> You write: **Tome**

1. _____ al almacén El Corte Inglés.

2. _____ por la puerta principal.

3. _____ al segundo piso.

4. _____ a un dependiente.

5. _____ con él.

6. _____ dónde están los trajes de hombre.

7. _____ uno de lana.

8. _____ la cuenta (*bill*).

9. _____ el recibo (*receipt*).

10. _____ en la cafetería del almacén.

Commands with *tú*

J. ¿Cuándo? *You have to tell Pedro everything. Answer his questions with the affirmative familiar command (**tú**). Repeat the correct response after the speaker.*

> **MODELO:** You hear: ¿Cuándo como?
> You say: **Come ahora.**

K. ¿Ahora? *Now do the same for Pedro in the negative. Repeat the correct response after the speaker.*

> **MODELO:** You hear: ¿Hablo ahora?
> You say: **No, no hables ahora.**

Commands with pronouns

L. Más consejos (*More advice*). *Practice commands with reflexive verbs by advising Francisca. Answer her questions using the cues provided. Repeat the correct response after the speaker.*

> **MODELO:** You hear: ¿Me levanto a las ocho?
> You see: (a las seis)
> You say: **No, levántate a las seis.**

1. segundo

2. el cuarto

3. pantalones

4. sillón

5. más tarde

M. Indecisos (*Indecisive*). *This husband and wife are both very indecisive. She can't decide what to do and he changes his mind. Answer the questions according to the model. Repeat the correct response after the speaker.*

> **MODELO:** You hear: Los bombones. ¿Los como o no?
> You say: **Sí, cómelos. No, no los comas.**

N. Dos pronombres. *Answer the questions using affirmative* **tú** *commands and substituting a pronoun for the direct object noun. Combine the two pronouns, as in the model. Repeat the correct response after the speaker.*

> **MODELO:** You hear: ¿Le compro el vestido a Lola?
> You say: **Sí, cómpraselo.**

NOTA CULTURAL El huipil de Guatemala y México

O. *You will hear a brief description of the* **huipil,** *a unique article of clothing worn by indigenous women in Guatemala and Southern Mexico. The second time you hear the description, repeat after each pause, imitating the speaker's pronunciation and intonation.*

Useful Vocabulary

sur = south   **diseños** = designs   **regional** = regional

P. *You will hear a series of statements about the passage. Indicate whether they are* **Cierto, Falso,** *or* **No se sabe.** *If the statement is false, correct it on the line provided. Each statement will be read twice. You will hear the answers on the tape.*

   Lección 9

	Cierto	Falso	No se sabe	
1.	_____	_____	_____	_____
2.	_____	_____	_____	_____
3.	_____	_____	_____	_____
4.	_____	_____	_____	_____
5.	_____	_____	_____	_____
6.	_____	_____	_____	_____
7.	_____	_____	_____	_____

DICTADO   ¿Cómo se viste el hispano?

During each pause, write what you heard. The sentences will be read twice, and the entire section will be repeated so that you may check your work. The sentences are also in the key at the back of the lab manual.

1. _____

_____

2. _____

_____

3. _____

_____

4. _____

_____

5. _____

_____

Lección 10

Por vía aérea

PRONUNCIACIÓN

Triphthongs. In Spanish the **vosotros** form of some verbs and a few other words contain triphthongs, which is a strong vowel with a weak vowel on both sides within the same syllable, as in the following examples.

    buey   **cambiáis**   **apreciéis**   **Paraguay**   **continuéis**

Práctica de pronunciación

You will hear a series of words containing triphthongs. Repeat each word after the speaker.

miau	**Magüey**	**ideáis**	**vacabuey**	**vaciáis**
Uruguay	**limpiáis**	**Camagüey**	**averiguáis**	**graduáis**

DIÁLOGO

A. *The dialogue will first be read without pauses. As you listen fill in the missing words. The dialogue will be read again with pauses so that you can fill in the words you didn't catch the first time, practice your pronunciation, and check your work.*

Un viaje en avión

¿Adónde vamos?

MUJER: _____ queremos son unas _____ baratas por dos semanas. Más tiempo no tenemos... por desgracia.

AGENTE: Bueno, este verano los _____ a España están muy baratos. Podrían ir a Andalucía.

HOMBRE: Andalucía, ¿eh? Ummm, eso suena interesante. ¿_____?

MUJER: ¡Sería fantástico! ¡Imagínate: Sevilla, _____ Córdoba! Pero todo depende del precio, ¿no?

AGENTE: ¡Un verdadero _____, señora! _____ este

_____ pueden visitar _____ tres ciudades

y también Málaga.

HOMBRE: _____

AGENTE: Además del _____, el _____ y dos
comidas al día. Una ganga, ¿no?

HOMBRE: La verdad, sí. ¡Háganos los _____!

AGENTE: _____

MUJER: En dos semanas. ¿_____, regresando
el 30 más o menos?

AGENTE: Déjeme ver. Sí, _____. Mañana mismo _____

_____ los boletos y toda la información sobre su viaje.

HOMBRE Y MUJER: Buenas tardes. Gracias.

AGENTE: Hasta luego.

Antes de abordar el avión

SEÑORITA: _____

HOMBRE: Aquí _____. Dígame, ¿_____?

SEÑORITA: Sí, señor. El avión saldrá a las diez _____.

¿_____?

MUJER: Una _____ cada uno, nada más.

SEÑORITA: _____ su nombre y dirección en estas tarjetas y

_____ en sus maletas. Por favor, también en su equipaje de mano.

HOMBRE: Los asientos los queremos para la _____

 Lección 10

SEÑORITA: Cómo no. ¿_____?

MUJER: Ventana, pero no muy atrás.

SEÑORITA: Aquí tienen todo. _____ a la puerta 27 y _____

lista su tarjeta de embarque. ¡_____!

HOMBRE Y MUJER: Gracias. Adiós.

• • •

HOMBRE: Por fin, dos semanas de descanso. Pero , ¿_____?

MUJER: _____ directamente al hotel. Estoy

muy cansada. Pero no _____ un taxi libre.

HOMBRE: _____, cerca de la entrada central

del aeropuerto. _____ aquí y que

_____ pacientes.

MUJER: Mira. Aquí vienen dos taxis. _____
llevarnos al hotel. Necesito acostarme un poco antes de ver los sitios de interés.

B. Comprensión. *You will hear a series of incomplete statements based on the dialogue. When you hear the beep, indicate the word that completes each statement. The answers are on the tape.*

MODELO: You hear: Al comienzo del diálogo los señores están...
You indicate: **en la agencia de viajes.**

1. A. caras   B. baratas   C. gratuitas

2. A. un mes   B. dos semanas   C. tres semanas

3. A. Andalucía   B. Castilla   C. Cataluña

4. A. comidas   B. carro   C. excursiones

5. A. atrasado   B. ocupado   C. a tiempo

6. A. la tarjeta de turismo   B. el pasaporte   C. el folleto turístico

7. A. salidas   B. maletas   C. entradas

8. A. la agente   B. la azafata   C. la ventana

VOCABULARIO

C. Expresiones turísticas. *You will hear a series of verbs. Write the verb next to the appropriate word(s) to form a logical travel expression. The answers are on the tape.*

      MODELO: You hear: hacer
                     You write: **hacer** cola

1. _____ fotos

2. _____ el avión

3. _____ el cinturón de seguridad

4. _____ un asiento

5. _____ de vacaciones

6. _____ las maletas

7. _____ el vuelo

8. _____ la tarjeta postal

D. ¿Dónde se hace... ? *You will hear a series of travel-related activities. Indicate where or when each takes place by writing it in the appropriate column. The answers are on the tape.*

	antes de salir	en el aeropuerto	en el asiento del avión
MODELO:	planear el viaje	_____	_____
	_____	_____	_____
	_____	_____	_____
	_____	_____	_____
	_____	_____	_____

E. Con destino a Guadalajara. *You will hear a short paragraph describing Jane's preparations for her trip to Guadalajara, México. Listen carefully the first time. The second time, number the following items in the order that Jane did them. The answers are on the tape.*

_____ Compró maletas.

_____ Esperó mucho tiempo para hablar con la agente.

_____ Compró un pasaje de ida y vuelta.

_____ Consiguió el pasaporte.

_____ Fue a un centro comercial (*shopping plaza*).

_____ Reservó un asiento.

_____ Recibió un folleto turístico.

_____ Abordó el avión.

_____ Hizo las maletas.

_____ Se despidió de la agente.

     Lección 10

GRAMÁTICA

The present subjunctive: Form and meaning

F. ¿Subjuntivo o no? *You will hear a series of sentences. Indicate whether there is a verb in the sentence that is in the subjunctive mood. The answers are on the tape.*

> **MODELO:** You hear: Espero que tú no mires ese programa.
> You indicate: **Subjunctive**

1. Subjunctive   No

2. Subjunctive   No

3. Subjunctive   No

4. Subjunctive   No

5. Subjunctive   No

6. Subjunctive   No

7. Subjunctive   No

8. Subjunctive   No

G. La forma yo. *You will hear a series of infinitives. Give the first-person singular form (***yo***) of the present subjunctive of each infinitive. Repeat the correct response after the speaker.*

> **MODELO:** You hear: buscar
> You say: **busque**

The present subjunctive with impersonal expressions

H. La expresión impersonal. *In this exercise you will be practicing only the use of impersonal expressions. You will hear a series of impersonal expressions. Combine the appropriate expression with the sentence fragments that you see. Repeat the correct response after the speaker.*

> **MODELO:** You see: ... abrochar el cinturón de seguridad en el avión.
> You hear: Es necesario
> You say: **Es necesario abrochar el cinturón de seguridad en el avión.**

1. ... fumar.

2. ... conseguir el pasaporte para ir a España.

3. ... sacar fotos y después perder la cámara.

4. ... ir a España en mayo porque hay muchos turistas en julio.

5. ... confirmar el vuelo antes de ir al aeropuerto.

6. ... gastar todo el dinero en un solo lugar.

I. El turista profesional. *Some people really look like tourists when they travel. Certain impersonal expressions do not require the use of the subjunctive in the dependent clause. Change the sentence according to the cue. Repeat the correct response after the speaker.*

> **MODELO:** You see: Ellos gastan dinero.
> You hear: No hay duda
> You say: **No hay duda que ellos gastan dinero.**

1. Están de vacaciones.

2. Van a sacar muchas fotos.

3. Viajan mucho.

4. No son de aquí.

5. Escriben muchas tarjetas postales.

6. Compran muchos recuerdos (*souvenirs*).

J. Nuestra familia va a México. *Cathy talks about her family's preparations for their trip. Form new sentences according to the cues. Repeat the correct response after the speaker.*

> **MODELO:** You hear: Vamos a México. (Es bueno)
> You say: **Es bueno que vayamos a México.**

Relative pronouns

K. ¿Quiénes son? *Practice the relative pronoun* **que** *by connecting two short sentences. Make any necessary changes. You will hear each pair of sentences twice. Repeat the correct response after the speaker.*

> **MODELO:** You hear: Pepe y Paco son inspectores. Trabajan en la aduana.
> You say: **Pepe y Paco son los inspectores que trabajan en la aduana.**

L. El viaje a México. *Cathy now reflects on her family's trip to Mexico. You will hear a series of sentence fragments. Combine them with the appropriate fragments that you see below to form logical statements. Repeat the correct response after the speaker.*

> **MODELO:** You see: ... a quienes yo les presté el mapa.
> You hear: Ellos son los turistas...
> You say: **Ellos son los turistas a quienes les presté el mapa.**

1. ... que hizo la reserva.

2. ... que sirvió el desayuno.

3. ... con quienes practiqué el español.

4. ... con quien fui a México.

5. ... que revisó las maletas.

 Lección 10

M. Lo que. *Practice the expression* **lo que** *by matching the fragments that you hear with the ones below. Repeat the correct response after the speaker.*

> **MODELO:** You see: Lo que papá necesita...
> You hear: ... son unas vacaciones
> You say: **Lo que papá necesita son unas vacaciones.**

1. Lo que el turista busca...

2. Lo que tú dices...

3. Lo que me molesta...

4. Lo que el agente hace...

5. Lo que prefiero...

NOTA CULTURAL   El problema del tráfico en la Ciudad de México

N. *You will hear a narration that focuses on two aspects of daily life in Mexico City: going to the airport and the traffic problem in the city. The second time you hear the narration, repeat after each pause, imitating the speaker's pronunciation and intonation.*

Useful Vocabulary

Es la costumbre = It's customary
los mismos = the same

serio = serious
contaminación = contamination, pollution

gobierno = government

O. *You will hear a series of incomplete statements about the passage. Indicate the letter that corresponds to the correct conclusion of each statement. Everything will be read twice. You will hear the answers on the tape.*

1. A   B   C

2. A   B   C

3. A   B   C

4. A   B   C

5. A   B   C

DICTADO   México: un país de tres culturas

During each pause, write what you heard. The sentences will be read twice, and the entire section will be repeated so that you may check your work. The sentences are also in the key at the back of the lab manual.

1. _____

_____

2. _____

_____

3. _____

_____

4. _____

_____

5. _____

_____

Lección 10

Lección 11

En tren se ve todo

PRONUNCIACIÓN

The Spanish **z** is always pronounced like the **s** in the English word *sorry*, as in the following examples.

| empezar | pez | zorro | zumbido | azúcar | taza |

Práctica de pronunciación

You will hear a series of words that contain the **z** in Spanish. Repeat each word after the speaker.

| vez | nuez | cerveza | zapato | comenzar | izquierda |
| cazar | alzar | zócalo | almuerzo | forzar | zona |

You will now hear a series of phrases with words containing the **z** in Spanish. Repeat each phrase after the speaker, imitating the pronunciation and intonation as closely as you can. Each phrase will be said twice, the second time with fewer pauses than the first.

1. El juez feliz comió su almuerzo.

2. Gozo del chorizo con mostaza y cerveza.

3. La azafata adelgazó mucho comiendo mezclas de arroz y zanahorias.

Note: See **Lección 18** for the peninsular pronunciation of the Spanish *z*.

DIÁLOGO

A. *The dialogue will first be read without pauses. As you listen fill in the missing words. The dialogue will be read again with pauses so that you can fill in the words you didn't catch the first time, practice your pronunciation, and check your work.*

Se nos fue el tren

HOMBRE: Dios mío, ¿y el tren? ¿_____?

MUJER: No _____. A lo mejor éste no es el andén.

HOMBRE: ¡_____ con nuestro equipaje!

¿_____?

MUJER: Vamos a información. Tal vez haya otro tren en un par de horas.

HOMBRE: Sí, ¡_____!

Encuentran a un empleado.

HOMBRE: ¡Señor, por favor, _____! Hemos perdido el tren y…

EMPLEADO: Cálmese, señor. _____ ¿cuál es su problema?

MUJER: Pues que nos bajamos un rato a tomarnos _____ y a estirar las

piernas, y cuando regresamos _____.

HOMBRE: Por favor, fíjese si hay otro tren para Monterrey hoy mismo.

EMPLEADO: Déjeme ver, un momento... _____, pero hoy _____

_____ para Monterrey.

MUJER: ¡_____! ¡Señor, por favor, _____! No podemos
pasar la noche aquí.

EMPLEADO: Pues, _____. Ummmm, a menos que...

HOMBRE: ¿A menos que qué? _____. Estamos dispuestos a hacer cualquier
cosa con tal de llegar a Monterrey hoy mismo.

EMPLEADO: Bueno, pero _____.

MUJER: No importa.

EMPLEADO: _____, hay un tren que _____ León dentro

de una hora, a las once en punto. _____ para

Torreón y de allí _____ en camión.

HOMBRE: ¿Es rápida la conexión en León?

EMPLEADO: Hay una espera de _____.

MUJER: ¿Y ahí _____ un camión para Monterrey?

Dios, ¡_____!

 Lección 11

EMPLEADO: Es la única solución si _____.

MUJER: Bueno, ni modo, ¿no?

HOMBRE: Sí, _____. ¿Dónde podemos conseguir los boletos?

EMPLEADO: Ahí, en cualquier ventanilla.

MUJER: _____

HOMBRE: Sí, ha sido muy amable.

EMPLEADO: De nada, señores. ¡Buena suerte y _____!

• • •

Después de subir al tren

MUJER: Me alegro de que _____ ir a Monterrey hoy, pero espero que este

tren _____ a tiempo.

HOMBRE: Sí. Creo que todo _____ bien ahora. Pero recomiendo que

_____ en el tren en la próxima estación. No quiero que

_____ este tren. Y además, dudo que _____

otra solución al problema de llegar a Monterrey hoy.

MUJER: Sí, siento que _____ que ir a nuestro destino de una forma tan
complicada, pero de esta manera podemos conocer León.

HOMBRE: ¡Ay, mujer!

B. Comprensión. *You will hear a series of incomplete statements based on the dialogue. Indicate the word or words that complete each statement. You will hear each statement twice. The answers are on the tape.*

MODELO: You hear: A los señores se les fue el tren con su...
You indicate: **equipaje**

1. A. centro   B. andén   C. metro

2. A. León   B. Torreón   C. Monterrey

3. A. amable   B. antipático   C. interesante

4. A. sed   B. sueño   C. hambre

5. A. fueron al baño   B. comieron algo   C. tomaron un refresco

6. A. fácil   B. complicada   C. ridícula

7. A. taxi   B. coche   C. autobús

8. A. tren   B. metro   C. autobús

VOCABULARIO

C. Identificaciones. *You will hear a series of sentences. Write the number of the sentence next to the word that logically corresponds to that sentence. The answers are on the tape.*

_____ maletero (*trunk*)

_____ frenos

_____ batería

_____ taller

_____ gasolinera

_____ policía

_____ capó (*hood*)

_____ llanta

D. ¿Cómo voy? *You will hear a series of situations in which transportation is needed. Select the necessary transportation for each situation by checking the appropriate box on the chart. You will hear each description twice. The answers are on the tape.*

MODELO: You hear: Voy a España con mi esposo pero él tiene miedo de los aviones.
                 You indicate: **barco**

	1.	2.	3.	4.	5.	6.
avión						
barco						
metro						
camión (*truck*)						
motocicleta						
bicicleta						
coche						

 Lección 11

GRAMÁTICA

The present subjunctive in noun clauses to express emotion, desire, doubt, and influence

E. Mamá quiere... *Tell your little brother what Mom wants him to do. Repeat the correct response after the speaker.*

> **MODELO:** You hear: No voy a comer.
> You say: **Mamá quiere que comas.**

F. Lo siento. *Be a good listener and sympathize with your friends' problems. Follow the model. Repeat the correct response after the speaker.*

> **MODELO:** You hear: No comprendo la gramática.
> You say: **Siento que no comprendas la gramática.**

G. Pesimista. *Your brother has a very negative perspective about picking up Cristina at the train station. Form new sentences using the cues provided. Follow the model. Repeat.*

> **MODELO:** You hear: Cristina tiene poco equipaje.
> You see: Dudo que...
> You say: **Dudo que Cristina tenga poco equipaje.**

1. No creo que...
2. Dudo que...
3. No pienso que...
4. Es dudoso que...
5. Mamá no cree que...
6. No creo que...

H. Recomendaciones. *Your mother is wise and has a solution for everyone's problems. Form her recommendations using the cues provided. Repeat the correct response after the speaker.*

> **MODELO:** You hear: El novio de Ramona la trata muy mal.
> You see: salir con otro
> You say: **Recomiendo que salga con otro.**

1. tomar español
2. revisar los frenos
3. buscar trabajo
4. estudiar toda la noche
5. ir al doctor
6. hacer un viaje
7. acostarse temprano
8. comer una pizza
9. no dormirse en clase

I. Hable claro. *You want to be sure that you understand your father's expectations. Listen to the question and answer according to the model. Repeat the correct response after the speaker.*

> **MODELO:** You see: aconsejar / estudiar más
> You hear: Papá, ¿aconsejas que estudie más?
> You see: ordenar
> You answer: **No, hija, *ordeno* que estudies más.**

1. sugerir / ir a clase   *   insistir en

2. decir / salir con Pedro   *   prohibir

3. aprobar / fumar   *   prohibir

4. sugerir / limpiar mi cuarto   *   insistir en

5. aconsejar / pagar el dinero   *   ordenar

J. Los consejos. *Like your mother you, too, give sound advice. Listen to your friends' situations and give them the appropriate advice. Begin each sentence with* **Aconsejo que...** *You will hear the answers on the tape.*

> **MODELO:** You hear: La nueva chica en la clase me gusta mucho. Voy a hacer una fiesta el sábado. ¿Qué hago? ¿La invito? (Sí)
> You say: **Aconsejo que la invites.**

Se for unplanned occurrences

K. ¡Qué día más malo! *You can't believe what a bad day everyone has had. Echo what they say. Repeat the correct response after the speaker.*

> **MODELO:** You hear: Se me quedó la cámara en casa.
> You say: **¡Se te quedó la cámara en casa!**

Commands: *nosotros*

L. Preparativos para el viaje. *Answer the questions using the cues provided. Follow the model and repeat the correct response after the speaker.*

> **MODELO:** You hear: ¿Cuándo quieren viajar?
> You see: en el verano
> You say: **Viajemos en el verano.**

1. hoy

2. el 2 de julio

3. el 10

4. el lunes

5. mañana

 Lección 11

M. ¿Qué hacemos? *Practice* **nosotros** *commands with reflexive verbs by answering the following questions. In your answer, use the second verb in each pair. Repeat the correct response after each speaker.*

> MODELO: You hear: ¿Nos acostamos o nos bañamos (*Shall we go to bed* or *shall we bathe?*)
> You say: **Bañémonos.** (*Let's bathe.*)

NOTA CULTURAL Cruzando (*Crossing*) la frontera (*border*) en Latinoamérica

N. *In the following passage you will hear some basic guidelines about travelling between the United States and Latin America. The second time you hear the passage, repeat after each pause, imitating the speaker's pronunciation and intonation.*

Useful Vocabulary

depende = depends	**actitud** = attitude	**humor** = humor
drogas = drugs	**ilegal** = illegal	**ignorar** = to ignore
factores = factors	**aparato** = device	**inspector** = inspector
cualquier = any	**descubrir** = to discover	

O. *You will hear a series of incomplete statements about the passage. Circle the letter that corresponds to the correct conclusion of each statement. Everything will be read twice. You will hear the answers on the tape.*

1. A   B   C

2. A   B   C

3. A   B   C

4. A   B   C

5. A   B   C

DICTADO Un poco más sobre México

During each pause, write what you heard. The sentences will be read twice, and the entire section will be repeated so that you may check your work. The sentences are also in the key at the back of the lab manual.

1. _____

_____

2. _____

_____

3. _____

_____

4. _____

_____

5. _____

_____

     Lección 11

Lección 12

¿Qué clase de hotel es éste?

PRONUNCIACIÓN

In Spanish a difference in stress can often reveal a difference in meaning. As you know by now, **hablo** means "I speak," "I am speaking," or "I will speak" whereas **habló** means "He spoke." Stress in Spanish is governed by a few simple rules. Once you know them you will know how to pronounce any word you see written, and if you know how to pronounce the word, you will know if it needs a written accent.

If a word ends in a vowel, **n,** or **s**, the stress falls on the penult (the next-to-last syllable), as in the following words.

hablas	**comen**	**aprendemos**	**coche**	**lentes**	**orden**

If a word ends in any other consonant, the stress falls on the ult (the last syllable), as in the following words.

sabor	**arroz**	**animal**	**verdad**	**reloj**	**Uruguay**

If a word is pronounced in a way that violates either of these two rules, a written accent will be needed to indicate this. In the following examples the first rule is violated.

hablarás	**comerán**	**aprendí**	**cómodo**	**tabú**	**variación**

In the following examples the second rule is violated.

árbol	**Jiménez**	**dólar**	**álbum**	**lápiz**

Práctica de pronunciación

You will now hear the pronunciation of a series of words that are listed on the chart provided. Indicate if the stress is on the **última** sílaba (last syllable), **penúltima** sílaba (next-to-last syllable), or on the **antepenúltima** sílaba (the third syllable from the end). Then write an accent over the appropriate letter if necessary. The answers are in the key at the back of the lab manual.

[This exercise is a review of the rules for stress and accentuation. See pages 10 and 11 of the text.]

	Palabra	Antepenúltima	Penúltima	Última
1.	i-ma-gen		✗ no accent	
2.	es-ta			
3.	pu-dor			
4.	es-ta			
5.	co-mi-ca			
6.	a-gil			
7.	tran-qui-li-dad			
8.	sa-ta-nas			
9.	Ju-dit			
10.	a-gua-ma-nos			
11.	ce-re-bral			
12.	Pla-ton			
13.	hues-ped			
14.	al-mi-bar			

DIÁLOGO

A. *The dialogue will first be read without pauses. As you listen fill in the missing words. The dialogue will be read again with pauses so that you can fill in the words you didn't catch the first time, practice your pronunciation, and check your work.*

En el hotel

En la recepción del hotel

HOMBRE: Buenos días, señorita. _____ .

RECEPCIONISTA: Buenos días. ¿ _____ ?

HOMBRE: No, pero _____ .

RECEPCIONISTA: En absoluto. ¿Qué tipo de habitación desean?

HOMBRE: _____ , con baño y, si es posible, con vista al mar.

RECEPCIONISTA: ¿ _____ ?

MUJER: A mí _____ . Escoge tú.

HOMBRE: Pues, _____ .

RECEPCIONISTA: ¿ _____ ?

 Lección 12

HOMBRE: Está bien. ¿Cuánto cuesta la habitación?

RECEPCIONISTA: Diez mil pesetas por noche con el desayuno incluido. Si quieren, también

_____.

MUJER: No, gracias. Sólo con el desayuno.

RECEPCIONISTA: ¿ _____?

HOMBRE: No estamos seguros; posiblemente una semana.

RECEPCIONISTA: Muy bien. Denme sus pasaportes, por favor, y llenen esta tarjeta.

_____ los ayudará con el _____. Pedro,

por favor acompaña a los señores a la habitación 504.

Le dan los pasaportes a la recepcionista.

HOMBRE: Aquí tiene, gracias.

RECEPCIONISTA: _____. Cualquier cosa que necesiten,

_____ directamente a la recepción.

MUJER: Gracias.

Cambio de habitación

MUJER: ¡Uf, qué _____! Voy a _____.
(*Y mas tarde*) Intenté varias veces pero este aparato no funciona.

HOMBRE: Entonces _____ y pídeles que nos den otra habitación.

MUJER: ¿Aló, señorita? _____ de la habitación 504. Sí, hay un

pequeño problema: el aire acondicionado no _____

y queremos cambiarnos de cuarto. Sí, en el mismo piso está bien. Gracias. (*A su*

esposo) Dice que ahora sube el botones para llevarnos al cuarto de al lado.

• • •

MUJER: Bueno, vamos a descansar un poco y luego, _____

la ciudad. Quiero probar una paella que _____ verdaderamete

española. También _____ una discoteca adonde

_____ los españoles, y no sólo los turistas. No conozco a

nadie que _____ aquí y quiero _____

cómo es la gente.

HOMBRE: Sí, yo conozco a un hombre que _____ español y

trabaja conmigo, pero hace muchos años que no vive en España y por eso no sabe

cómo es.

B. Comprensión. *You will hear a series of incomplete statements based on the dialogue. When you hear the beep, indicate the word that completes each sentence. The answers are on the tape.*

> **MODELO:** You hear: Los señores no tienen...
> You indicate: **reservación**

1. A. balcón   B. baño   C. botones

2. A. el almuerzo   B. el coche   C. el desayuno

3. A. a la recepcionista   B. al botones   C. al portero

4. A. grande   B. bonito   C. cómodo

5. A. sale   B. sube   C. se va

6. A. dormir   B. salir   C. relajarse

7. A. probar la comida   B. escuchar la música   C. ver una película

8. A. nadar   B. bailar   C. jugar

VOCABULARIO

C. Asociaciones de palabras. *You will hear a series of words. Underline the verb that logically corresponds to the word that you hear. The answers are on the tape.*

> **MODELO:** You hear: huésped
> You underline: **alojarse / acordarse**

1. salvar / desempacar

2. alojarse / acordarse

3. volar / nadar

4. prender / tomar

5. echar / sacar

6. empacar / dar

7. cobrar / funcionar

8. relajarse / tardar

D. ¿A qué lugar pertenece? *You will hear a series of words. Indicate to what place they correspond by writing them in the appropriate column. The answers are on the tape.*

	playa	**correo**	**hotel**
MODELO:	_____	_____	____ permanecer ____
	_____	_____	_____
	_____	_____	_____
	_____	_____	_____
	_____	_____	_____
	_____	_____	_____
	_____	_____	_____

E. ¿Quién lo dice? *Who said the following exchanges, the* **huésped** *or the* **recepcionista**? *You will hear the answers on the tape.*

> **MODELO:** You hear: ¿Cuánto cuesta una doble?
> You circle: **huésped**

1. huésped   recepcionista
2. huésped   recepcionista
3. huésped   recepcionista
4. huésped   recepcionista
5. huésped   recepcionista

F. Expresiones. *Match the word that you hear with the correct printed word(s) to form logical expressions. The answers are on the tape.*

> **MODELO:** You hear: pasta
> You write: **pasta dental**

1. _____ de taxi
2. _____ eléctrico
3. _____ una carta
4. _____ de crédito
5. _____ de viajero
6. _____ mecánica
7. _____ de sol
8. _____ doble
9. _____ acondicionado
10. _____ el sol

GRAMÁTICA

The present subjunctive in adjective clauses to express the indefinite and nonexistent

G. Eso busco yo. *Every vacation attraction that this town has to offer is what Sandra is looking for. Form new sentences according to the cue provided. Repeat the correct response after the speaker.*

> **MODELO:** You see: <u>Tenemos</u> playas que *están* limpias.
> You hear: Busco...
> You say: **Busco playas que *estén* limpias.**

1. Aquí <u>hay</u> un hotel que *tiene* ocho piscinas.

2. Y <u>tiene</u> cuartos que *dan* a la playa.

3. <u>Ofrecemos</u> pensiones que no *cuestan* mucho dinero.

4. <u>Hay</u> una que *es* muy antigua.

5. Y <u>tiene</u> una recepcionista que *habla* inglés y español.

6. <u>Conocemos</u> un restaurante que *sirve* comida italiana.

7. <u>Hay</u> quioscos que *venden* revistas francesas.

H. ¿Hay un hotel que...? *You will hear a series of verbs. Combine the verb with the word(s) to inquire about hotels in the area. Repeat the correct response after the speaker.*

> **MODELO:** You see: ¿____ en la playa?
> You hear: estar
> You ask: **¿Hay un hotel que esté en la playa?**

1. ¿ _____ comida española?

2. ¿ _____ a un castillo?

3. ¿ _____ los precios en el verano?

4. ¿ _____ balcones?

5. ¿ _____ descuentos (*discounts*) a los mayores (*senior citizens*)?

6. ¿ _____ perros y gatos?

7. ¿ _____ famoso?

I. Comprando una casa. *Listen to descriptions of what certain people want in a house. Write the letter of the drawing that corresponds to the description that you hear. The answers are on the tape.*

A.

B.

 Lección 12

C.

D.

1. _____   3. _____

2. _____   4. _____

Ordinal numbers

J. ¿En qué lugar llegó? *You will hear a series of questions asking about the order in which these horses (**caballos**) crossed the finish line. Note the times on the chart, and fill in the chart by writing words for 1st, 2nd, etc. You will hear each question twice. The answers are on the tape.*

> **MODELO:** ¿En qué lugar llegó Dante?
> **cuarto lugar**

caballo	min. / seg.	lugar
Bala Azul	7,15	
Lanzador	6,35	
Guerrero	6,40	
Dante	6,50	Cuarto lugar
Estrella	6,48	
Cohete	7,01	
Trueno	6,59	
Danzón	7,12	

Comparatives and superlatives

K. Seleccionando el equipo (*Choosing the team*). *Note the following student bios. Supply the soccer coach with the necessary information on the following students. Write the answers to the questions on the lines provided. You will hear the answers on the tape.*

> **MODELO:** You hear: Roberto estudia más horas que...
> You say: **Guillermo.**

```
..........................................        ...........................................
:  Pedro Otero                          :        :  Roberto Gómez                           :
:                                       :        :                                          :
:  Edad (age): 16                       :        :  Edad:  17                               :
:  Estatura (height): 5'4"              :        :  Estatura: 5'2"                          :
:  Peso (weight): 125 lbs               :        :  Peso: 145 lbs                           :
:  Promedio de notas (grade point average): 3.8 :  Promedio de notas:  3.1                 :
:  Deportes (sports): béisbol, fútbol,  :        :  Deportes: fútbol, baloncesto, natación :
:  baloncesto (basketball), natación (swimming) :  Estudios:  2 horas al día               :
:  Estudios: 4 horas al día             :        :                                          :
:........................................        :..........................................
```

```
..........................................        ...........................................
:  Esteban Echeverría                   :        :  Guillermo Pérez                         :
:                                       :        :                                          :
:  Edad:  15                            :        :  Edad:  16                               :
:  Estatura: 6'2"                       :        :  Estatura: 5'7"                          :
:  Peso: 150 lbs                        :        :  Peso: 180 lbs                           :
:  Promedio de notas:  3.25             :        :  Promedio de notas:  4.0                 :
:  Deportes: baloncesto, natación       :        :  Deportes: fútbol, baloncesto            :
:  Estudios:  4 horas al día            :        :  Estudios:  1 hora al día                :
:........................................        :..........................................
```

1. _____

2. _____

3. _____

4. _____

5. _____

6. _____

7. _____

NOTA CULTURAL   ¿Cómo pasan el verano los españoles?

L. *You will hear a brief passage describing what summer is like in Spain. The second time you hear the passage, repeat after each pause, imitating the speaker's pronunciation and intonation.*

Useful vocabulary

Castilla = region in Spain   **mínimo** = minimum   **establece** = establishes
montañas = mountains   **ley** = law
anual = annual   **europeos** = European

M. *You will hear a series of statements about the passage. Indicate whether they are* **Cierto, Falso,** *or* **No se sabe.** *If the statement is false, correct it on the line provided. Each statement will be read twice. You will hear the answers on the tape.*

    MODELO: You hear: Hace calor en el norte de Castilla.
                      You indicate: **Falso. <u>Hace fresco.</u>**

                   Lección 12

	Cierto	Falso	No se sabe
1.	_____	_____	_____	_____
2.	_____	_____	_____	_____
3.	_____	_____	_____	_____
4.	_____	_____	_____	_____
5.	_____	_____	_____	_____

DICTADO Los paradores españoles (*A parador is a unique type of lodging in Spain.*)

During each pause, write what you heard. The sentences will be read twice, and the entire section will be repeated so that you may check your work. The sentences are also in the key at the back of the lab manual.

1. _____

    _____

2. _____

    _____

3. _____

    _____

4. _____

    _____

5. _____

    _____

Lección 13

¡Ay, doctora!

PRONUNCIACIÓN

In Spanish the **ch** is considered one letter. It is pronounced like the combination of **ch** in the English word *church*, as in the following examples.

chico	chuleta	capucha	leche	dicho	chófer

Práctica de pronunciación

You will now hear a series of words that contain the **ch** sound in Spanish. Repeat each word after the speaker.

chocar	lechuga	ancho	chaqueta	coche
chorizo	cuchillo	provecho	marcha	colchón

Trabalenguas. You will now hear a popular Bolivian tongue twister that contains the **ch** sound in Spanish. The tongue twister will be said three times, the first two more slowly and with more pauses than the third.

Manuel Micho por capricho
mecha la carne de macho
y ayer le dijo un borracho
mucho macho mecha Micho

DIÁLOGO

A. *The dialogue will first be read without pauses. As you listen fill in the missing words. The dialogue will be read again with pauses so that you can fill in the words you didn't catch the first time, practice your pronunication, and check your work.*

La salud

Una cita con la doctora

(Suena el teléfono.)

ENFERMERA: Buenos días, consultorio de la Dra. Silva.

SEÑORA: Buenos días, señorita. _____. Quisiera

_____ con la doctora lo más pronto posible.

ENFERMERA: ¿_____? ¿Quiere la cita para hoy?

113

SEÑORA: Sí, por favor. Es para mi hijo Pablito, el menor.

ENFERMERA: ¿Me puede decir _____?

SEÑORA: Pues, que no se le va la _____... Ya lleva varios días tomando las

_____ que le _____ la doctora y nada.

ENFERMERA: Sí, aquí tengo su ficha. ¿Algún otro problema?

SEÑORA: No tiene fuerzas para nada y _____.

ENFERMERA: Bueno. ¿Lo puede traer esta tarde a las dos?

SEÑORA: ¿No puede ser _____?

ENFERMERA: _____, pero la doctora no está aquí. La llamaron del hospital por

una _____ y no llegará hasta las dos.

SEÑORA: Bueno. ¿_____?

ENFERMERA: No, no es necesario. Estará aquí la doctora.

SEÑORA: Bueno. Gracias.

ENFERMERA: Hasta más tarde, Sra. Pineda.

SEÑORA: Adiós.

En el consultorio

DOCTORA: (*a Pablo*) Primero vamos a tomarte la temperatura. A ver, _____ y mantén el termómetro debajo de la lengua. Así, muy bien. (*a la señora*) ¿Cómo está Pablito de apetito?

SEÑORA: _____, doctora. Sólo sopa y frutas.

_____.

DOCTORA: No se preocupe, eso es bastante. Bueno, ahora veamos _____. Ummmm.

(*a Pablo*) Sí, tienes fiebre, pero muy poca, apenas unas décimas. A ver. Desabróchate la

camisa, que quiero _____. _____. Así. Muy bien.

Ahora vamos a revisarte la garganta. _____.

Di «¡ahhhhhh!» Bueno, ya puedes _____. (*a la señora*) No tiene

nada serio, señora. _____ y un poco

inflamada la garganta, pero eso es todo.

 Lección 13

SEÑORA: ¿Le sigo dando las mismas pastillas?

DOCTORA: No, ya no. _____.

• • •

SEÑORA: Muy bien. La verdad es que _____. Por eso

_____ a su consultorio. Yo sabía que

Pablito _____ otra forma de medicina.

DOCTORA: Sí, _____ dos casos iguales hoy. Con el antibiótico Pablito va a

_____ mucho mejor. Váyase a la farmacia y déle la receta al farmacéutico.

Y... no se preocupe. Estas enfermedades _____ fácilmente.

B. Comprensión. *You will hear a series of incomplete statements based on the dialogue. Indicate the word(s) that correctly complete(s) each statement. The answers are on the tape.*

MODELO: You hear: La doctora está en...
You indicate: **el hospital**

1. A. dolor de estómago   B. fiebre   C. dolor de cabeza

2. A. nerviosa   B. cansada   C. tranquila

3. A. antibióticos   B. jarabe   C. pastillas

4. A. inflamado   B. hinchado   C. congestionado

5. A. tomar la temperatura   B. toser   C. tomar pastillas

6. A. respira   B. respire   C. respiras

VOCABULARIO

C. Asociaciones de palabras. *You will hear a series of words. In your manual, underline the verb that logically corresponds to the word that you hear. The answers are on the tape.*

MODELO: You hear: enfermedad
You underline: **curar** / **funcionar**

1. relajarse / recetar

2. operar / firmar

3. portarse / aliviar

4. sentirse / abrocharse

5. poner / prender

6. doler / toser

7. tomar / volar

8. respirar / doler

D. ¿Qué les duele? (*What's hurting them?*) *Practice using the verb* **doler,** *the indirect object pronoun and the human body parts by appropriately filling in the speech bubbles. Follow the model. Repeat the correct response after the speaker.*

MODELO: You see:

You say: **Me duele la nariz.**

1.

2.

3.

4.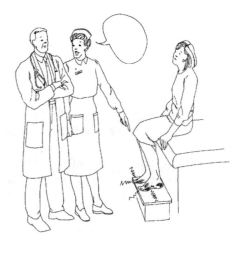

 Lección 13

of. Answer the
speaker.

correct response

descargption of several sick people. In the
recommendations, and where the person
answers are on the tape.

according to the

. Follow the

asa.

| Acción o
nendación del
médico | Lugar donde está el/la
paciente |
| --- | --- |
| | |
| | |
| | |
| | |

GRAMÁTICA

The past participle

F. ¿Está todo hecho? *Mr. Sánchez assures his wife that everything is taken c̶ following questions according to the model. Repeat the correct response after t̶*

> **MODELO:** You hear: ¿Cerraste las ventanas?
> You say: **Sí, las ventanas están cerradas.**

The present perfect and the pluperfect tenses

G. No, pero... *Answer the following questions using the cues provided. Repeat after the speaker.*

> **MODELO:** You hear: ¿Has estudiado francés?
> You see: aprender italiano
> You say: **No, pero he aprendido italiano.**

1. comer enchiladas

2. practicar al béisbol

3. hacer la reservación

4. viajar a México

5. conseguir el mapa

6. ver la televisión

7. escribir las cartas

H. Ya... *The following sentences contain reflexive verbs. Answer the questions a̶ model. Repeat the correct response after the speaker.*

> **MODELO:** You hear: ¿Ud. se prueba el suéter ahora?
> You say: **No, ya me lo he probado.**

I. Ya me lo dijo. *Your friend Daniel had already given you the following informati̶ model and repeat the correct response after the speaker.*

> **MODELO:** You see: Los López compraron una casa.
> You say: **Daniel me dijo que los López habían comprado un̶**

1. El perro murió.

2. Yo conseguí un empleo.

3. Paquito se enfermó.

4. Roberto perdió el trabajo.

5. Cecilia cumplió quince años.

6. Yo hice un viaje a Chile.

7. Clara se fue para España.

Se to express passive action

J. ¿Qué se hace en la clínica? *Andrea wants to know what takes place in her father's clinic. Repeat the correct response after the speaker. Remember subject / verb agreement.*

> **MODELO:** You hear: Venden jarabes y pastillas.
> You say: **Se venden jarabes y pastillas.**

NOTA CULTURAL   Latinoamérica: La contaminación y la salud

K. *You will hear a short passage about Latin America and the health problems that are caused by pollution there. The second time you hear the passage, repeat after each pause, imitating the speaker's pronunciation and intonation.*

Useful Vocabulary

creada = created	**fábricas** = factories	**echar** = to put, to throw
peligrosos = dangerous	**proteger** = to protect	**niveles** = levels
ríos = rivers	**lagos** = lakes	**desechos** = waste
mundial = world (*adj.*)	**leyes** = laws	**agua** = water
medio ambiente = environment	**bacterias** = bacterias	

L. *You will hear a series of statements about the passage. Indicate whether they are* **Cierto, Falso,** *or* **No se sabe.** *If the statement is false, correct it on the line provided. Each statement will be read twice. You will hear the answers on the tape.*

	Cierto	Falso	No se sabe	
1.	_____	_____	_____	_____
2.	_____	_____	_____	_____
3.	_____	_____	_____	_____
4.	_____	_____	_____	_____
5.	_____	_____	_____	_____
6.	_____	_____	_____	_____
7.	_____	_____	_____	_____

DICTADO   En una farmacia hispánica

During each pause, write what you heard. The sentences will be read twice, and the entire section will be repeated so that you may check your work. The sentences are also in the key at the back of the lab manual.

1. _____

_____

2. _____

_____

3. _____

_____

4. _____

_____

5. _____

_____

         Lección 13

Lección 14

La vida deportiva

PRONUNCIACIÓN

The letter **ñ** in Spanish is pronounced like the **ni** in the English word *opinion,* as in the following examples.

| **España** | **añejo** | **ñoño** | **señal** | **puño** | **señor** |

Práctica de pronunciación

In Spanish a clear distinction is made between **ñ** and **n** followed by the semi-vowel **i**. First listen and then repeat the following pairs of words or phrases. Each pair will be spoken twice.

1. España / Hispania
2. maña / Alemania
3. moño / demonio
4. ñame / Niágara
5. muñeco / niebla
6. ñu / ni usted
7. Coruña / Colonia
8. engaño / uranio

DIÁLOGO

A. *The dialogue will first be read without pauses. As you listen, fill in the missing words. The dialogue will be read again with pauses so that you can fill in the words you didn't catch the first time, practice your pronunciation, and check your work.*

El mundo de los deportes

¡Qué buen partido!

Dos amigos miran un partido de fútbol.

RICARDO: Qué buen partido, ¿no? Los Pumas _____.

¿Viste qué bien jugaron? Si siguen así, _____ el campeonato.

MARCOS: Creo que exageras. Traen buen equipo, pero el América es _____ y va en primer lugar.

RICARDO: ¿El América mejor que los Pumas? No _____ lo que dices. El América perdió ayer contra el Guadalajara.

MARCOS: Es cierto. Pero jugaron sin su mejor jugador, porque estaba lesionado. Pero con él

_____ un solo juego en toda la temporada.

RICARDO: Pues yo insisto en que los Pumas _____ este año.

MARCOS: Eso lo veremos. El próximo domingo se enfrentan contra el América y entonces

_____ quién es el campeón.

RICARDO: Mira, si gana el América _____ y a comer.

MARCOS: Y si ganan los Pumas te invito yo.

RICARDO: ¿Trato hecho?

MARCOS: ¡Trato hecho!

¿Futuras campeonas?

Un reportero le hace una entrevista a la entrenadora de básquetbol.

REPORTERO: Su equipo se ve muy bien. ¿Ya _____ las muchachas para el próximo partido?

ENTRENADORA: Todavía _____ practicar algunas jugadas. Pero físicamente las

chicas están muy bien preparadas. Ayer se dedicaron _____ a hacer ejercicios.

REPORTERO: ¿Y cómo _____ mentalmente?

ENTRENADORA: _____. Saben que si ganamos el sábado pasamos a la final.

REPORTERO: Este año han _____ muchos éxitos. Sin embargo, el año pasado fue un fracaso. ¿Qué ocurrió?

ENTRENADORA: El año pasado teníamos un equipo nuevo y las chicas necesitaban _____

_____ de experiencia.

REPORTERO: ¿Cree usted que ganarán el campeonato?

ENTRENADORA: Primero _____ ganar el próximo partido.

REPORTERO: Pues les deseamos mucha suerte. El sábado todos _____ ahí

para apoyar a nuestras muchachas. Gracias _____ su tiempo.

ENTRENADORA: A usted. Adiós. ¡Vamos, muchachas, tenemos que seguir _____!

REPORTERO: En el ancho mundo del deporte, Jorge Arrespite.

 Lección 14

• • •

Y, fuera de la cámara...

REPORTERO: Oiga, una cosa más. Quiero mirar su práctica. ¿Hasta que hora estarán aquí?

ENTRENADORA: Bueno, las chicas _____ hasta que sepan bien todas las nuevas

jugadas. En cuanto las aprendan, _____ ir a descansar.

REPORTERO: Pues, volveré _____ termine la práctica. Hasta pronto.

B. Comprensión. *You will hear a series of incomplete sentences based on the dialogue. When you hear the beep, indicate the word or words that correctly complete each statement. Repeat the correct response after the speaker.*

MODELO: You hear: Marcos cree que Ricardo...
You indicate: exagera.
You repeat: **Marcos cree que Ricardo exagera.**

1. A. un partido   B. el campeonato   C. los Juegos Olímpicos

2. A. el miércoles   B. el sábado   C. el domingo

3. A. a un partido de béisbol   B. a una fiesta   C. al cine y a comer

4. A. bailar   B. hacer ejercicios   C. nadar

5. A. optimistas   B. pesimistas   C. cansadas

6. A. comer algo   B. sentarse   C. seguir practicando

VOCABULARIO

C. Varios deportes. *You will hear a series of words or expressions that are related to a particular sport. Write in the correct sport. The answers are on the tape.*

MODELO: You hear: dos hombres, guantes grandes, dañar, contar 1 a 10
You write: **el boxeo**

1. _____

2. _____

3. _____

4. _____

5. _____

6. _____

D. Asociaciones. *You will hear various vocabulary words. Underline the verb that logically corresponds to the word or words that you hear. The answers are on the tape.*

> **MODELO:** You hear: chiste
> You underline: **reír / desarrollar**

1. dañar / exagerar

2. patinar / batear

3. lanzar / vencer

4. mirar / mejorar

5. enfrentarse / apoyar

6. andar / montar

E. Descripciones. *You will hear descriptions of various people. Underline the adjective that best describes each person. Repeat the correct response after the speaker.*

> **MODELO:** You hear: El abuelo baila muy bien.
> You underline: <u>ágil</u> / típico
> You repeat: **El abuelo es ágil.**

1. típico / próximo

2. optimista / pesimista

3. optimista / pesimista

4. débil / fuerte

5. lastimada / activa

6. animado / deportivo

7. débil / fuerte

8. lastimado / activo

GRAMÁTICA

The future tense

F. En el futuro. *You will hear questions that express future time with the construction **ir a +** **infinitivo.** Answer them affirmatively, using the future tense. Repeat the correct response after the speaker.*

> **MODELO:** You hear: ¿Vas tú a esquiar esta mañana?
> You say: **Sí, yo esquiaré esta mañana.**

The future tense to express probability

G. Me pregunto (*I wonder*). *You will hear a series of sentences that express wonder with the verb **"preguntarse"**—to wonder. Change the sentences to express wonder using the future tense. Repeat the correct response after the speaker.*

> **MODELO:** You hear: Me pregunto si viene a la fiesta.
> You say: **¿Vendrá a la fiesta?**

    Lección 14

Adverbs

H. ¿Cómo corren? *You will hear a series of phrases, each followed by an adjective. Form the appropriate adverb and tell how each person runs. Repeat the correct response after the speaker.*

> **MODELO:**   You hear: La abuela corre.—lento
> You say: **La abuela corre lentamente.**

The present subjunctive in adverbial clauses of time

I. ¿Cuándo? *You will hear a series of phrases. During the pause, underline the verb that correctly completes the sentence. Repeat the correct response after the speaker.*

> **MODELO:**   You hear: Iremos al cine cuando José...
> You see: A. llegue   B. llegó   C. llega
> You underline and say: **A. llegue. Iremos al cine cuando José llegue.**

1. A. vuelva   B. vuelve   C. volvió

2. A. vuelva   B. vuelve   C. volvió

3. A. llame   B. llama   C. llamó

4. A. llame   B. llama   C. llamó

5. A. empieza a llover   B. empiece a llover   C. empezó a llover

6. A. empieza a llover   B. empiece a llover   C. empezó a llover

7. A. nieva   B. nieve   C. nevó

8. A. nieva   B. nieve   C. nevó

9. A. terminaste el trabajo   B. terminas el trabajo   C. termines el trabajo

10. A. terminaste el trabajo B. terminas el trabajo   C. termines el trabajo

NOTA CULTURAL   Esquiando en Bariloche, Argentina

J. *You will hear a short passage about a ski resort in Argentina. The second time you hear the passage, repeat after each pause, imitating the speaker's pronunciation and intonation.*

Useful Vocabulary

Suiza = Switzerland   **gozar de** = to enjoy   **la belleza** = beauty
escalar = to climb   **la montaña** = mountain   **la fábrica** = factory
el lago = lake   **el bote** = small boat   **el ambiente** = environment
los Andes = South American Mountain Range   **el esquiador** = skier

K. *You will hear a series of statements about the passage. Indicate whether they are* **Cierto** *or* **Falso.** *If the statement is false, correct it on the line provided. Each statement will be read twice. You will hear the answers on the tape.*

	Cierto	Falso	
1.	_____	_____	_____
2.	_____	_____	_____
3.	_____	_____	_____
4.	_____	_____	_____
5.	_____	_____	_____
6.	_____	_____	_____
7.	_____	_____	_____

DICTADO   El fútbol y el béisbol

During each pause, write what you heard. The sentences will be read twice, and the entire section will be repeated so that you may check your work. The sentences are also in the key in the back of the lab manual.

1. _____

_____

2. _____

_____

3. _____

_____

4. _____

_____

5. _____

_____

6. _____

_____

    Lección 14

Lección 15

Hay que divertirse

PRONUNCIACIÓN

The Spanish **p** is similar to the English **p**, but weaker and without the puff of air that follows the **p** in English. Listen to the following examples.

Paco   **prieto**   **culpa**   **columpio**   **rapto**

Práctica de pronunciación

Now place your index finger about one inch in front of your mouth and repeat the pairs of words, imitating the pronunciation of the speaker. The first word is in English; the second, in Spanish. Notice the difference in the amount of air released following the two pronunciations.

1. **pill / píldora**
2. **product / producto**
3. **camping / campo**
4. **please / placer**
5. **seep / poco**
6. **paste / pasta**
7. **pear / pera**
8. **port / oporto**
9. **pure / puro**
10. **option / opción**

Trabalenguas. You will now hear two short tongue twisters that contain the **p** in Spanish. You will hear each tongue twister three times, each time with fewer pauses.

1. Pepe Pecas pica papas con un pico.

2. De palta un plato, pidió el platero;
De plomo un plinto, hizo el plomero.

DIÁLOGO

A. *The dialogue will be read first without pauses. As you listen, fill in the missing words. The dialogue will be read again with pauses so that you can fill in the words you didn't catch the first time, practice your pronunciation, and check your work.*

Día de recreo en El Bosque

REPORTERO: Muy _____, amigos televidentes, y bienvenidos a otro segmento de nuestro

programa *Vida al aire libre.* Hoy, domingo, 15 de abril, nos encontramos en el campo de

recreo El Bosque, para mostrarles a ustedes cómo los habitantes de nuestra ciudad

     127

descansan y se divierten después de una intensa semana de trabajo. _____ directamente al lago. Aquí, como pueden ustedes observar, son varias las cosas que pueden hacerse, como esa pareja que está _____, o aquella familia _____. También se puede nadar, pero, hoy, aunque es un día soleado, todavía se siente un poco de frío ya que sólo estamos en abril. Bueno, sigamos ahora por ahí a ver qué encontramos. Allí hay una pareja curiosa: él monta en bicicleta y ella _____. Jóvenes, ¿me permiten una pregunta?

LA JOVEN: Cómo no. Diga.

REPORTERO: ¿Usted corre _____?

LA JOVEN: No, señor. No tengo el tiémpo. Sólo _____ a correr los fines de semana.

REPORTERO: ¿Y usted?

EL JOVEN: Yo también. Sólo sábados y domingos.

REPORTERO: ¿Y no _____ correr?

EL JOVEN: No. Prefiero montar en _____; es más divertido.

LA JOVEN: Pero correr es mejor ejercicio...

REPORTERO: ¡Adiós! ¡Gracias!... Bueno, por lo menos se saben divertir juntos, ¿no? Pero sigamos...

Como pueden ver, hay mucha actividad. Pero no todos vienen a hacer ejercicio. Hay mucha gente que sólo viene a descansar y a pasar un buen rato tranquilo. Ahí tienen, por ejemplo, a ese joven leyendo, a esos muchachos tocando música y a esa señora que ha venido a _____.

Pero también hay otras formas de divertirse, como la de esa _____... Qué vista más romántica, ¿no? Amigos, la tarde es joven; no se queden en sus casas, aprovechen este hermoso día y vengan a El Bosque solos o con sus familias a pasar un rato muy agradable.

Y nosotros nos despedimos hasta el próximo domingo, cuando les traeremos un segmento más de *Vida _____ libre.* ¡Hasta entonces!

• • •

 Lección 15

El reportero habla con su director...

REPORTERO: Pues, ¿cómo salió el segmento?

DIRECTOR: Yo quería que tú hablaras con más personas y por más tiempo.

REPORTERO: Quería hablar más con los jóvenes pero tenía miedo de que siguieran su disputa. No me gustaba que se portaran así por la televisión.

DIRECTOR: Sí, sí. Tienes razón. Era necesario que terminaras la entrevista pronto.

B. Comprensión. *You will hear a series of incomplete sentences based on the dialogue. When you hear the beep, indicate the word or words that correctly complete each statement. Repeat the correct response after the speaker.*

> **MODELO:** You hear: El reportero está en...
> You indicate: un parque
> You repeat: **El reportero está en un parque.**

1. A. recreo B. golf C. deportes

2. A. julio B. abril C. diciembre

3. A. sólo los martes B. todos los días C. los fines de semana

4. A. correr B. montar a caballo C. montar en bicicleta

5. A. leer y tomar la siesta B. bailar y cantar C. correr y jugar

6. A. tomen una siesta B. vengan a El Bosque C. toquen música

VOCABULARIO

C. ¿A qué animal me refiero? *You will hear a description of various animals. Underline the word that logically corresponds to the description that you hear. The answers are on the tape.*

> **MODELO:** You hear: Un animal grande que come miel (*honey*) y duerme todo el invierno.
> You underline: **el mosquito / el oso**

1. la tortuga / el león

2. el tiburón / la rana

3. el elefante / el tigre

4. el mono / el mosquito

5. la tortuga / la rana

D. Definiciones. *You will hear a series of definitions. Write in the word or words that logically correspond to each one. The answers are on the tape.*

> **MODELO:** You hear: dos personas
> You write: **una pareja**

A. un payaso	D. un lago	G. una estrella
B. una mochila	E. un volcán	H. un tiburón
C. un saco de dormir	F. un desierto	I. un globo

1. _____

2. _____

3. _____

4. _____

5. _____

6. _____

7. _____

8. _____

9. _____

E. Asociaciones de palabras. *You will hear a series of activities. Write in the word or words that logically correspond to each one. Repeat the correct response after the speaker.*

> **MODELO:** You hear: hacer cámping
> You write: en las montañas
> You repeat: **Hacemos cámping en las montañas.**

A. un bosque	D. un río
B. el oso	E. una tienda de campaña
C. la paz y la tranquilidad	F. una montaña

1. _____

2. _____

3. _____

4. _____

5. _____

6. _____

GRAMÁTICA

The imperfect subjunctive

F. La forma del imperfecto del subjuntivo. *You will hear a series of infinitives. Form the imperfect subjunctive of the first-person singular (* **yo***). Repeat the correct response after the speaker.*

> **MODELO:** You hear: comer
> You say: **comiera**

 Lección 15

G. Un viaje familiar. *You will hear a series of phrases and subjects. Form the imperfect subjunctive of each infinitive to correctly complete the phrase:* **Papá quería que...** *Repeat the correct response after the speaker.*

> **MODELO:** You hear: volver a casa / nosotros
> You say: **Papá quería que nosotros volviéramos a casa.**

The subjunctive in adverbial clauses of purpose and dependency

H. ¿Quiénes lo hacen? *You will here a series of phrases. In your manual, underline the verb that correctly completes the sentence. Repeat the correct response after the speaker.*

> **MODELO:** You hear: Vamos al bosque para...
> You underline: **acampemos / <u>acampar</u>**
> You say: **Vamos al bosque para acampar.**

1. esquiar / esquíe
2. esquiar / esquíe
3. saber / sepa
4. decírselo a Susana / se lo digamos a Susana
5. salir / salgamos
6. ser tarde / sea tarde
7. poder pescar / pueda pescar
8. poder pescar / pueda pescar

Sequence of tenses I: The present and present perfect subjunctive

I. En el pasado. *You will hear a series of sentences in the present subjunctive. Change the verb in the subordinate clause to the present perfect subjunctive. Repeat the correct response after the speaker.*

> **MODELO:** You hear: Espero que tú lo pases bien.
> You say: **Espero que tú lo hayas pasado bien.**

NOTA CULTURAL   Guatemala

J. *You will hear a short passage about Guatemala. The second time you hear the passage, repeat after each pause, imitating the speaker's pronunciation and intonation.*

Useful Vocabulary

costa = coast	**océano** = ocean	**destruida** = destroyed
a principios = at the beginning	**siglo** = century	**profundo** = deep
ruinas = ruins	**bello** = beautiful	

K. *You will hear a series of statements about the passage. Indicate whether they are* **Cierto** *or* **Falso.** *If the statement is false, correct it on the line provided. Each statement will be read twice. The answers are on the tape.*

	Cierto	Falso	
1.	_____	_____	_____
2.	_____	_____	_____
3.	_____	_____	_____
4.	_____	_____	_____
5.	_____	_____	_____

DICTADO   Hechos interesantes de la América Central

During each pause, write what you heard. The sentences will be read twice, and the entire section will be repeated so that you may check your work. The sentences are also in the key in the back of the lab manual.

1. _____

_____

2. _____

_____

3. _____

_____

4. _____

_____

5. _____

_____

 Lección 15

Lección 16

Con todo mi corazón

PRONUNCIACIÓN

For English speakers of Spanish there is a tendency to pronounce the Spanish sequence **bs** as **bz** like in the English word *observe*. However, in Spanish the **b** before **s** is pronounced like **ps** as in the following words:

observar	absurdo	obsoleto	subsistencia

Práctica de pronunciación

You will now hear a series of words that contain the combination **bs** in Spanish. Repeat each word after the speaker.

obstrucción	abstenerse	absceso	obsesión	obstáculo
absorber	obstinado	abstracto	substraer	obstante

You will hear a series of sentences with words containing the **bs** in Spanish. Repeat each sentence after the speaker, imitating the pronunciation and intonation as closely as you can. Each sentence will be spoken twice.

1. El obstetra observó el parto.
2. El cura le absolvió el robo del obsequio.
3. Ese niño está obsesionado con las carreras de obstáculos.
4. El dentista obstinado miraba el absceso.
5. El gordo se abstuvo de comer caramelos por tres meses.

DIÁLOGO

A. *The dialogue will first be read first without pauses. As you listen, fill in the missing words. The dialogue will be read again with pauses so that you can fill in the words you didn't catch the first time, practice your pronunciation, and check your work.*

Preparativos para la boda

ELENA: Sólo faltan dos semanas para nuestra boda y todavía queda tanto por hacer. ¡Esto es una

locura! No entiendo por qué _____ una boda tan grande.

MAMÁ: No _____, hijita. Todo va a salir muy bien.

ELENA: Lo que pasa es que me siento muy nerviosa, sobre todo respecto a la recepción. Papá, ¿ya _____ lo de la orquesta?

PAPÁ: Sí, hijita, eso ya está resuelto. _____ a una banda muy buena; tocan de todo, música tradicional para nosotros los viejos y música moderna para ustedes.

ARTURO: Una combinación perfecta. ¿Y cómo anda lo de la comida?

MAMÁ: Eso también ya está listo. _____ la comida en el patio y vamos a decorar todo bien bonito.

ELENA: ¡Uy! Lo único que faltaría es que ese día _____.

ARTURO: Elenita, por favor, no _____ pesimista. Vas a ver que ese día hará un sol maravilloso.

ELENA: ¡Ojalá! Dicen que es mala suerte _____ cuando llueve.

PAPÁ: ¡Tonterías! Tu madre y yo nos casamos con lluvia y mira... ¡todavía juntos y felices!

ARTURO: Con lluvia o con sol, también nosotros vamos a ser felices, ¿_____, mi amor?

• • •

ELENA: De todas formas me gustaría que hiciera buen tiempo. Es un día muy especial para nosotros y sólo ocurre una vez en la vida.

ARTURO: Sí, pero no te olvides de una cosa. Si lloviera, podríamos comer adentro. ¡No es para tanto! Cariño, tienes que estar más tranquila.

MAMÁ: Arturo tiene razón. Hablas como si fueras una niña de diez años. Sería mucho mejor que te calmaras e hicieras un esfuerzo para gozar de esta experiencia especial.

B. Comprensión. *You will hear a series of incomplete sentences based on the dialogue. When you hear the beep, indicate the word or words that correctly complete each statement. Repeat the correct response after the speaker.*

MODELO: You hear: La boda de Elena va a ser muy...
You indicate: grande
You repeat: **La boda de Elena va a ser muy grande.**

1. A. dos días   B. dos semanas   C. dos años

2. A. cansada   B. feliz   C. nerviosa

3. A. clásica   B. folklórica   C. moderna

4. A. el patio   B. el jardín   C. el salón

5. A. llueve   B. hace sol   C. nieva

 Lección 16

VOCABULARIO

C. Sinónimos y antónimos. *You will hear a series of words. For each one, choose a synonym and an antonym from the lists below. The answers are on the tape.*

> **MODELO:** You hear: salir bien
> You say: **sinónimo: tener éxito**
> **antónimo: fracasar**

Sinónimos posibles	Antónimos posibles
comprometerse	la ilusión
la verdad	el divorcio
reñir	odiar
querer	hacer las paces
la pareja casada	llevarse bien
luchar	romper

D. Definiciones. *You will hear a series of definitions. Write in the word or words that logically correspond to each one. The answers are on the tape.*

> **MODELO:** You hear: dos personas casadas
> You write: **el matrimonio**

A. los invitados B. la soledad C. el noviazgo D. la iglesia
E. la orquesta F. el sentido de humor G. el amor H. la luna de miel

1. _____

2. _____

3. _____

4. _____

5. _____

6. _____

7. _____

8. _____

E. ¿Positivo o negativo? *You will hear a series of words that reflect positive or negative attributes. Indicate where they belong by writing them in the appropriate column. The answers are on the tape.*

	Positivo	Negativo
MODELO:	_____	reñir
	_____	_____

GRAMÁTICA

The conditional tense

F. Si yo fuera rico. *(If I were rich.)* *You will hear a series of phrases. Form the conditional tense of each infinitive to tell what you would do if you were rich. Complete the following sentence:* **Si yo fuera rico(a)...** *Repeat the correct response after the speaker.*

> **MODELO:** You hear: comprar una casa en la playa
> You say: **Yo compraría una casa en la playa.**

G. ¿Qué le dijo el novio a la novia? *You will hear a series of phrases. Form the conditional tense of each infinitive to tell what the groom told the bride before the wedding. Complete the following sentence:* **El novio dijo que...** *Repeat the correct response after the speaker.*

> **MODELO:** You hear: ayudar en la casa
> You say: ayudaría
> You repeat: **El novio dijo que ayudaría en la casa.**

Conditional (if) clauses

H. Con condiciones. *You will hear a series of conditional phrases. Underline the verb that correctly completes the sentence. Repeat the correct response after the speaker.*

> **MODELO:** You hear: Si Juan me invita, yo...
> You underline: iría / <u>iré</u>
> You repeat: **Si Juan me invita, yo iré.**

1. invito / invitara
2. se divorciarán / se divorciarían
3. dímelo / me lo dirías
4. vendrán / vendrían
5. es hispano / fuera hispano
6. bailaré / bailaría
7. saldremos / saldríamos
8. salen / saldrían

Sequence of tenses II: The imperfect subjunctive

I. Los tiempos correctos. *You will hear a series of cues. Choose the correct phrase from the choices below. Repeat the correct response after the speaker.*

      que todo salga bien.   OR   que todo saliera bien.

Now choose from the following possibilities.

      que la boda empiece a tiempo.   OR   que la boda empezara a tiempo.

J. En el pasado. *You will hear a series of sentences in the present tense. Change each sentence to the past tense according to the cues you hear. Repeat the correct response after the speaker.*

    MODELO: You hear: Es bueno que tú puedas venir a la boda. (Era bueno)
                  You say: **Era bueno que tú pudieras venir a la boda.**

NOTA CULTURAL El noviazgo en el mundo hispánico

K. *You will hear a short passage about courtship in the Hispanic world. The second time you hear the passage, repeat after each pause, imitating the speaker's pronunciation and intonation.*

Useful Vocabulary

hace igual = does the same thing   **el paso** = step   **la bendición** = blessing

L. *You will hear a series of statements about the passage. Indicate whether they are **Cierto** or **Falso**. If the statement is false, correct it on the line provided. Each statement will be read twice. The answers are on the tape.*

    Cierto   **Falso**

1. _____   _____   _____

2. _____   _____   _____

3. _____   _____   _____

4. _____   _____   _____

5. _____   _____   _____

6. _____   _____   _____

DICTADO   Un poeta romántico

During each pause, write what you heard. The sentences will be read twice, and the entire section will be repeated so that you may check your work. The sentences are also in the key in the back of the lab manual.

1. _____

_____

2. _____

_____

3. _____

_____

4. _____

_____

5. _____

_____

6. _____

_____

_____

_____

_____

     Lección 16

Lección 17

La pareja de los 90

PRONUNCIACIÓN

In Spanish, like in English, the **q** is always followed by the letter **u.** It is pronounced as a hard **c** (/k/) in Spanish as in the following examples.

que	**aquí**	**quiere**	**queso**

Práctica de pronunciación

You will now hear a series of words that contain **qu**. Repeat the words after the speaker.

pique	**esquina**	**busqué**	**arquitecto**	**queja**
taquilla	**trueque**	**química**	**orquesta**	**Quijote**

You will now hear a series of phrases containing the **qu**. Repeat each phrase after the speaker, imitating the pronunciation and intonation as closely as you can. Each phrase will be spoken twice.

1. Quiero que me lleves al bosque del parque.

2. El químico no quiso quedarse quieto.

3. Se quebró la quilla del buque del duque.

4. A mi querido pequeño se le quemaron las quesadillas.

DIÁLOGO

A. *The dialogue will first be read without pauses. As you listen, fill in the missing words. The dialogue will be read again with pauses so that you can fill in the words you didn't catch the first time, practice your pronunication, and check your work.*

La riña

PILAR: He visto una casa preciosa _____ la Facultad de Derecho.

CARLOS: ¿Para qué quieres una casa cerca de la universidad si ya encontramos una cerca de mi trabajo?

PILAR: Tú sólo piensas en ti y nunca te acuerdas de lo que yo _____.

CARLOS: No _____ a quejarte. Pues, tú ya sabes que tu deber es ser ama de casa y dejarme a mí hacer mi trabajo.

PILAR: ¿A qué quieres someterme? ¿A estar embarazada, _____, criar hijos y ser tu obediente _____?

CARLOS: No, no es eso. Pero la feminidad obliga a hacer un papel en el hogar, como cuidar a los niños.

PILAR: Carlos, no creo lo que oigo. No eres el mismo Carlos _____ me enamoré. Todo lo que dices es un mito machista. Lo que intentas es que yo _____, sumisa y obediente.

CARLOS: Pero la masculinidad del hombre requiere que su mujer esté en casa haciendo las tareas _____.

PILAR: Estás loco. Sacas tus ideas de la Edad Media. Yo soy muy sociable y me gusta trabajar, y si tú piensas dominar el matrimonio, _____ al divorcio.

CARLOS: Pilar, no _____ riñas inútiles porque enojarse trae malas consecuencias.

PILAR: Yo sólo quiero poner mis pensamientos claros y no quiero que te enfades, porque si quieres casarte conmigo, _____ llegar a un acuerdo.

CARLOS: Seré flexible si tú cumples con tus deberes y no olvidas tus sentimientos maternos.

PILAR: Pues claro que no olvidaré mis deberes. Hay soluciones muy sencillas, por ejemplo, las guarderías infantiles para los niños. Así que puedo seguir estudiando y luego trabajar sin problema. Pero tampoco debes olvidar tus sentimientos paternos —del hombre moderno, _____. Me ayudarás con los niños y con todo el trabajo de la casa mitad y mitad.

CARLOS: Trato hecho. Pero oye, otra cosa. Tú sabes que soy un poco celoso. Prométeme que no vas a ser coqueta en tu trabajo.

PILAR: No _____ tonto. Tú eres el único que amo. Además, con los estudios, los niños y el trabajo, no tendré ni tiempo ni energía para mirar a otros hombres.

CARLOS: Bueno mi amor... y ahora... ¿Dónde dices que está esa casa?

 Lección 17

• • •

PILAR: ¡Qué bien! Lo bueno es que es bastante grande, pero el precio es muy razonable. Hay tres alcobas, una pequeña y dos grandes, y dos baños. El mío es azul con una bañera enorme y el tuyo es blanco y gris con una ducha nueva.

CARLOS: Lo cierto es que sí, tú necesitas tu propio baño. Voy a llamar a José, un amigo mío que es agente de bienes raíces. Él podrá ayudarnos.

B. Comprensión. *You will hear a series of incomplete sentences based on the dialogue. When you hear the beep, indicate the word or words that correctly complete each statement. Repeat the correct response after the speaker.*

MODELO: You hear: Pilar y Carlos tienen una...
You indicate: riña
You repeat: **Pilar y Carlos tienen una riña.**

1. A. Medicina B. Derecho C. Filosofía

2. A. ridículo B. feminista C. machista

3. A. se divorciarán B. se harán las paces C. pelearán

4. A. sumiso B. rígido C. flexible

5. A. un divorcio B. otra luna de miel C. una guardería infantil

6. A. el trabajo de la casa B. el coche C. los planes para una fiesta

VOCABULARIO

C. Sinónimos y antónimos. *You will hear a series of words. For each one, choose a synonym and an antonym from the list below. The answers are on the tape.*

MODELO: You hear: dominar
You say: **sinónimo: someter**
antónimo: liberar

Sinónimos posibles	**Antónimos posibles**
la ilusión	flexible
llegar a un acuerdo	el caballero
la dama	perder
luchar	hacer las paces
vencer	la realidad
inflexible	oponerse

D. Definiciones. *You will hear a series of definitions. Write in the word or words that logically correspond to each one. The answers are on the tape.*

> **MODELO:** You hear: una persona del género femenino
> You write: **la dama**

A. inútil   B. obediente   C. el lazo   D. el ama de casa
E. dar a luz   F. llegar a un acuerdo   G. dominar   H. la faena

1. _____

2. _____

3. _____

4. _____

5. _____

6. _____

7. _____

8. _____

E. Más sinónimos. *You will hear a series of words. Underline the synonym. The answers are on the tape.*

> **MODELO:** You hear: luchar
> You underline: **criar / <u>pelear</u>**

1. luchar / discriminar

2. comportarse / enfadarse

3. votar / ganar

4. forzar / criar

5. el lazo / la faena

6. la mujer / el macho

7. la mitad / la pelea

8. con referencia a / contra

9. escribir una carta / jugar un papel

10. mandar / cooperar

GRAMÁTICA

Adjectives used as nouns

F. El interesante. *You will hear a series of nouns modified by adjectives. Simplify the phrases, using the adjective in place of the noun. The answers are on the tape.*

> **MODELO:** You hear: el hombre machista
> You say: **el machista**

     Lección 17

Review of the subjunctive mood

G. Los mandatos. *You will hear a series of statements about the faults of Rosa's husband Roberto. Change each negative statement to an affirmative informal (**tú**) command, and change each affirmative statement to a negative informal (**tú**) command to find out how Roberto could improve. Repeat the correct response after the speaker.*

> MODLEO: You hear: Roberto no ayuda en la casa.
> You say: **Roberto, ¡ayuda en la casa!**

H. La oposición. *You will hear a series of phrases. Complete each one with the correct phrase from the choices below. Repeat the correct response after the speaker.*

> MODELO: You hear: Sería horrible que el presidente...
> You choose: no se opusiera a la decisión
> You say: **Sería horrible que el presidente no se opusiera a la decisión.**

no se opone a la decisión   no se oponga a la decisión   no se opusiera a la decisión

The stressed form of possessive adjectives

I. Los adjectivos míos. *You will hear a series of nouns modified by the simple form of the possessive adjective. Replace each possessive adjective with the corresponding stressed form. Repeat the correct response after the speaker.*

> MODELO: You hear: sus peleas
> You say: **las peleas suyas**

Possessive pronouns

J. De acuerdo. *You will hear a series of statements. Agree with them, substituting the noun for the possessive pronoun. Repeat the correct response after the speaker.*

> MODELO: You hear: Mi marido es liberal.
> You say: **El mío es liberal también.**

NOTA CULTURAL   Romeo y Julieta

K. *You will hear a short passage about a typical problem for young lovers in much of Latin America. The second time you hear the passage, repeat after each pause, imitating the speaker's pronunciation and intonation.*

Useful Vocabulary

el cerro = hill   **cogidos de la mano** = holding hands   **bancos** = benches

L. *You will hear a series of statements about the passage. Indicate whether they are* **Cierto** *or* **Falso.** *If the statement is false, correct it on the line provided. Each statement will be read twice. The answers are on the tape.*

	Cierto	Falso	
1.	_____	_____	_____
2.	_____	_____	_____
3.	_____	_____	_____
4.	_____	_____	_____

DICTADO   El papel del hombre y de la mujer

During each pause, write what you heard. The sentences will be read twice, and the entire section will be repeated so that you may check your work. The sentences are also in the key in the back of the lab manual.

1. _____

_____

2. _____

_____

3. _____

_____

4. _____

_____

5. _____

_____

    Lección 17

Lección 18

Celebremos la vida

PRONUNCIACIÓN

In many parts of Spain the **z** is pronounced somewhat like the **th** in the English word *thimble,* as in the following examples.

| **razón** | **raza** | **zumbido** | **zócalo** | **zorro** |

In these same regions the **c** before **i** or **e** is also pronounced like the **th** in the English word *thimble,* as in the following examples.

| **cielo** | **cero** | **ciencia** | **cáncer** | **alguacil** |

Although you will probably not use this pronunciation, you ought to be aware of it and become familiar with it.

Práctica de pronunciación

You will now hear a series of words that contain the **z** or the combinations **ce** and **ci** in Spanish. These words are included below. Repeat each word after the speaker.

1. cruz
2. cementerio
3. disfraz
4. celebrar
5. felicidad

6. suceder
7. villancico
8. sencillo
9. feliz
10. rezar

DIÁLOGO

A. *The dialogue will first be read without pauses. As you listen, fill in the missing words. The dialogue will be read again with pauses so that you can fill in the words you didn't catch the first time, practice your pronunciation, and check your work.*

A bailar

GRACIELA: ¡Qué divertida está _____, Ramiro!

RAMIRO: Gracias. Tú no has dejado de bailar un solo minuto.

GRACIELA: Es que esta música _____.

JOSÉ: _____. Tus discos están buenísimos.

145

RAMIRO: Los trajo Gonzalo, un amigo de la universidad. ¿Ya _____

_____?

GRACIELA/JOSÉ: No, aún no.

RAMIRO: ¿No? Les va a encantar. Miren, ahí está. Gonzalo, _____ aquí un momentito. Quiero presentarte a unos buenos amigos... Graciela...

GRACIELA: _____.

RAMIRO: José.

GONZALO: _____.

JOSÉ: Encantado.

RAMIRO: Con permiso. Quiero ir a _____ por más refrescos. José, ¿me ayudas?

JOSÉ: Sí, claro.

(José y Ramiro se van.)

GRACIELA: Ramiro nos dijo que estudias con él en la universidad.

GONZALO: Sí, estamos juntos en una clase de _____. ¿Tú estudias?

GRACIELA: No, yo trabajo. Hace un año que enseño en una escuela para niños.

GONZALO: Debe de ser muy interesante.

GRACIELA: Y difícil.

GONZALO: _____.

GRACIELA: Este disco que están _____ ahora es tuyo, ¿no?

GONZALO: Sí. ¿Te gusta?

GRACIELA: Sí, este tipo de música me _____ mucho; sobre todo para bailar.

GONZALO: Claro. Entonces, ¿por qué no bailamos?

GRACIELA: Buena idea. ¡Vamos!

(Gonzalo y Graciela empiezan a bailar. Mientras tanto, Pablo, otro invitado, ve a una amiga.)

PABLO: María, ¡qué gusto _____! Pensé que estabas en la capital.

MARÍA: Regresé esta mañana. Me encontré con la invitación de Ramiro y aquí estoy.

PABLO: Acabas de llegar a la fiesta, ¿no?

 Lección 18

MARÍA:	Sí, hace unos minutos. ¿Cómo está la fiesta?
PABLO:	Ya lo ves, ¡fabulosa! ¿Quieres servirte un poco de vino?
MARÍA:	Ahora no, gracias. Primero quiero ir a saludar a Ramiro.
PABLO:	Yo voy a _____.

(Entra Ramiro)

RAMIRO:	¡Un momento de atención, por favor! Propongo un brindis en honor de nuestros queridos amigos Carlota y Ramón. Vengan aquí, por favor. No sé cuántos de Uds. ya sepan la noticia de que Carlota y Ramón se casan. Brindemos por la _____ de los novios. ¡Salud y que sean muy felices!
TODOS:	Salud.

• • •

(Carlota y Ramón se miran y se besan.)

CARLOTA:	Gracias, queridos amigos nuestros. La verdad es que siempre soñaba con conocer a un hombre como Ramón. Y, el año pasado, aquí mismo en una fiesta de Ramiro, Ramón y yo nos vimos por primera vez.
RAMÓN:	Fue un flechazo. Ahora, exactamente un año después de conocernos, tenemos el gran placer de compartir nuestras felices noticias con todos Uds.
TODOS:	¡Enhorabuena!

B. Comprensión. *You will hear a series of incomplete sentences based on the dialogue. When you hear the beep, indicate the word or words that correctly complete each statement. Repeat the correct response after the speakers.*

MODELO:	You hear:	La fiesta es...
	You indicate:	divertida
	You repeat:	**La fiesta es divertida.**

1. A. fascina B. molesta C. encanta

2. A. los discos B. los refrescos C. las cassettes

3. A. vino B. queso C. refrescos

4. A. universidad B. escuela para niños C. escuela secundaria

5. A. ayer B. esta mañana C. hace dos días

6. A. todos B. sus padres C. los novios

VOCABULARIO

C. Muy expresivo. *You will hear a series of common expressions in Spanish. In the space provided, write the expression that logically corresponds to each drawing. The answers are on the tape.*

1. _____   2. _____

3. _____   4. _____

5. _____

D. ¿Qué hay de extraño? *You will hear a series of statements about a variety of situations, some which do not seem logical. Indicate on the chart provided if the situation is* **Probable** *(likely) or* **Improbable** *(unlikely). You will hear each statement twice. The answers are on the tape.*

	Probable	Improbable
1.		
2.		
3.		
4.		
5.		
6.		
7.		
8.		

 Lección 18

E. ¿A qué se refiere? *You will hear a series of words and expressions. Write each one in the column under the event to which it best corresponds. There may be more than one possibility for some of the words mentioned. The answers are on the tape.*

El Día de los Muertos (Los hispanos recuerdan a sus queridos muertos.)	La Navidad	El Día del Santo (Es como el cumpleaños.)
_____	_____	_____
_____	_____	_____
_____	_____	_____
_____	_____	_____
_____	_____	_____
_____	_____	_____
_____	_____	_____

GRAMÁTICA

Review of the use of preterite and imperfect

F. Primero, la forma. *You will hear a series of infinitives. Form the preterite and then the imperfect of each verb for the third-person singular to find out what Paco did and was doing or used to do. The answers are on the tape.*

> **MODELO:** You hear: ir
> You say: **Paco fue. Paco iba.**

G. En el pasado. *You will hear a series of sentences in the past, followed by a cue. Repeat the sentence, substituting the word in the first sentence with the cue you hear. You may need to change the verb from the preterite to the imperfect or vice versa, according to the cue you hear. Repeat the correct response after the speaker.*

> **MODELO:** You hear: Ayer, fui a la playa. (de niña)
> You say: **De niña, iba a la playa.**

Reciprocal actions with *se*

H. ¿Qué se hacen en la boda? *You will hear a series of infinitives. Conjugate them using the reciprocal construction according to the cues you hear to find out what people do to each other at a wedding. Repeat the correct response after the speaker.*

> **MODELO:** You hear: mirarse con pasión: los novios
> You say: **Los novios se miran con pasión.**

NOTA CULTURAL   El quinceañero

I. *You will hear a short passage about a traditional party that is celebrated throughout the Hispanic world. The second time you hear the passage, repeat after each pause, imitating the speaker's pronunciation and intonation.*

Useful Vocabulary

variar = to vary

J. *You will hear a series of statements about the passage. Indicate whether they are* **Cierto** *or* **Falso**. *If the statement is false, correct it on the line provided. Each statement will be read twice. The answers are on the tape.*

	Cierto	Falso	
1.	_____	_____	_____
2.	_____	_____	_____
3.	_____	_____	_____
4.	_____	_____	_____
5.	_____	_____	_____
6.	_____	_____	_____

DICTADO   La música para niños de Xuxa

During each pause, write what you heard. The sentences will be read twice, and the entire section will be repeated so that you may check your work. The sentences are also in the key in the back of the lab manual.

1. _____

_____

2. _____

_____

3. _____

_____

4. _____

_____

5. _____

_____

6. _____

_____

   Lección 18

Cuaderno de ejercicios

Unidad Preliminar

¡Bienvenidos al mundo hispánico!

SECCIÓN 1

A. El alfabeto (*The alphabet*). *Fill in the missing letters of the Spanish alphabet. Then answer the questions that follow.*

a b __ __ d e __ g __ i j __ l ll __ n __ o __ q r __ s t __ v w __ y __.

1. How many letters are in the Spanish alphabet? _____

2. What letters are in the Spanish alphabet that are not in the English alphabet? _____

3. What are the vowels in the Spanish alphabet? _____

B. Los nombres (*The names*). *Write out the names of the following Spanish letters.*

MODELO: ñ = eñe

1. g   _____
2. h   _____
3. j   _____
4. ch   _____
5. w   _____

6. x   _____
7. rr   _____
8. ll   _____
9. y   _____
10. z   _____

C. ¿Cómo se pronuncia... ? (*How do you pronounce... ?*) *Underline the stressed syllable for each word.*

MODELO: universi<u>dad</u>

1. hospital
2. nación
3. nuevo
4. uno
5. exagerado

6. elegantemente
7. estar
8. fútbol
9. hotel
10. masculinidad

11. tenis
12. dieciséis
13. actriz
14. actor
15. casa

Now choose three words from the list above that do not have written accents and explain in English why the syllable you indicated is stressed.

1. _____

2. _____

3. _____

D. Los diptongos. (*Diphthongs*). *In the first column list all of the days of the week that contain diphthongs. In the second column list those that do not.*

I (Días con diptongos)	II (Días sin diptongos)
1. _____	1. _____
2. _____	2. _____
3. _____	3. _____
	4. _____

E. Cognados (*Cognates*). *Write the English equivalent of the following cognates. Then fill in the blanks to form general rules regarding cognates.*

1.

    a. popularidad _____   c. nacionalidad _____

    b. universidad _____   d. superioridad _____

    Regla (*Rule*): **-dad** in Spanish = _____ in English.

2.

    a. variación _____   c. cooperación _____

    b. sección _____   d. elección _____

    Regla (*Rule*): **-ción** in Spanish = _____ in English.

3.

    a. oficialmente _____   c. normalmente _____

    b. probablemente _____   d. liberalmente _____

    Regla (*Rule*): **-mente** in Spanish = _____ in English.

4.

    a. especialista _____   c. espécimen _____

    b. estupor _____   d. estudio _____

    Regla (*Rule*): **-es** at the beginning of a Spanish word often = the letter _____ in English.

 Unidad Preliminar

F. Categorías (_Categories_). _Use the cognates that you recognize to group the following words into categories._

Cognados: hospital, tomate, chaqueta, estación de trenes, suéter, mermelada, museo, pantalones, farmacia, botas, pera, discoteca, yogur, brazalete, blusa, sándwich, universidad, limón.

Foods	Places	Clothing/Accessories
_____	_____	_____
_____	_____	_____
_____	_____	_____
_____	_____	_____
_____	_____	_____
_____	_____	_____
_____	_____	_____
_____	_____	_____

G. Un anuncio (*An advertisement*). *Read the following advertisement and find seven cognates. List them in the spaces below.*

LO MAS NUEVO EN SAN ANTONIO

DanzGear
Dance & Fitness Apparel

EL INVENTARIO MAS GRANDE, Y LOS PRECIOS
MAS FABULOSOS EN ROPA PARA
AEROBICOS, GIMNASIA Y DANZA

LAS MEJORES, Y MAS MODERNAS

MARCAS DEL MUNDO

Gilda Marx *marika*

Y MUCHAS OTRAS

VENGA A CONOCERNOS

TAMBIEN TENEMOS ACCESORIOS Y ZAPATOS

NORTH STAR MALL (Frente al Food Court)
San Antonio, Texas

1. _____   5. _____

2. _____   6. _____

3. _____   7. _____

4. _____

       Unidad Preliminar

H. Aviso cultural. *Pronunciation varies regionally in the English-speaking world as well as the Spanish-speaking world. How many accents do you know? Pronounce the following words using the regional pronunciation indicated.*

1. car (Boston)
2. coffee (New York)
3. hi (Texas)
4. rather (England)

Now let's compare the pronunciation of Spanish from various regions of the Spanish-speaking world. Pronounce the following words using the regional pronunciations discussed on pages 4–5 in your text.

1. civilización (*Spain*)
2. yo (*Argentina*)
3. Barcelona (*Hispanic country other than Spain*)

Now pronounce the following sentence using each of the pronunciations indicated above.

Yo me llamo Yolanda Velázquez García.

Unidad Preliminar

SECCIÓN 2

A. ¿Qué responde Ud.? (*What do you answer?*) *Complete the following conversations with the appropriate expressions from pages 18 and 21 in your textbook.*

Conversación 1:

—Buenos días, Sra. Martínez.

—_____, Srta. Gómez.

—¿_____?

— Bien, gracias. ¿_____?

—_____.

—Bueno. _____.

—Adiós. Recuerdos a la familia.

Conversación 2:

—_____, Rafael. ¿_____?

—Nada en especial. ¿_____?

—Regular. Bueno, voy a (*I'm going to*) clase. ¡_____!

—Hasta luego.

Conversación 3:

—Buenas. _____ Enrique Solá.

—_____. Y yo _____ Cristina Fernández.

_____ a mi amiga Beatriz Muñoz.

—_____, Beatriz.

—_____, Enrique.

 Unidad Preliminar

B. ¿Qué tal? (*How are you?*) *How do you answer the question* **¿Qué tal?** *in the following situations?*

¿Qué tal?

1. You feel great. You just got an A in Spanish, had your first book published and won the lottery.

    You answer:_____

2. You feel terrible. You lost your wallet, your dog and your best friend.

    You answer:_____

3. You're fine and want to answer the most polite way you know.

    You answer:_____

4. You're fair. It's a normal day and not much is going on.

    You answer: _____, or _____, or _____.

C. La cortesía (*courtesy*). *What do you say in the following situations? Refer to the expressions on page 22 in your textbook.*

1. Someone gives you a gift. _____

2. Someone offers you something to eat and...

    you're hungry. _____

    you're not hungry. _____

3. Someone thanks you for your help. _____

4. You bump into someone in the hall. _____

5. You interrupt a meeting. _____

6. You reach for something and have to lean over the person seated next to you. _____

D. Entre nosotros (*Between us*). *Find the Spanish subject pronoun in the second column that best corresponds with the words in the first column.*

1.	Nicolás	ellos
2.	Héctor y (*and*) José	vosotras
3.	you (a friend)	yo
4.	you (your professor)	nosotros(as)
5.	yourself	Ud.
6.	Marta y María	tú
7.	yourself and a female friend	él
8.	you (two female friends—Spain)	ellas

E. Los sujetos (*The subjects*). *Give the appropriate subject pronouns.*

1. I _____

2. you (your roommate) _____

3. you (the Dean of the College) _____

4. you (your classmates) _____

5. Rafael _____

6. Raquel _____

7. Marco y yo _____

8. Ema y Rosa _____

9. Ema, Rosa y Carlos _____

10. José y Carlos _____

F. Ejemplos (*Examples*). *Give two examples of when you would use the following subject pronouns.*

   MODELO: tú
   with my mother; with my cousin

1. Uds. _____   4. Ud. _____

2. vosotros _____   5. vosotras _____

3. tú _____

G. Así soy yo. (*I'm this way*). *Fill in the spaces below with the correct forms of the verb **ser** (to be).*

1. yo _____   6. nosotros _____

2. tú _____   7. vosotros _____

3. él _____   8. ellos _____

4. ella _____   9. ellas _____

5. Ud. _____   10. Uds. _____

H. Descripciones (*Descriptions*). *Describe the following people. Use adjectives from the list below and the verb **ser**. Follow the model.*

   Adjetivos: amable (*nice*), diligente, egoísta, idealista, inteligente, interesante, materialista, optimista, paciente, pesimista, realista, responsable.

   MODELO: El presidente
   El presidente es responsable.

1. Mother Teresa _____

   Unidad Preliminar

2. Mr. Rogers _____

3. Madonna _____

4. El estudiante _____

5. El profesor _____

6. El Presidente Clinton _____

7. Barbara Walters _____

8. Yo _____

I. Preguntas (*Questions*). *Answer the following questions with complete sentences.*

1. ¿Cómo es Ud., optimista o pesimista? _____

2. ¿De dónde es Ud.? _____

3. ¿Quién es el profesor? _____

4. ¿Eres norteamericano(a) o sudamericano(a)? _____

5. ¿Quién es una persona famosa? _____

J. Más preguntas (*More questions*). *Write three questions in Spanish that you would like to ask a famous person.*

Persona: _____

Preguntas: 1.   _____

2.   _____

3.   _____

K. Estoy bien, gracias, ¿y... ? (*I'm well, thank you, and... ?*) *Fill in the blanks with the correct forms of the verb* **estar** *(to be).*

1. yo _____   6. nosotros _____

2. tú _____   7. vosotros _____

3. él _____   8. ellos _____

4. ella _____   9. ellas _____

5. Ud. _____   10. Uds. _____

L. Escenas (Scenes). *Look at the following drawings and answer the questions using the verb* **estar** *and the vocabulary below.*

¿Cómo?		¿Dónde?
ocupada		casa
bien		clase
cansadas	en	la oficina
mal		la universidad

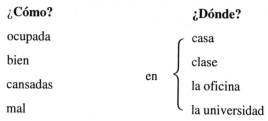

1. ¿Cómo está la Sra. Rivas? ¿Dónde está?

   _____

2. ¿Cómo está Jorge? ¿Dónde está?

   _____

3. ¿Cómo están Arturo y Laura? ¿Dónde están?

   _____

4. ¿Cómo están Miri y Olivia? ¿Dónde están?

   _____

5. ¿Cómo está Ud.? ¿Dónde está?

   _____

 Unidad Preliminar

M. Los números (Numbers). Solve the following problems. Write out all of the numbers according to the model. Use **más** (+), **menos** (–) and **es** or **son** (=).

    MODELO: 4 + _____ = 9.
                 Cuatro más cinco son nueve.

1. 20 – 1 = _____. _____

2. 15 + _____ = 18. _____

3. 0 + 13 = _____. _____

4. _____ – 10 = 0. _____

5. 8 – _____ = 7. _____

6. _____ + 5 = 20. _____

7. 12 – 7 = _____. _____

8. 2 + _____ = 19. _____

9. 14 – 3 = _____. _____

10. _____ + 6 = 16. _____

N. Aviso cultural. How might Hispanic friends greet each other in the following situations?

1. Two female friends run into each other on campus. _____

2. Two male friends see each other in the cafeteria. _____

3. A male and female student meet in the bookstore. _____

Unidad Preliminar

SECCIÓN 3

A. ¿Qué hay? (What is there?) To practice the expression **hay,** choose from the following list of words that express what there is in each of the places mentioned below. Use complete sentences.

MODELO: Hay programas de detectives en la televisión.

café	mapas	programas educativos
sándwiches	personas	autobuses
obras (works) de arte	programas malos	sopa (soup)
limonada	enciclopedias	doctores
diccionarios	programas interesantes	pacientes
medicina	autobiografías	actores

1. el hospital _____

   _____

2. la biblioteca (library) _____

   _____

3. la estación de autobuses _____

   _____

4. la televisión _____

   _____

5. la cafetería _____

   _____

B. ¿Y dónde están? Now use words from exercise **A** to write sentences that express where the following things are.

MODELO: doctores
Los doctores están en el hospital.

1. diccionarios _____

2. café _____

3. actores _____

4. medicina _____

5. sopa _____

6. pacientes _____

 Unidad Preliminar

7. enciclopedias _____

8. mapas _____

9. autobuses _____

10. programas educativos _____

C. Palabras para la clase (*Words for the class*). *Label the following items with the appropriate word from the list below.*

el mapa	la ventana	el lápiz	la pizarra	el escritorio
el cuaderno	la silla	el libro	la tiza	el calendario
el bolígrafo	la puerta	la pared	la profesora	el diccionario

1.

2.

3.

4.

5.

6.
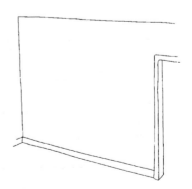

7.

8.

9.

10.

11.
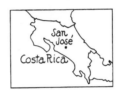

12.

15.
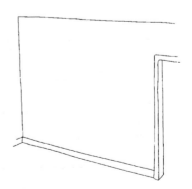

13.

14.

D. ¿Uno o dos? *Complete the following chart with the appropriate nouns and articles. Follow the model.*

MODELO: elefante

un elefante   unos elefantes   el elefante   los elefantes

	a	some	the (singular)	the (plural)
libro				
blusa				
señor				
actriz				
foto				
actor				
planeta				
mapa				
muchacho				
profesor				
universidad				

COMPOSICIÓN

E. La autobiografía. *Complete the following form. Then, rewrite the sentences you completed to form a brief autobiography.*

Me llamo _____

Soy de _____

Soy (*Use adjectives from pages 13 and 27 in your text to describe yourself*) _____

_____

Ahora estoy en (*name of your university*) _____

En mi (*my*) clase de español hay _____

Mi autobiografía:

_____

_____

_____

_____

_____

_____

 Unidad Preliminar

H. Aviso cultural. *Briefly summarize the controversy concerning the terms* **hispano** *and* **latino.**

_____

_____

_____

_____

_____

Name three things that you learned about the Hispanic world.

1. _____

2. _____

3. _____

Lección 1

En el centro estudiantil

PRÁCTICA DE VOCABULARIO

A. Respuestas lógicas (Logical answers). *Referring to the dialogue on pages 54–55 in your text, choose the expression from the list below that best corresponds to each sentence.*

En la biblioteca.
Encantado.
Si, cómo no.
Busco libros.
De nada.

Felicitaciones.
No, acabo de tomar café.
No es nada.

1. Te presento a mi amiga, Alicia. _____

2. ¿Vamos a clase? _____

3. Ay, perdón. _____

4. Gracias. _____

5. ¿Dónde trabajas? _____

6. ¿Qué haces? _____

7. ¿Tomamos café? _____

8. Hoy es el cumpleaños de Alicia. _____

B. Palabras relacionadas (*Related words*). *Complete the following charts with the appropriate vocabulary words from this lesson. Follow the model.*

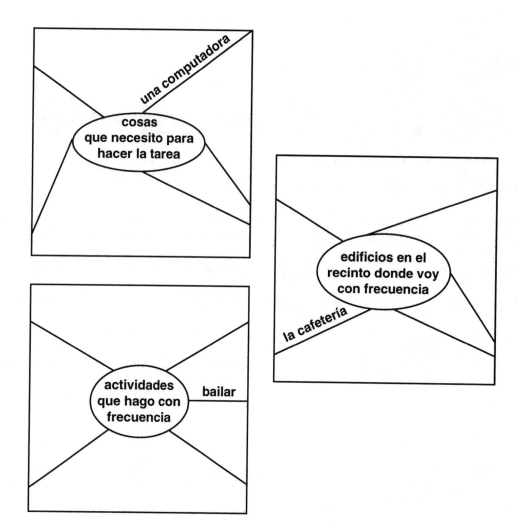

 Lección 1

C. Palabras asociados (*Associated words*). *Look at the following drawings and write down all of the words from the vocabulary list in this lesson that you associate with each.*

> **MODELO:**   *Drawing 1.*   preparar, libro, temprano…

1.

     _____

     _____

     _____

     _____

     _____

     _____

2.

     _____

     _____

     _____

     _____

     _____

     _____

3.

     _____

     _____

     _____

     _____

     _____

     _____

     _____

D. De uso común. *Choose an expression from the "De uso común" section on p. 61 of your text to play the role of María and respond to Juan's statements. Then, use the verb in parentheses to form a logical comment and continue the conversation. Follow the model.*

> **MODELO:**   **JUAN:**   Acabo de llegar de México y hablo español bien. (estudiar)
>   **MARÍA:**   **¡Qué bien! Yo estudio español.**

1.   **JUAN:**   Acabo de llegar de la oficina de la profesora. Hay un examen mañana. (necesitar)

     MARÍA: _____

2. **JUAN:** ¿No deseas un café? Yo pago. (tomar)

   MARÍA: _____

3. **JUAN:** Preparamos una pizza. ¿Deseas un pedazo (*piece*)? (desear)

   MARÍA: _____

4. **JUAN:** Tú y yo necesitamos estudiar todo el fin de semana. (ir a bailar)

   MARÍA: _____

5. **JUAN:** Escuchamos cassettes de Mecano. (comprar)

   MARÍA: _____

ESTRUCTURAS

E. Una tabla de referencia (*A reference chart*). *Complete the following chart with the appropriate forms of the verbs indicated.*

Presente del indicativo de: los verbos que terminan en **-ar**
los verbos irregulares **ir, hacer**

	yo	tú	él, ella, Ud.	nosotros(as)	vosotros(as)	ellos, ellas Uds.
buscar						
charlar						
desear						
estudiar						
mirar						
hacer						
ir						

F. Práctica de los verbos. *Fill in the space with the appropriate form of the verbs in parentheses in the present indicative tense. Then read the dialogue and answer the questions that follow.*

ROSA: Yo (ir) _____ a la biblioteca. ¿(Ir) _____ tú también?

VICENTE: No. Ahora yo (mirar) _____ un programa de televisión.

(Ser) _____ muy interesante... sobre Madrid. Más tarde, Anita y yo

(necesitar) _____ ir a la librería. Yo (buscar) _____

un libro para la clase de español. Anita siempre (comprar) _____

muchas cosas. Ella siempre (necesitar) _____ bolígrafos, libros y

cassettes. Después, yo (regresar) _____ a la residencia y (preparar)

_____ la tarea para mañana. Anita (ir) _____ a la

cafetería. Ella y su amigo Raúl siempre (tomar) _____ café todos los

días. Allí, ellos (charlar) _____ y (pasar) _____

una o dos horas.

ROSA: Pues, yo (desear) _____ ir con Uds. No (necesitar—yo)

_____ trabajar en la biblioteca. (Desear—yo) _____

mirar la televisión, comprar cosas y charlar con amigos.

Para contestar:

1. ¿Adónde va Rosa? _____

2. ¿Va Vicente con ella? _____

3. ¿Qué necesita hacer Vicente? _____

4. ¿Qué busca Vicente en la librería? _____

5. ¿Necesita Anita papel? _____

6. ¿Qué hace Vicente después de ir a la librería? _____

7. ¿Qué toman Anita y Raúl todos los días? _____

8. ¿Qué desea Rosa ahora? _____

G. Una encuesta (Survey). The students from the University of Madrid come from many different countries. To practice numbers and find out how many are from each place, write out the following numbers.

1. 99 _____ estudiantes son de Francia

2. 82 _____ estudiantes son de los Estados Unidos.

3. 77 _____ estudiantes son de Holanda.

4. 65 _____ estudiantes son de China.

5. 58 _____ estudiantes son de Australia.

6. 49 _____ estudiantes son de Venezuela.

7. 33 _____ estudiantes son de la República Dominicana.

8. 21 _____ estudiantes son de Israel.

9. 15 _____ estudiantes son del Japón.

10. 1 _____ estudiante es de Finlandia.

H. Mi horario (*My schedule*). *Tell where you are at the following times during a typical day.*

> **MODELO:** 9:47 (a.m.)
> **A las diez menos trece de la mañana estoy en la clase de historia.**

1. 10:50 (a.m.) _____

2. 11:30 (a.m.) _____

3. 1:45 (p.m.) _____

4. 6:15 (p.m.) _____

5. 8:20 (p.m.) _____

6. 12:00 (a.m.) _____

I. ¿Qué hay en la televisión? (*What's on television?*) *You look at the T.V. section of the Spanish newspaper "El País" to find an interesting program to watch. Tell what program you will watch, and on which channel at the indicated times. Follow the model.*

> **MODELO:** 15:30
> **Son las tres y media. Voy a mirar el tiempo (*weather*) en el canal TVE-1.**

Vocabulario útil (*Useful vocabulary*):

canal—*channel*
revista—*news magazine*
concierto—*concert*

cine—*movies*
telediario—*news*

dibujos animados—*cartoons*
tiempo—*weather*

TVE-1

13.30 Parlamento.
14.30 Sábado revista.
15.00 Telediario fin de semana.
15.30 El tiempo.
15.40 La corona mágica. *Lir.* A través de una de las siete puertas mágicas, Rahman y sus amigos pasan a otro lugar en el espacio, la Luna de Arena, uno de los dos satélites de Brigabor.
16.05 Primera sesión. *El Mago de Oz.* Véase la sección de cine.
18.00 Rockopop. (Repetición en TVE-1, domingo 31, a las 6.50). Realización: Jorge Horacio. Presentación: Beatriz Pécker.
19.35 Remington Steele. *'Buscando a Steele* (primera parte). Remington desaparece sin previo aviso. Las iniciales de la inscripción de un reloj regalo de quien imagina fue su padre le llevan a Londres, donde se encuentra con personajes de su pasado y a Scotland Yard detrás de él.
20.30 Telediario fin de semana.
21.05 Informe semanal.
22.20 Sábado cine. *La hija de Ryan.* Vease la sección de cine.
1.40 Avance telediario.

Telemadrid

12.00 Cinco estrellas.
14.00 Dibujos animados. *Los minimonsters.*
14.30 El doctor Who. En el planeta Voga se ha descubierto una importante mina de oro y el oro es la muerte para los hombres cibernéticos.
15.00 Pantalla chica. *Un capitán de 15 años.* Véase la sección de cine.
16.30 Documental naturaleza.
17.00 Capital pop.
17.30 Dibujos animados. *Las aventuras de Tintín: El secreto del unicornio.* Segunda parte.
18.00 Dibujos animados. Cuentos europeos: *El banquete de Navidad.*
18.30 Largometraje. *Un loco maravilloso.* Véase la sección de cine.
20.00 Madrid, historia de un año. Presentación: Fernando Olmeda.
21.00 Campo de juego. Realización: Carlos Alonso. A lo largo del programa, conexión informativa con la tradicional carrera vallecana de San Silvestre.
22.00 Así se hizo *Batman.*
22.30 Especial fin de año: ¡Bienvenido, 90! Ver programación de madrugada, el lunes, 1.

Canal Sur

15.00 Dibujos animados.
15.30 Cine. *Los bicivoladores.* Véase la sección de cine.
17.00 Pop pop. Programa 12: *Miami sound machine.* Presentación: Jeanette.
18.00 Dibujos animados.
18.45 Concierto. Concierto de Joan Manuel Serrat.
20.00 Especial servicios informativos. Programa especial de fin de año elaborado por la Redacción de Informativos.
20.30 Canal Sur presenta. Adelanto de los principales espacios de la programación de Canal Sur.
21.00 La jugada. Programa dedicado a la jornada futbolística.
22.30 Programa especial fin de año. Gran fiesta flamenca con actuaciones de Enrique Montoya, El Mani, José Manuel Soto, Los Romeros de la Puebla, Camarón de la Isla, Juana la del Revuelo y su cuadro flamenco, Diego Carrasco y Coro Rociero de la Hermandad de Triana.
23.55 Conexión con la plaza de las Tendillas, de Córdoba, para la retransmisión de las campanadas de fin de año.
0.05 Sigue la fiesta flamenca.
0.30 Cine. *Marathon man.* Véase la sección de cine. Ver programación de madrugada, el lunes 1.

 Lección 1

1. 14:30 _____
2. 18:00 _____
3. 18:45 _____
4. 19:35 _____
5. 20:30 _____
6. 22:20 _____

COMPOSICIÓN

J. No se conocen (*They don't know each other*). *Look at the drawings in exercise C. Choose two people, give them names, and write a brief dialogue between them. Use the form of a dialogue.*

_____
_____
_____
_____
_____
_____
_____
_____

AVISO CULTURAL

K. ¿Dónde compra Ud.? (*Where do you buy?*) *As discussed on page 54 of your text, many shop names in the Spanish-speaking world suggest the items that are sold there. You can buy perfume and toiletries in a **perfumería,** and bread (**pan**) in a **panadería.** Where would you go to buy the following articles?*

1. un reloj _____   4. fruta (*fruit*) _____

2. papel _____   5. leche (*milk*) _____

3. pizza _____

Lección 2

En clase

PRÁCTICA DE VOCABULARIO

A. ¿En qué grupo (*In which group*)? *Group the following words in the indicated categories.*

la contabilidad, la maestra, el arte, el examen, la historia, la biología, el consejero, el francés, la economía, el alemán, la sicología, la química, la decana, la lección, el italiano, el instructor, la música, las ciencias políticas, la prueba, la medicina, el español, el álgebra, el libro, el profesorado, la literatura, la geometría, la sociología, el video, el inglés

El negocio (*business*)	Las matemáticas	Las lenguas	Las personas de la universidad
_____	_____	_____	_____
_____	_____	_____	_____
_____	_____	_____	_____
_____	_____	_____	_____
_____	_____	_____	_____

Las ciencias	Las humanidades	Las ciencias sociales	Las cosas en el aula
_____	_____	_____	_____
_____	_____	_____	_____
_____	_____	_____	_____
_____	_____	_____	_____

B. Frases útiles (*Useful sentences*). *Refer to the "**frases útiles**" section of the vocabulary list in the text and respond to the following situations.*

1. La profesora dice algo (*says something*) y Ud. no comprende. _____

2. Ud. no sabe (*know*) escribir una palabra. _____

3. Ud. desea saber el significado (*meaning*) de una palabra. _____

4. El profesor habla muy rápido. _____

5. La profesora le hace (*asks you*) una pregunta pero Ud. no sabe la respuesta (*answer*).

_____

C. ¿Dónde hace Ud. las actividades? (*Where do you do the activities?*) *Choose from the places in the following list and write a complete sentence telling where you do the following activities.*

> **MODELO:** leer libros
> **Yo leo libros en la biblioteca.**

| biblioteca | librería | gimnasio | campo deportivo | cafetería | despacho |
| centro estudiantil | residencia | dormitorio | laboratorio de lenguas | aula | |

1. comprar papel y bolígrafos _____

2. repasar la tarea _____

3. aprender a pronunciar bien _____

4. comer un sándwich _____

5. practicar el béisbol _____

6. vivir _____

7. charlar con el profesor _____

8. escribir una composición _____

9. hacer ejercicios aeróbicos _____

10. tomar café y hablar con amigos _____

11. estudiar para un examen _____

D. Pobre Bruno (*Poor Bruno*). *It's the second day of Spanish class and poor Bruno is lost. To practice vocabulary and the verbs* **ser** *and* **estar,** *look at the drawing and correct Bruno's statements. Follow the model.*

> **MODELO:** Bruno: El libro está <u>debajo de</u> los exámenes.
> Ud.: **No, el libro está <u>encima de</u> los éxamenes.**

1. Los éxamenes están <u>sobre</u> el libro. _____

2. La profesora está <u>detrás de</u> los estudiantes. _____

3. Los estudiantes están <u>contentos</u>. _____

4. La profesora es <u>perezosa</u>. _____

5. Los estudiantes son <u>aplicados</u>. _____

6. Es <u>octubre</u>. _____

7. Es una clase de <u>química</u>. _____

8. La persona delante de la clase es <u>la decana</u>. _____

Now write two original sentences to describe the professor and two to describe the students.

1. La profesora está _____

2. La profesora es _____

3. Los estudiantes están _____

4. Los estudiantes son _____

ESTRUCTURAS

E. ¿Qué tienen en común? (*What do they have in common?*) *Fill in the chart with the correct forms of the verbs* **aprender** *and* **escribir.** *If the two verb forms have identical endings, put them both in the center column. If they are different, put them in their corresponding columns.*

	aprender (-er)		escribir (-ir)
yo		aprendo escribo	
tú			
él, ella, Ud.			
nosotros(as)			
vosotros(as)			
ellos, ellas, Uds.			

F. ¡Más información, por favor! (More information, please!) Write two sentences about you and your family and friends using a word from each column and your imagination.

A	B	C
yo	aprender	matemáticas
mi mejor (*my best*) amigo(a)	escribir	el español
mi (*my*) papá	leer	libros de sociología
mi mamá	decidir	dar muchos exámenes
mi profesor(a)	insistir en	tomar una clase de...
	deber	estudiar mucho
	vivir	en un apartamento
	comprender	biología
		frases originales en español
		en la residencia
		novelas (*novels*) históricas
		repasar...
		asistir a...

1. _____

2. _____

3. _____

4. _____

5. _____

6. _____

7. _____

8. _____

9. _____

10. _____

G. ¿Cómo son? (What are they like?) Look at the following drawings and choose adjectives from the list below to describe the people. Be sure to use the correct form of the adjective you choose.

inteligente	casado	pobre	rico	delgado	trabajador
alto	bajo	guapo	grande	pequeño	viejo
rubio	moreno	simpático	aburrido	joven	interesante

Lección 2

Santiago es   **Cecilia y Cecilio son**   **Berta es**

_____,   _____,   _____,

_____ y   _____ y   _____ y

_____.   _____.   _____.

Now write one final sentence about each person.

1. Santiago _____

2. Cecilia y Cecilio _____

3. Berta _____

H. Descripciones correctas (*Correct descriptions*). *To practice placement of certain adjectives, match the descriptions in the first column with the examples in the second column.*

____ 1. un gran libro	a.	Shaquille O'Neal
____ 2. un libro grande	b.	una limosina
____ 3. un gran hombre	c.	el diccionario
____ 4. un hombre grande	d.	Mother Teresa
____ 5. una gran mujer	e.	Albert Einstein
____ 6. una mujer grande	f.	un Mercedes Benz
____ 7. un gran coche	g.	Don Quijote de la Mancha
____ 8. un coche grande	h.	Roseanne

Now write a complete sentence for each example.

MODELO: El diccionario es un libro grande.

1. _____

2. _____

3. _____

4. _____

5. _____

6. _____

7. _____

8. _____

I. Más adjetivos (More adjectives). *Make the sentences more descriptive by adding in the proper place the correct form of the adjective in parentheses. Follow the model.*

> **MODELO:** José es el estudiante italiano. (bueno)
> **José es el buen estudiante italiano.**

1. Leo libros interesantes. (tres) _____

2. Dos profesoras enseñan la clase. (alemán) _____

3. Vivo con dos muchachos. (simpático) _____

4. Pablo es un instructor español. (bueno) _____

5. Prepara mucha tarea. (difícil) _____

6. El maestro da exámenes fáciles. (poco) _____

J. Ser y estar. *Fill in the following chart with the correct forms of the verbs* **ser** *and* **estar** *in the present tense. To determine which column is for* **ser** *and which for* **estar,** *look at the words below that are commonly used with each.*

Verbo:	Verbo:
yo	yo
tú	tú
él, ella, Ud.	él, ella, Ud.
nosotros(as)	nosotros(as)
vosotros(as)	vosotros(as)
ellos, ellas, Uds.	ellos, ellas, Uds.
Palabras: triste, cansado, contento, preocupado, debajo de, en el aula, enfermo, con ellos	**Palabras:** mexicano, inteligente, tarde, de Venezuela, las cinco de la tarde, de papel, profesor de español, bueno, de Manuel

Now use various forms of **ser** *and* **estar** *with the words listed below them on the chart to form original sentences.*

Ser

1. _____

2. _____

 Lección 2

3. _____

4. _____

5. _____

Estar

1. _____

2. _____

3. _____

4. _____

5. _____

K. Las personas muy famosas (*Very famous people*). *Use as many adjectives as you can with the verbs* **ser** *and* **estar** *to describe the following people. Follow the model.*

MODELO: Whitney Houston es joven y rica. También es morena y delgada. Whitney está lista para bailar. No es aburrida. Ahora élla está cansada.

1. El presidente Clinton _____

   _____

2. Charles Barkley _____

   _____

3. La princesa Diana de Inglaterra (*England*) _____

   _____

4. Winona Ryder _____

   _____

5. Bryant Gumbel _____

   _____

L. ¿Ser, estar o hay? *Fill in the space with the correct form of the appropriate verb. Then read the dialogue between two students in Spanish class and answer the questions that follow.*

RITA: _____ cuatro libros aquí en la mesa. ¿_____ de

Pablo o _____ de la profesora?

Copyright © 1996 Holt, Rinehart and Winston, Inc. All rights reserved.

EMA: Todos los libros _____ de la profesora. ¿Dónde _____ la profesora? Ahora _____ las dos menos veinte y la clase _____ a la una y media.

RITA: No sé. Pero, yo creo que ella _____ muy simpática. _____ de Chile, pero _____ aquí por dos años. Yo no _____ aburrida en la clase porque ella _____ muy interesante.

EMA: Sí. Y también _____ muchos estudiantes en la clase pero yo no _____ nerviosa cuando hablo en clase porque la profesora _____ muy paciente. _____ bueno participar mucho en clase.

RITA: Pues, aquí _____ la profesora. Bien, porque yo _____ lista para comenzar la lección.

Preguntas

1. ¿Cuántos libros hay en la mesa? _____

2. ¿De quién son los libros? _____

3. ¿Qué hora es? _____

4. ¿De dónde es la profesora? _____

5. ¿Por qué no está Rita aburrida en clase? _____

6. ¿Por qué no está Ema nerviosa en clase? _____

M. Muchas posibilidades (*Many possibilities*). *Choose the correct answer(s) based on the use of* **ser** *or* **estar**.

1. Estoy...

   a. en el aula b. doctor c. inteligente d. triste

2. Somos...

   a. en Valencia b. preocupados c. bien d. de Colorado

3. El instructor está...

   a. de San Antonio b. delante de los estudiantes c. mexicano d. muy bueno

4. El muchacho es...

    a. bien   b. muy guapo   c. pobre   d. simpático

5. Es...

    a. la una   b. de plástico   c. en Europa   d. japonés

N. Hablamos de las materias (*We're talking about subjects*). *Fill in the spaces with one of the following expressions:* **de la, del, de las, de los.**

Anita habla _____ química y Susana habla _____ ciencias políticas.

Lilián habla _____ derecho y Paco habla _____ cálculo. Ema habla

_____ arte y Raúl habla _____ medicina. Yo hablo _____

español.

COMPOSICIÓN

O. ¿Cómo es la universidad? (*What is the university like?*) *Write a brief description of a place in the university. Include the things in or at the place, and some activities that you do there.*

    MODELO: el aula
                 Hay clases en el aula. Las clases son interesantes. La profesora enseña en el aula y los estudiantes aprenden. El aula es grande y hay muchos libros allí.

_____

_____

_____

_____

_____

_____

_____

_____

Lección 3

Necesito trabajar

PRÁCTICA DE VOCABULARIO

A. ¿Quién? *Tell what people work with the following people or things. Use complete sentences.*

> **MODELO:** ¿Quién trabaja con una máquina de escribir?
> **El secretario trabaja con una máquina de escribir.**

1. ¿Quién trabaja con números? _____

2. ¿Quién trabaja con cocineros? _____

3. ¿Quién trabaja con personas enfermas? _____

4. ¿Quién trabaja con jueces? _____

5. ¿Quién trabaja con máquinas de escribir? _____

6. ¿Quién trabaja con computadoras? _____

7. ¿Quién trabaja con edificios? _____

8. ¿Quién trabaja con estudiantes? _____

9. ¿Quién trabaja con música? _____

10. ¿Quién trabaja con medicinas? _____

B. Anuncios de empleo (*Want ads*). *The following employers are in need of staff. List all of the various types of personnel that would work at each place.*

> **MODELO:** Escuela de Artes busca:
> **artistas, músicos**

1. Hospital Buena Vista busca: _____

2. Restaurante La Buena Mesa busca: _____

3. Empresa de Computadoras la Inteligencia Artificial busca: _____

   _____

4. Empresa de Construcción de Casas El Hogar Perfecto (*Perfect Home Construction Company*) busca:

   _____

5. Oficina El Buen Negocio busca: _____

_____

6. Clínica de Salud Mental La Tranquilidad (*Tranquility Mental Health Clinic*) busca: _____

_____

C. Actividades. *Choose a verb from the first column and a noun from the second column and write an original sentence, using the expression* **ir a +** *the infinitive.*

      MODELO: perder / beneficios
                    José va a perder los beneficios mañana.

jugar	una agencia de empleos
solicitar	un buen almacén
cerrar	fútbol
recomendar	un puesto
tener	un buen sueldo
dejar	una cita
ganar	la puerta
encontrar	empleo

1. _____

2. _____

3. _____

4. _____

5. _____

6. _____

7. _____

8. _____

ESTRUCTURAS

D. ¿Dónde cambia? (*Where does it change?*) *Complete the chart to illustrate the stem-change pattern of the following verbs in the present tense.*

	recomendar	perder	preferir
yo			
tú			
él, ella, Ud.			
nosotros(as)			
vosotros(as)			
ellos, ellas, Uds.			

E. Cambios e → ie. *To practice stem-changing verbs and vocabulary, use the correct form of the verbs in parentheses in the present tense.*

1. José (empezar) _____ a bailar un tango.

2. El cocinero (preferir) _____ preparar un suflé.

3. La enfermera (comenzar) _____ a ayudar a los pacientes.

4. La maestra (recomendar) _____ los siguientes (*following*) libros.

5. El vendedor (cerrar) _____ la tienda.

6. La periodista (querer) _____ escribir un artículo sobre la política.

7. El arquitecto (pensar) _____ en edificios muy modernos.

8. La abogada (perder) _____ su caso.

F. ¡Aún más cambios! (*Even more changes!*) *Complete the chart to illustrate the stem-change pattern of the following verbs in the present tense.*

	encontrar	poder	dormir	jugar
yo				
tú				
él, ella, Ud.				
nosotros(as)				
vosotros(as)				
ellos, ellas, Uds.				

G. Cambios o → ue. *To practice stem-changing verbs and vocabulary, use the correct form of the verbs in parentheses in the present tense.*

1. El contador (contar) _____ el dinero (*money*).

2. La sicóloga (recordar) _____ todos los problemas de sus pacientes.

3. El músico (dormir) _____ después del concierto.

4. La mujer de negocios (encontrar) _____ una buena oportunidad.

5. El médico (volver) _____ a la clínica mañana.

6. El camarero (poder) _____ ayudar al cocinero.

7. La candidata (mostrar) _____ su currículum vitae.

8. Una cita con la siquiatra (costar) _____ cincuenta dólares.

H. La entrevista final. *Read the following dialogue between a boss and a job candidate. Fill in the space with the correct form of the verb in parentheses in the present tense.*

GERENTE: Leo aquí que sus jefes previos (*previous*) (recomendar) _____ su

trabajo sin reserva. ¿Por qué (pensar) _____ Ud. que ellos lo estiman

tanto (*hold you in such high esteem*)?

CANDIDATO: Bueno, pues hago un buen trabajo todos los días. Yo (entender) _____

que es muy importante trabajar mucho y siempre ir a la oficina. Si (llover)

_____ o si (nevar) _____, yo siempre voy a

trabajar. Claro, no (negar—yo) _____ que al final de ocho o diez horas

de trabajo, (preferir—yo) _____ charlar con amigos o escuchar música.

Pero, por la mañana yo siempre (volver) _____ a la oficina listo

para trabajar.

GERENTE: ¡Buena respuesta! (Querer—yo) _____ hablar más con Ud., pero

necesito hablar con mi jefe. ¿(Poder) _____ Ud. volver en media hora?

CANDIDATO: Sí, con mucho gusto. (Almorzar—yo) _____ rápido y (volver—yo)

_____ pronto.

I. ¿A qué hora? *To practice stem-changing verbs and to review time expressions, tell at what time you do the following activities. Use complete sentences.*

1. ¿A qué hora almuerza Ud.? _____

2. ¿A qué hora prefiere Ud. estudiar? _____

3. ¿A qué hora vuelve Ud. de la cafetería? _____

4. ¿A qué hora empieza Ud. a estudiar? _____

5. ¿A qué hora puede Ud. charlar con los amigos? _____

6. ¿A qué hora juega Ud. al tenis? _____

7. ¿A qué hora cierra Ud. los libros? _____

8. ¿A qué hora duerme Ud.? _____

 Lección 3

J. *Tener* and *venir*. Complete the chart with the correct forms of the verbs **tener** and **venir**.

	tener	venir
yo		
tú		
él, ella, Ud.		
nosotros(as)		
vosotros(as)		
ellos, ellas, Uds.		

K. Una fiesta en la oficina. *Fill in the spaces with the correct form of the verb* **tener** *or* **venir** *to find out about the office party.*

Marta (venir) _____ a la fiesta a las 8:00 pero José no (venir) _____

hasta (*until*) las 9:00 porque él (tener) _____ mucho trabajo. Susana y yo (venir)

_____ temprano porque nosotros (tener) _____ todos los cassettes.

También, yo (tener) _____ la limonada. Tú (venir) _____ tarde

porque tú (tener) _____ problemas con el automóvil. El jefe y la gerente no (venir)

_____ porque ellos no (tener) _____ invitaciones.

L. Cuando tengo... necesito... *Match the* **tener** *expressions in the first column with the words in the second column to express what you need to do in the following situations.*

> **MODELO:**   tener prisa / tomar un taxi
> **Cuando tengo prisa, necesito tomar un taxi.**

tener calor	escribir mi autobiografía
tener ganas de bailar	ir a la biblioteca
tener sed	buscar un suéter (*sweater*)
tener hambre	ir a una discoteca
tener miedo	beber una limonada
tener sueño	abrir todas las ventanas
tener frío	comer un sándwich
tener ganas de leer	llamar a la policía
tener mucho éxito en la vida (*life*)	dormir

1. _____

2. _____

3. _____

4. _____

5. _____

6. _____

7. _____

8. _____

9. _____

M. ¿De quién es? (*Whose is it?*) *Complete the chart by writing the singular and plural possessive adjectives that correspond to the subject pronoun in the left column.*

	Adjetivos posesivos
yo	
tú	
él, ella, Ud.	
nosotros(as)	
vosotros(as)	
ellos, ellas, Uds.	

N. Al contrario (*On the contrary*). *Match the words in the first column with their corresponding antonyms in the second column.*

siempre   nadie
también   nada
algo   tampoco
alguien   nunca/jamás

O. Dos chicos diferentes (*Two different boys*). *While José is very positive about everything, Manuel is the opposite. Make the following sentences negative to see just how different they are. Follow the model.*

> **MODELO:**   José siempre come en buenos restaurantes.
>   **Manuel nunca come en buenos restaurantes.**

1. José habla con alguien interesante.

   Manuel _____

2. José siempre trabaja por dos horas.

   Manuel _____

3. José come algo por la mañana.

   Manuel _____

4. José siempre va a las fiestas.

   Manuel _____

    Lección 3

5. José va a conciertos también.

   Manuel _____

6. José lee algo interesante en el periódico.

   Manuel _____

7. Alguien trabaja con José.

   _____ con Manuel.

8. José tiene suerte también.

   Manuel _____

COMPOSICIÓN

P. Para buscar un empleo. *A friend in Mexico wants to find a job in the U.S. (* **Estados Unidos***).*
Write her a letter in which you tell her how to apply for a job in this country.

Querida Marianela,

_____

_____

_____

_____

_____

Un abrazo de, (*A hug from,*)

_____

Lección 4

Así es mi familia

PRÁCTICA DE VOCABULARIO

A. Los colores. Diga Ud. el color de cada objeto que sigue. *Tell the color of each of the following objects. Write a complete sentence.*

> **MODELO:**　　el elefante
> 　　　　　　　**El elefante es gris.**

1. El árbol _____

2. La banana _____

3. La rosa _____

4. El coche de mis padres _____

5. El helado de vainilla _____

6. Mi libro de español _____

7. Mi bolígrafo _____

8. La limonada _____

9. La pizarra _____

10. La tiza _____

B. Parientes. *Fill in the spaces with the missing words.*

1. La esposa de mi padre es mi _____.

2. El marido de mi hermana es mi _____.

3. Mi madre y mi padre son mis _____.

4. El hijo de mis padres es mi _____.

5. Los padres de mis primos son mis _____.

6. El padre de mi padre es mi _____.

7. El hijo de mis tíos es mi _____.

8. Los padres de mi esposa son mis _____.

9. Los hijos de mis hijos son mis _____.

10. La chica con quien me voy a casar es mi _____.

C. Opuestos (*Opposites*). *Fill in the space with the correct antonym.*

1. marido _____

2. soltero _____

3. blanco _____

4. caro _____

5. largo _____

6. menor _____

7. bien educado _____

8. el nacimiento _____

9. el desayuno _____

10. la ciudad _____

ESTRUCTURAS

D. Verbos irregulares. *Complete the charts with the correct forms of the following verbs.*

	conocer	dar	poner	saber
yo				
tú	conoces			
él, ella, Ud.		da		sabe
nosotros(as)				
vosotros(as)				
ellos, ellas, Uds.			ponen	

	salir	traer	ver	decir	oír
yo					
tú	sales				
él, ella, Ud.					
nosotros(as)			vemos		oímos
vosotros(as)		traéis			
ellos, ellas, Uds.				dicen	

E. El hermano menor. *Pedrín always wants to do what his older brothers do. Follow the model.*

> **MODELO:**   Paco y Leo: Nosotros vamos a una reunión.
> Pedrín: **Yo voy a una reunión también.**

1. Nosotros salimos ahora. _____

2. Conducimos a la universidad _____

3. Conocemos a un profesor de México. _____

     Lección 4

4. Sabemos cálculo y álgebra. _____

5. Decimos ¡Feliz cumpleaños! _____

6. Traemos regalos para los primos. _____

7. Vemos a nuestras novias todos los días. _____

8. Queremos ayudar a mamá. _____

9. Ponemos la mesa todas las noches. _____

10. Siempre obedecemos a mamá. _____

11. Hacemos nuestra tarea antes de mirar la televisión. _____

12. Nunca mentimos. _____

13. Siempre venimos a tiempo. _____

14. Contamos chistes muy buenos. _____

F. Una reunión familiar. *Form complete sentences to find out what's going on at your family reunion. Pay close attention to the use of the personal* **a.**

> **MODELO:** yo / mirar / mi abuela
> **Yo miro a mi abuela.**
>
> mi primo / mirar / la televisión
> **Mi primo mira la televisión.**

1. yo / conocer / todas las personas _____

2. nosotros / escuchar / los chistes de papá _____

3. mi hermano / ver / el coche de los tíos _____

4. yo / ver / mi tía Luisa _____

5. mi mamá / llevar / la abuela a la fiesta _____

6. José / invitar / sus suegros también _____

7. Pedro y Marta / llevar / sus cassettes _____

8. tú / esperar / los abuelos _____

9. yo / traer / helado _____

10. el abuelo / mirar / todos sus nietos _____

11. nosotros / ver / alguien que no conocemos _____

12. Paquita / llamar / su marido _____

G. ¿A quién ves? (*Whom do you see?*) ¿Qué ves? (*What do you see?*) Now, form questions from the statements above. Pay close attention to the use of the personal **a.**

> **MODELO:** Miro a mi abuela.
> **¿A quién miras?**
>
> Mi primo mira la televisión.
> **¿Qué mira tu primo?**

1. _____
2. _____
3. _____
4. _____
5. _____
6. _____
7. _____
8. _____
9. _____
10. _____
11. _____
12. _____

H. Chistes (*Jokes*). At the family reunion Pedro tells his cousin Paquita amusing "tall tales". Fill in the space with the correct form of the verbs **saber** or **conocer.**

PEDRO: Paquita, ¿_____ tú que yo _____ bien a Bill Clinton?

PAQUITA: ¡No lo creo! ¡Tú no _____ a Bill Clinton!

PEDRO: Sí, es verdad. También _____ al Rey (*King*) Juan Carlos de España, y

_____ hablar inglés y español perfectamente. Yo _____

mucho de la historia de España y de los Estados Unidos también.

 Lección 4

PAQUITA: No es posible. Tú no _____ al Rey Juan Carlos. Y yo

_____ que tú no _____ nada de historia.

Tampoco _____ hablar español muy bien.

PEDRO: Paquita, ¿cómo es que tú no _____ que yo visito a Juan Carlos en

Madrid a menudo? Creo que toda la familia _____ esto (*this*). Yo

_____ muy bien la ciudad de Madrid. Y yo _____

a su esposa, la Reina Sofía. Yo _____ que tienen una hija, Cristina.

PAQUITA: Tú no _____ a nadie en España. Tú no _____

nada de historia. Tú no _____ hablar inglés y español

perfectamente. Tú no _____ la ciudad de Madrid. Tú sólo

_____ contar chistes.

I. ¿Saber o conocer? *Write sentences that describe members of your family using words from each column.*

yo		hablar español
mi padre		Europa
mi madre		jugar al golf
mi hermano(a)	saber	conducir
mis primos	conocer	alguien famoso
mis tíos		bailar bien
mis abuelos		mi mejor (*best*) amigo(a)
mi novio(a)		???

1. _____

2. _____

3. _____

4. _____

5. _____

6. _____

7. _____

8. _____

J. Las cuatro estaciones. *Read the following cartoon. Then help Juan learn his seasons by completing the chart that follows.*

"No, Juan, las cuatro estaciones no son el béisbol, el fútbol, el vólibol y el básquetbol".

Estación	Meses	¿Qué tiempo hace?
la primavera		
el verano		
el otoño		
el invierno		

Lección 4

K. ¡Feliz cumpleaños! *Practice numbers and dates by writing out the birthdates of the following people.*

> **MODELO:**   Carlos: 14–5–46
> **La fecha de nacimiento de Carlos es el catorce de mayo de mil novecientos cuarenta y seis.**

1. la abuela: 9–7–33 _____

2. papá: 10–2–51 _____

3. la tía Juana: 26–6–47 _____

4. Julita: 27–3–85 _____

5. Anita: 13–11–70 _____

6. el bisabuelo (*great grandfather*): 10–10–1898 _____

7. Vicente: 16–4–75 _____

8. Ema: 1–1–66 _____

L. Traducciones (*Translations*). *Raquel talks about meeting her boyfriend's family.*

1. I'm going to meet my boyfriend's family today.

   _____

2. He has a very large family: three younger brothers and two older sisters.

   _____

3. He lives in a large house in the country.

   _____

4. His mother is from San Juan and knows how to cook Puerto Rican food—rice with pidgeon peas (*arroz con gandules*)—and more.

   _____

5. His father is Dominican and knows how to dance **merengue.**

   _____

COMPOSICIÓN

M. Mi reunión familiar. *You are at your family reunion. Describe your relatives, including their physical characteristics, personality, and activities.*

_____

_____

_____

_____

_____

_____

_____

_____

_____

_____

_____

AVISO CULTURAL

N. *You learned about Hispanic names in this lesson. To review, fill in the spaces below with the missing information.*

Meet the _____ family.

El padre: Juan López Rivera.

La madre: María Moreno Vera.

1. Vera is the last name of María's _____.

2. Moreno is the last name of María's _____.

3. López is the last name of Juan's _____.

4. Rivera is the last name of Juan's _____.

5. Their son's name is Agustín _____.

Lección 5

Así es mi casa

PRÁCTICA DE VOCABULARIO

A. Palabras relacionadas. *Underline the word that does not belong.*

1. barrer	fregar	pedir	planchar
2. lavar	cocinar	arreglar	repetir
3. el garaje	la cocina	el sótano	el hogar
4. la bañera	el suelo	el techo	el piso
5. la lavadora	el refrigerador	el microondas	la manta
6. sucio	solo	desordenado	limpio
7. el cuadro	el perro	el pájaro	el gato
8. la alfombra	la estufa	la sábana	la manta
9. lavar el suelo	pasar la aspiradora	pagar el alquiler	sacar la basura
10. el lavabo	la ducha	la bañera	la estufa
11. el horno	el lavaplatos	el refrigerador	el espejo
12. la sábana	la almohada	el sótano	la manta
13. el sillón	la radio	la cama	el sofá
14. armario	adentro	afuera	alrededor

B. Compre en La Curaçao. *Read the following advertisement for a furniture and accessory store. Answer the questions that follow.*

¡SALVADOREÑOS GUATEMALTECOS HONDUREÑOS COSTARRICENSES DOMINICANOS!

ALTO A LOS PROBLEMAS DE ADUANA

aduana—*customs*

Compre en EE.UU o CANADA y reciba a domicilio en su país:

país—*country*

- **Juegos de sala y comedor**
- **neveras**
- **estufas**
- **televisores**
- **estéreos**
- **planchas**
- **camas**
- **licuadoras y más.**

juegos—*(matched) sets*

licuadoras—*blenders*

CREDITO FACILITO
FACILITO COMPRAR
FACILITO PAGAR

Lo Esperamos...

LA CURACAO

J.A. HUEZO, INC.
AGENTE AUTORIZADO

1. ¿Cuáles son los nombres de dos tipos de muebles que hay en:

   a. un juego de sala? _____

   b. un juego de comedor? _____

   c. un juego de alcoba? _____

2. ¿Qué compra Ud. en La Curaçao si...

   a. Ud. quiere escuchar música? _____

   b. Ud. necesita arreglar su ropa? _____

 Lección 5

c. Ud. no tiene dónde dormir? _____

d. Ud. quiere comer helado todos los días? _____

e. Ud. quiere mirar programas interesantes? _____

f. Ud. quiere cocinar la cena? _____

C. En casa. *Look at the following drawing and name each room. Then write a chore* (**una tarea doméstica***) that one does in each room.*

> **MODELO:**   5. la cocina: lavar los platos

1. _____   5. _____

2. _____   6. _____

3. _____   7. _____

4. _____

ESTRUCTURAS

D. Un estudio comparado (*A comparative study*). *Fill in the blanks with the appropriate prepositional pronoun.*

Subject pronoun	Prepositional pronoun
yo	_____ *
tú	_____ *
él	_____
ella	_____
Ud.	_____
nosotros(as)	_____
vosotros(as)	_____
ellos	_____
ellas	_____
Uds.	_____

_____

*__Yo__ *and* __tú__ *are used after which six prepositions?*

1. _____   4. _____

2. _____   5. _____

3. _____   6. _____

E. Preguntas y respuestas (*Questions and answers*). *Fill in the blank with the appropriate prepositional pronoun.*

1. Mamá, ¿vienes con _____ (*me*)? —Sí, José, voy con_____ (*you*).

2. ¿Viven José y María cerca de _____ (*you, pl.*)? —Sí, ellos viven cerca de _____ (*us*).

3. Papá, ¿todos van a limpiar la casa menos _____ (*you*)? —No, mi hijo. Todos van a limpiar la casa, incluso _____ (*me*).

4. ¿Es el helado para _____ (*her*)? —No, el helado es para _____ (*him*).

5. ¿Es el regalo de _____(*them, m.*)? —No, el regalo es de _____ (*us*).

F. ¿Qué están haciendo? *Write the correct forms of the verb* **estar** *in the first column. Then complete the chart with the present participle of the verbs indicated to practice the present progressive tense.*

	estar	cocinar	comer	compartir	
Yo	estoy	cocinando			
Tú					
Él, Ella, Ud.					la cena.
Nosotros(as)					
Vosotros(as)					
Ellos, Ellas, Uds.					

 Lección 5

G. Actividades diarias (*Daily activities*). *Form the present progressive tense to describe what the following people are doing now.*

> **MODELO:**   Enrique (planchar los blue jeans)
> **Enrique está planchando los blue jeans.**

1. Lilián (cocinar una paella) _____

2. Papá (limpiar el garaje) _____

3. La abuela (barrer el suelo) _____

4. Tú (fregar la bañera) _____

5. Rosita (hacer la cama) _____

6. Jorge (arreglar su cuarto) _____

7. Mamá (poner la mesa) _____

8. Nicolás y yo (lavar y secar la ropa) _____

9. Susana (leer el periódico) _____

10. Gloria y Raúl (chismear) _____

H. Más cambios. *Complete the chart to illustrate the stem-change pattern of the following verbs in the present tense.*

	servir			pedir		
yo						
tú						
él, ella, Ud.						
nosotros(as)						
vosotros(as)						
ellos, ellas, Uds.						
forma progresiva del presente						

I. Una periodista curiosa. *A reporter has come to ask you questions about your university. Practice stem-changing verbs by answering her questions.*

1. ¿Compiten hoy los atletas de su universidad? _____

2. ¿Consigue Ud. buenas notas en sus clases? _____

3. ¿Corrige los éxamenes rápido su profesor de español? _____

4. ¿Qué cursos siguen sus amigos? _____

5. ¿Eligen Uds. a candidatos cualificados para su gobierno (*government*) estudiantil? _____

   _____

6. ¿Sirven el desayuno en la cafetería? _____

7. ¿Qué pide Ud. en la cafetería? _____

8. ¿Repite Ud. las palabras de su profesor para practicar la pronunciación? _____

   _____

J. Pero, ahora mismo. *Rewrite your answers from exercise I., changing from the present to the present progressive tense.*

1. _____
2. _____
3. _____
4. _____
5. _____
6. _____
7. _____
8. _____

K. Los adjetivos demostrativos. *Fill in the space with the correct form of the appropriate demonstrative adjective.*

Mi casa

(*This*) _____ habitación es la cocina. (*Those*) _____ dos cuartos son el comedor

y la sala. (*That, far away*) _____ cuarto es el salón. (*This*) _____ microondas

es nuevo (*new*), y (*this*) _____ nevera es muy moderna. (*These*) _____

sillas son mis favoritas. Y (*that, far away*) _____ sillón en el salón es el favorito de papá.

(*That*) _____ sofá es muy viejo, pero bonito. Y aquí están nuestras mascotas. (*This*)

_____ perro se llama Dino. (*Those*) _____ pájaros son de mi

hermana. (*That, far away*) _____ gato siempre juega afuera.

 Lección 5

L. Más demostrativos. *Fill in the space with the correct form of the appropriate demonstrative adjective or pronoun.*

Mi alcoba

(*This*) _____ es mi alcoba. Como Ud. puede ver, (*this*) _____ habitación

es perfecta. (*This*) _____ armario es de madera. (*Those*) _____ son mis

libros. (*This one*) _____ es para mi clase de español y (*that one*) _____

es para mi clase de historia. (*Those, over there*) _____ son para mi clase de biología. Yo

siempre estudio aquí en (*this*) _____ escritorio.

(*That*) _____ es mi cama de agua. (*Those*) _____ mantas son de

México. (*These*) _____ son las almohadas más blandas (*soft*) del mundo. (*Those, far away*)

_____ sillones son muy cómodos (*comfortable*).

M. De compras en La Curaçao. *You are shopping in the store* **La Curaçao** *for things for your dorm room. You are in row (* **fila** *) 1. Using demonstrative adjectives, describe your preferences. Follow the model.*

> **MODELO:**   sillón / microondas
> **Prefiero este sillón a ese microondas.** *or* **Prefiero ese microondas a este sillón.**

¡BIENVENIDOS A LA TIENDA LA CURAÇAO!

Aquellos
> Fila 3
> Accesorios y cosas misceláneas: cuadros, espejos, lámparas, mantas, sábanas

Esos
> Fila 2
> Aparatos electrodomésticos: licuadoras, televisores, neveras, estufas, planchas, estéreos, radios, microondas, secadoras, lavadoras, lavaplatos

Estos
> Fila 1
> Muebles: sillones, sofás, mesas, sillas, camas

★ **Ud. está aquí.**

ENTRADA

1. mesa / lámpara _____

2. sillón / silla _____

3. camas / alfombras _____

4. nevera / televisor _____

5. espejo / cuadro _____

6. sábanas / mantas _____

7. radio / espejo _____

8. sillas / mesa _____

9. sofá / lavadora _____

10. lavaplatos / secadora _____

N. ¿Qué marca (*brand*) prefiere Ud.? *Every product has many brands. The salesclerk shows you two brands and asks your preference. Use the correct form of the demonstrative adjectives and pronouns to form her questions. Then answer them, always choosing the first. Follow the model.*

MODELO: mesa (este / aquel)
¿Prefiere Ud. esta mesa o aquélla?
Prefiero ésta.

1. sillón (este / ese) _____

2. camas (aquel / este) _____

3. nevera (ese / aquel) _____

4. espejo (este / ese) _____

5. sábanas (aquel / ese) _____

6. radio (este / aquel) _____

7. sillas (este / ese) _____

8. sofá (ese / aquel) _____

O. Una carta de Armando (*A letter from Armando*). *Armando writes to his parents from his dorm room. Rewrite each sentence, substituting pronouns for the underlined nouns.*

Queridos papis,

Aquí estoy. Mi dormitorio es pequeño, feo y está muy sucio.

1. Voy a limpiar <u>mi dormitorio</u> pronto. _____

2. Tengo <u>las sábanas amarillas</u>. _____

3. Voy a poner <u>las sábanas y la manta</u> en mi cama. _____

Copyright © 1996 Holt, Rinehart and Winston, Inc. All rights reserved.   **Lección 5**

4. Arreglo <u>las almohadas</u> antes de dormir. _____

5. Necesito barrer <u>el suelo</u>. _____

6. Quiero limpiar <u>las ventanas</u> también. _____

7. Tengo que fregar <u>la bañera</u>. _____

8. Después, voy a cocinar <u>la cena</u>. _____

9. Debo pasar <u>la aspiradora</u>. _____

10. Pero ahora estoy escribiendo <u>la tarea</u>. _____

P. ¿Qué hace Ud. en cada situación? *Tell what you do in each situation. Use direct object pronouns in place of the underlined nouns and choose a verb from the list below. Follow the model.*

> **MODELO:** <u>La ropa</u> está arrugada (*wrinkled*).
> **La plancho.**

arreglar	alquilar	servir	hacer
limpiar	planchar	secar	fregar

1. <u>La sala y el comedor</u> están muy sucios. _____

2. Ud. prepara <u>la limonada</u> para sus hermanos. _____

3. <u>Las sábanas</u> están arrugadas (*wrinkled*). _____

4. <u>Su armario</u> está desordenado. _____

5. <u>El perro</u> está mojado (*wet*). _____

6. <u>La bañera</u> está sucia. _____

7. Ud. tiene <u>mucha tarea</u> para mañana. _____

8. Ud. necesita <u>un coche</u> pero no quiere comprar uno. _____

O. En el futuro. *Rewrite your answers from exercise P to indicate what you are going to do. Use the construction* **ir a + infinitive,** *and follow the model.*

> **MODELO:** La plancho.
> **La voy a planchar.** *or* **Voy a plancharla.**

1. _____

2. _____

3. _____

4. _____

5. _____

6. _____

7. _____

8. _____

R. Traducciones (*Translations*). *Susana complains to her mother about all of the housework she does each day.*

1. Mom, my family never helps me with the household chores.

_____

2. See those books on the floor? And the dirty clothes on the bed? I have to arrange them.

_____

3. And the floor? I scrub it every day.

_____

4. And those beds. I make them also.

_____

5. Do they help me on weekends? No way!

_____

COMPOSICIÓN

S. La casa de mis sueños (*dreams*). *Look at the following ads for homes for sale. Which one do you prefer? Write a composition in which you explain your choice. If you do not like any of the possibilities, describe your dream house.*

suya—*yours*

Lección 5

OFERTA ESPECIAL

Con Sólo RD$130,000.00

Sea propietario de una Casa

en RESIDENCIAL AMAPOLA II

Financiamiento a 10 Años de RD$200,000.00
Valor Total Desde RD$330,000.00

en CANCINO

Modernas
Residencias
con las más
Atractivas Características:

- Tres (3) Habitaciones
- Baño   • Cocina
- Sala   • Galería
- Comedor   • Cuarto de Servicio
- Marquesina • Lavadero

marquesina—*awning*

¿NECESITA UNA RESIDENCIA?
AQUI ESTA SU OPORTUNIDAD

En Santiago: se vende moderna residencia en Cerros de Gurabo. Todas las comodidades, terminación de primera, dos niveles, cuatro dormitorios con sus vestidores, cuatro baños completos, sala-estar, sala grande, dos comedores, dos terrazas, amplia cocina, marquesina doble, patio grande, cisterna, habitaciones para servicio. 600 Mts. Conts. en área de 1016 Mts².

Informe Tel. 582-8927.

niveles—*levels*
vestidores—*closets*

cisterna—*water tank*

_____

_____

_____

_____

_____

_____

_____

_____

_____

_____

Lección 6

Pasando el día en casa

PRÁCTICA DE VOCABULARIO

A. Hablando por teléfono. *You call your best friend to chat. Answer the questions to tell what you would do or say in the following situations.*

> **MODELO:** Ud. quiere hacer la llamada.
> ¿Que hace Ud.? **Marco el número.**

1. Su padre dice, "¿Bueno?"

   ¿Qué dice Ud.? _____

2. Ud. está equivocado(a) de número.

   ¿Qué dice Ud.? _____

   ¿Qué hace Ud.? _____

3. Están comunicando.

   ¿Qué hace Ud.? _____

4. Su madre pregunta, "¿Quién habla?"

   ¿Qué dice Ud.? _____

5. Su abuela dice, "Bueno, no está ahora mismo".

   ¿Qué dice Ud.? _____

6. La abuela pregunta, "¿De parte de quién?"

   ¿Qué dice Ud.? _____

7. Nadie contesta en la casa de su amigo(a).

   ¿Qué hace Ud.? _____

B. El periódico. *Look at the indices from three Hispanic newspapers. In which sections and on what pages will you find the following information?*

EL VOCERO

INDICE
Clasificados . . . . **.25**
Crucigrama . . . . **.22**
Deportes . . . . **.28**
Editorial . . . . **.16**
Espectáculos . . . . . . **.20**
Horóscopo . . . . **.22**
Televisión . . . . **.22**

EL VOCERO DE PUERTO RICO
Apartado 3831, Viejo San Juan, P. R.
00904

El Vocero de Puerto Rico (USPS477-030) is published 6 days a week from Monday to Saturday. Second class postage paid at San Juan, Puerto Rico and additional offices.

MAIL SUBSCRIPTION RATE FOR U.S.

	1 Yr.	6 Mons.	3Mons.
Week days & Saturdays	$200	$100	$50

Member: American Newspaper Publishers Association, Inter American Press Association and Audit Bureau of Circulations *POSTMASTER: Send Address changes to EL VOCERO DE PUERTO RICO, P.O. Box 3831, San Juan, P.R. 00982-3831.

EL DIARIO

el diario
LA PRENSA

INDICE
- **P. 2** Local
- **P. 5** Nacional
- **P. 9** Nuestros Países
- **P. 13** Internacional
- **P. 15** Opinión
- **P. 29** Comunidad
- **P. 40** Deportes

LAS NOTICIAS DEL MUNDO

INDICE
Metropolitanas *2/4*
Información General *5*
Editorial/Enfoques *6*
Nacional/Internacional *7*
Sudamericana *8*
Centroamerica/México *9*
Educación *10*
Cuba/Puerto Rico *11*
Entretenimientos/
Horóscopo *12*
Deportes *13/17*
Clasificados *18/19*
Deportes/
Información Final *20*

**AÑO 12
NUMERO 3093**

1991 News World Communications Inc.

1. Ud. quiere saber qué pasa en su ciudad.

   El Diario _____ Las Noticias del Mundo _____

2. Ud. quiere saber qué va a pasar en el futuro.

   El Vocero _____ Las Noticias del Mundo _____

3. Ud. busca empleo.

   El Vocero _____ Las Noticias del Mundo _____

4. Ud. quiere saber las opiniones políticas del periódico.

   El Vocero _____ El Diario _____ Las Noticias del Mundo _____

5. Ud. quiere saber en qué canal sale su programa favorito.

   El Vocero _____ Las Noticias del Mundo _____

6. Ud. quiere saber qué pasa en Rusia, China y la India.

   El Diario _____ Las Noticias del Mundo _____

7. Ud. quiere ver a Gabriela Sabatini jugar al tenis.

   El Vocero _____ El Diario _____ Las Noticias del Mundo _____

 Lección 6

C. Reacciones. *What do you say in the following situations? Choose from the list below.*

¡Qué alegría!   ¡Qué pesado!   ¡Qué suerte!   ¡Qué lástima!   ¡Qué sorpresa!

1. Ud. acaba de encontrar cien dólares. _____

2. Ud. recibe una nota maravillosa en su examen de español. _____

3. Ud. recibe una nota horrible en su examen de química. _____

4. Ud. vuelve a su residencia y ve que su novia(o) acaba de llegar para visitarlo(la). _____

5. Ud. tiene que esperar una hora para ver al médico y no hay revistas en la sala de espera (*waiting room*).

_____

ESTRUCTURAS

D. Los pronombres de complemento directo e indirecto. *Complete the chart with the appropriate pronouns.*

Subject pronouns	Direct object pronouns	Indirect object pronouns
yo		
tú		
él		
ella		
Ud.		
nosotros(as)		
vosotros(as)		
ellos		
ellas		
Uds.		

E. Práctica de pronombres. *Which indirect object pronoun would you use to indicate the following concepts? Follow the model.*

> **MODELO:** a ti—**te**
> para ella—**le**

1. para mí _____

2. a ella _____

3. a Juan y yo _____

4. para Saúl _____

5. a Uds._____

6. para ti _____

7. a José y Juan _____

8. para nosotros _____

9. a mí _____

10. a ti _____

F. Regalos. *To practice indirect object pronouns, tell to whom you give the following gifts. Follow the model.*

> **MODELO:** el violín / (a Rosa)
> **Yo le doy el violín a Rosa.**

1. los juguetes / (a Pedrín) _____

2. el bolígrafo / (a la profesora) _____

3. dos relojes / (a ti) _____

4. un coche / (a mis hermanos) _____

5. unos cassettes / (a mis tíos) _____

6. una guitarra / (a mi abuela) _____

G. Regalos otra vez. *To practice direct and indirect object pronouns, rewrite the sentences from exercise F, substituting the direct objects for their corresponding pronouns. Follow the model.*

> **MODELO:** Yo le doy el violín a Rosa.
> **Yo se lo doy.**

1. _____   4. _____
2. _____   5. _____
3. _____   6. _____

H. Para hablar del pasado. *Complete the charts with the correct forms of the following verbs in the preterite.*

	prestar	devolver	asistir
yo			
tú			
él, ella, Ud.			
nosotros(as)			
vosotros(as)			
ellos, ellas, Uds.			

	ser / ir	hacer	dar
yo			
tú			
él, ella, Ud.			
nosotros(as)			
vosotros(as)			
ellos, ellas, Uds.			

     Lección 6

I. Hoy y ayer (*yesterday*). *Fill in the space with the correct form of the underlined verb in the preterite. Follow the model.*

> **MODELO:** Hoy <u>visito</u> a mi abuela y ayer _____ a mis tíos.
> **Hoy visito a mi abuela y ayer visité a mis tíos.**

1. Hoy Uds. <u>compran</u> regalos para el profesor pero ayer Uds. _____ regalos para el decano.

2. Hoy en clase <u>aprendemos</u> vocabulario pero ayer _____ gramática.

3. Hoy José <u>asiste</u> a mi clase pero ayer él _____ a tu clase.

4. Hoy Rosalba <u>lee</u> el periódico y ayer ella _____ una revista.

5. Hoy <u>pago</u> sólo un dólar por el sándwich pero ayer _____ dos dólares.

6. Hoy <u>damos</u> un paseo con Jorge y ayer _____ un paseo con Ana.

7. Hoy <u>haces</u> una cita con el médico pero ayer _____ una cita con el dentista.

8. Hoy <u>toco</u> el piano pero ayer _____ el violín.

9. Hoy <u>pintas</u> la casa y ayer _____ el garaje.

10. Hoy ellos <u>van</u> a una reunión pero ayer _____ a una fiesta.

K. Una lección de historia. ¡A ver cuánto sabe Ud. de la historia! *Let's see how much you know about general history. Change the verbs to the preterite and complete the sentences with the appropriate historical information.*

> **MODELO:** Los arquitectos terminaron la Casa Blanca en 1800.

atómica	Livingstone	Tea Party	hispanoamericana
América	telégrafo	en la India	coche

1. Vasco da Gama (salir) _____ para _____ en 1497.

2. La primera bomba _____ (explotar) _____ en 1945.

3. Stanley (encontrar) _____ a _____ en 1871.

4. La "Boston _____" (pasar) _____ en 1770.

5. La Guerra _____ (comenzar) _____ en 1898.

6. Samuel Morse (patentar) _____ el _____ en 1844.

7. Los vendedores (vender) _____ el primer _____ Ford en 1903.

8. Cristóbal Colón (llegar) _____ _____ en 1492.

K. Ayer en las telenovelas (*Yesterday on the soap operas*). *Fill in the spaces with correct form of the verbs in parentheses in the preterite tense to find out what happened on the soap opera "**Destino cruel**".*

Magda (descubrir) _____ la verdad (*truth*) sobre Faustino y Ana, y ella (tratar)

_____ de destruir su relación. Al mismo tiempo, David (ayudar) _____

a Rafael y ellos (pintar) _____ un retrato (*portrait*) de Laura. Los dos le (regalar)

_____ el retrato a Nico para su cumpleaños, pero cuando Ernestina lo (ver) _____,

le (dar) _____ mucha rabia (*anger*).

　　Mientras tanto (*Meanwhile*), Arturo (llamar) _____ a Elisa para saber adónde (ir—ella)

_____ con Heriberto. Elisa (gritar)(*to shout*) _____, — ¡Nosotros no

(hacer) _____ nada! ¡Tú (llamar) _____ anoche (*last night*) después

de que él (salir) _____ para encontrar a Susana! Yo te (esperar) _____ en

casa hasta las dos de la mañana, pero tú no (llegar) _____. Nosotros (intentar)

_____ encontrarte varias veces pero tú (salir) _____ demasiado

temprano y no (contestar—tú) _____ el teléfono. Por eso, yo le (dar) _____

toda la información a Roberto, y él me (dar) _____ las fotos. Y después nosotros (hacer)

_____ una cita para el miércoles, y él (ir) _____ a su casa y yo (ir)

_____ a la fiesta en casa de David.

L. ¿Cuánto tiempo hace que... ? *Tell how long ago you did the following activities. Use the cues and the preterite tense. Follow the model.*

> **MODELO:**　comprar una revista (dos días)
> **Hace dos días que yo compré una revista.**

1. ir a una fiesta (dos semanas) _____

2. darle un regalo a alguien (un mes) _____

3. hacer una cita con su novio(a) (una semana) _____

4. leer el periódico (un día) _____

5. comenzar a estudiar (una hora) _____

6. empezar a trabajar aquí (un año) _____

7. escribirles a sus padres (tres días) _____

8. apagar la televisión (media hora) _____

M. Traducciones. *Pedro tells his girlfriend how he spent the day.*

1. Marta, this morning I went to class early.

   _____

2. I arrived at 8:30.

   _____

3. The professor gave us an exam, but it was easy because you helped me.

   _____

4. After class I went to a department store and bought you a present.

   _____

5. I'm not going to tell you what I bought you, but I am going to give it to you tonight.

   _____

   _____

COMPOSICIÓN

N. La llamada telefónica. *Write a telephone conversation between you and your friend, parents, or person of your choice. Tell them about what happened to you yesterday (**ayer**).*

_____

_____

_____

_____

_____

_____

_____

_____

_____

_____

Lección 7

En el restaurante

PRÁCTICA DE VOCABULARIO

A. Categorías. *Complete the following charts with the appropriate vocabulary words.*

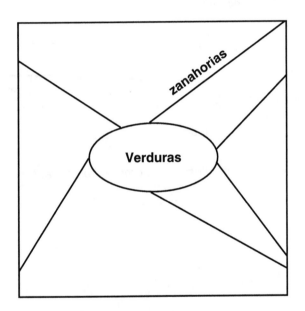

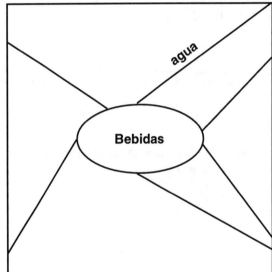

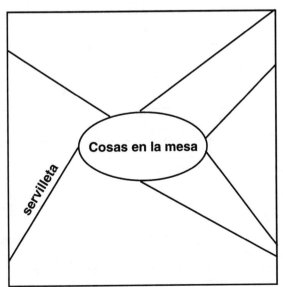

B. Definiciones. *Choose the word from the list below that best matches the following descriptions.*

el jugo	el café	la torta	la legumbre	los mariscos	el maíz
sabroso	el cuchillo	el menú	la receta	la propina	la zanahoria

1. Es el dinero que le damos al camarero por el buen servicio. _____

2. Dice cómo se prepara un plato especial y cuáles son los ingredientes necesarios. _____

3. Los camarones y las almejas (*clams*) son tipos de éstos. _____

4. Es la lista de todos los platos que sirven en un restaurante. _____

5. Es un sinónimo de **delicioso.** _____

6. Lo usamos para cortar la carne. _____

7. Es una bebida que muchas personas toman por la mañana porque contiene cafeína. _____

8. Es un tipo de postre muy dulce que siempre hay en las fiestas de cumpleaños. _____

9. Es un líquido que hay en las frutas. _____

10. Es un sinónimo de **verdura.** _____

11. Es un tipo de legumbre anaranjada que contiene mucha vitamina A. _____

12. Los indios nos enseñaron a cultivar esta legumbre amarilla y muy sabrosa. _____

C. Repasando los colores. *Match the food with its color. You may use a color more than once. Write a complete sentence.*

> **MODELO:** la cebolla
> **La cebolla es blanca.**

amarillo	anaranjado	azul	blanco	
gris	negro	rojo	rosado	verde

1. los guisantes _____

2. las zanahorias _____

3. el vino tinto _____

4. el maíz _____

5. los tomates _____

6. las aceitunas _____

7. la pimienta _____

8. la sal _____

9. el aceite de oliva _____

10. los camarones _____

 Lección 7

ESTRUCTURAS

D. Mis preferencias. *Tell if you like or do not like the following foods. Follow the model.*

> **MODELO:** los camarones
> **Sí, me gustan los camarones.** *or* **No, no me gustan los camarones.**

1. la torta de chocolate _____

2. los mariscos _____

3. la leche _____

4. el café _____

5. los tomates _____

6. el ajo _____

7. el flan _____

8. las aceitunas _____

E. Una cena típica en mi casa. *Form sentences using the words indicated to find out what a typical dinner is like at my house. Follow the model.*

> **MODELO:** mi hermano / no gustar / la leche
> **A mi hermano no le gusta la leche.**

1. mis hermanas / fascinar / las gambas _____

2. mi madre / encantar / los pasteles _____

3. mi padre / hacer falta / comer menos _____

4. mi hermanito / faltar / un tenedor _____

5. mi abuela / importar / comer bien _____

6. mi abuelo / gustar / el vino tinto _____

7. yo / molestar / comer con mis hermanos _____

8. yo / no gustar / cenar en casa _____

F. Preguntas sobre Ud. *For more verb practice, answer the following questions with complete sentences.*

1. ¿Cuáles son tres clases que le fascinan? _____

2. ¿Le parece a Ud. interesante su profesor(a) de español? _____

Copyright © 1996 Holt, Rinehart and Winston, Inc. All rights reserved.

3. ¿Cuáles son dos cosas que le molestan a Ud.? _____

4. ¿Qué le gusta hacer después de las clases? _____

5. ¿Qué es lo que le importa más, recibir buenas notas o pasarlo bien? _____

6. ¿Qué es lo que más le encanta hacer? _____

G. En el supermercado (_supermarket_). _Rosita thinks everything is for her. To review prepositional pronouns and practice a use of_ **para,** _find out for whom mom buys the following foods. Answer her questions, substituting the underlined nouns for the corresponding pronouns. Follow the model._

> **MODELO:** ¿Son los pasteles para mí? (Juan)
> **No, Rosita. Son para Juan. Son para él.**

1. ¿Es el flan para mí? (papá) No, _____

2. ¿Es el jugo para mí? (Susana) No, _____

3. ¿Son los pasteles para mí? (Carlos y José) No, _____

4. ¿Es el café para mí? (la abuela) No, _____

5. ¿Es la torta para mí? (Ana y Julia) No, _____

6. ¿Son las aceitunas para mí? (papá y yo) No, _____

7. ¿Son las zanahorias para mí? (el abuelo) No, _____

8. ¿Es el helado para mí? (tú) Sí, _____

H. Comentarios sobre la comida. _Fill in the spaces with_ **por** _or_ **para.**

1. Yo pagué 50 centavos _____ las cebollas. ¿Cuánto pagaste _____ las piñas?

2. _____ encontrar un buen restaurante español, tienes que ir a la ciudad.

3. _____ la mañana tomo café pero _____ la tarde tomo té y _____

   supuesto, _____ la noche, tomo leche.

4. Vamos _____ España en julio _____ comprar los maravillosos vinos españoles

   _____ nuestro restaurante. Vamos _____ dos semanas _____ poder ver

   a mis primos también.

5. Aquí viene el camarero, y tiene el pollo _____ mamá, el arroz _____ papá y la

   carne _____ nosotros.

6. El vaso grande es _____ agua. El vaso pequeño es _____ jugo de tomate y la copa

   es _____ vino.

7. Estoy enferma _____ comer cuatro postres diferentes.

8. No podemos comer afuera hoy _____ el frío que hace.

9. _____ lo general, yo como _____ lo menos tres o cuatro verduras.

10. Probé esta receta _____ primera vez anoche pero el plato salió muy mal. _____ eso,

   fuimos a un restaurante _____ cenar.

I. Verbos irregulares. *Complete the chart with the correct forms of the following verbs in the preterite.*

	yo	tú	él, ella, Ud.	nosotros(as)	vosotros(as)	ellos, ellas, Uds.
andar						
conducir						
decir						
estar						
poder						
poner						
producir						
querer						
saber						
tener						
traducir						
traer						
venir						

J. Cambios. *Complete the chart to illustrate the stem-change pattern of the following verbs in the preterite tense.*

	yo	tú	él, ella, Ud.	nosotros(as)	vosotros(as)	ellos, ellas, Uds.
conseguir						
dormir						
mentir						
morir						
pedir						
preferir						
repetir						
servir						

K. Una cena original. *Fill in the spaces with the correct form of the verb in parentheses in the preterite tense.*

Esta noche Juan (preparar) _____ una cena especial para celebrar el cumpleaños de su esposa,

Raquel. En la mañana él (andar) _____ al supermercado y (comprar) _____

todos sus alimentos favoritos. Él (escoger) _____ mariscos, verduras, arroz y sopa. Juan

(volver) _____ a casa y (empezar) _____ a cocinar los platos.

(Cortar—él) _____ los tomates y la lechuga y (probar—él) _____ la

sopa. Tambien él (poner) _____ la mesa y (abrir) _____ el vino. Él

(querer) _____ preparar una torta pero no (poder—él) _____ por

falta de algunos de los ingredientes. Cuando Raquel (llegar) _____ a casa, Juan le (decir)

_____ "Feliz cumpleaños". Después, él le (servir) _____ la cena. Al final,

Raquel le (dar) _____ las gracias por todo y los dos (lavar) _____ los

platos.

L. Traducciones. *Pedrín y su madre están en el supermercado.*

1. MAMÁ: I'm going to prepare shrimp for dinner tonight.

   _____

2. PEDRÍN: Mom, you know that I don't like shrimp. I tried them at Aunt Juana's house. I don't want to eat them tonight.

   _____

   _____

3. MAMÁ: Well, do you prefer fish? Or I can buy meat.

   _____

4. PEDRÍN: I don't care. I like meat and fish. And for dessert… you know that I love pastries.

   _____

5. MAMÁ: Okay, but you must eat a big salad, too.

   _____

 Lección 7

COMPOSICIÓN

M. Reseñas (Reviews). *You are a food critic for your local newspaper. Read the following descriptions of the two restaurants you visited last week. Then write reviews using the verbs indicated in the preterite and vocabulary from this lesson.*

1. **Restaurante La Perla:** Comida china (*Chinese*). Ud. fue al restaurante en coche pero el estacionamiento (*parking*) está muy lejos del restaurante. Es muy pequeño y los clientes tienen que esperar afuera. El menú es grande y variado, y está escrito (*written*) en chino. La comida es buena pero muy picante. (conducir, andar, decir, traducir, gozar, pedir, servir)

_____

_____

_____

_____

_____

_____

_____

2. **Restaurante El Desastre:** Comida americana rápida. Es un restaurante sucio. No tienen muchos platos en el menú, y los que hay están mal preparados. Sólo hay un mozo, y él pone la mesa con platos sucios. No dan tenedores ni cuchillos. Los clientes tienen que pedírselos. Sirven mucha comida frita y pocas legumbres. (estar, tener, saber, venir, poner, pedir, servir, volver)

_____

_____

_____

_____

_____

_____

_____

Lección 8

¡Qué comida más fresca!

PRÁCTICA DE VOCABULARIO

A. Variedades (*Varieties*). Nombre Ud... *(Name...)*

6 frutas:

1. _____   4. _____

2. _____   5. _____

3. _____   6. _____

5 tipos de carne:

1. _____   4. _____

2. _____   5. _____

3. _____

4 lugares donde venden comida:

1. _____   3. _____

2. _____   4. _____

3 condimentos:

1. _____   3. _____

2. _____

2 alimentos dulces:

1. _____   2. _____

1 tipo de marisco:

1. _____

B. ¿Cómo le gusta? *(How do you like it?)* *Look at the following drawings and tell how you prefer to eat each food. Follow the model.*

MODELO: Prefiero el pescado frito.

1.

2.

3.

4.

5.

6.

7.

8.

1. _____   5. _____

2. _____   6. _____

3. _____   7. _____

4. _____   8. _____

C. De compras. *Make a list of the foods that you buy in the following places. You can use vocabulary from previous chapters.*

MERCADO AL AIRE LIBRE

1. _____   4. _____

2. _____   5. _____

3. _____   6. _____

PANADERÍA / PASTELERÍA

1. _____   3. _____

2. _____

Lección 8

CARNICERÍA

1. _____   3. _____

2. _____   4. _____

SUPERMERCADO

1. _____   4. _____

2. _____   5. _____

3. _____   6. _____

ESTRUCTURAS

D. Para usar el imperfecto. *Complete the charts with the correct forms of the following verbs in the imperfect tense.*

	regatear	recoger	conseguir
yo			
tú			
él, ella, Ud.			
nosotros(as)			
vosotros(as)			
ellos, ellas, Uds.			

	ser	ir	ver
yo			
tú			
él, ella, Ud.			
nosotros(as)			
vosotros(as)			
ellos, ellas, Uds.			

E. El chef Raúl. *El chef Raúl is about to retire. His assistants fondly remember what a typical day was like in his restaurant. Write complete sentences using the imperfect tense. Follow the model.*

MODELO: 8:00 a.m. / el chef Raúl / llegar al restaurante
A las ocho de la mañana el chef Raúl llegaba al restaurante.

1. 8:15 a.m. / la asistente del chef Raúl / prepararle un café

2. 9:00 a.m. / otro asistente del chef / ir de compras al mercado

_____

3. 10:00 a.m. / el chef Raúl / decidir el menú del día

_____

4. 10:30 a.m. / el chef Raúl / escoger la especialidad de la casa

_____

5. 10:45 a.m. / el chef Raúl / escribir una lista de los ingredientes

_____

6. 11:00 a.m. / el chef Raúl / dar un paseo por el parque

_____

7. 11:00 a.m. / los asistentes / empezar a preparar los platos

_____

8. 1:00 p.m. / el chef Raúl / salir para comer

_____

9. 3:00 p.m. / el chef Raúl / leer el periódico

_____

10. 4:00 p.m. / los asistentes / comer / rápidamente

_____

11. 6:00 p.m. / el chef Raúl / probar los platos y criticar a los asistentes

_____

12. 7:00 p.m. / el chef Raúl y el dueño (*owner*) del restaurante / tomar unas copas de vino

_____

13. 9:00 p.m. / el chef Raúl / volver a casa y dormir bien

_____

14. 12:00 / los asistentes / lavar los platos, barrer el suelo y fregar la cocina

_____

 Lección 8

F. ¿Qué hacían? *Nidia took this picture of her friends at an open-air market. What were they doing at the time? Use the imperfect tense.*

1. Nilda _____

2. Elmer y Olga _____

3. Marcos _____

4. Antonio _____

5. Elisa _____

6. Sebastián y Dorotea _____

7. Leo _____

8. Natalia _____

G. A dieta. *Use the preterite and imperfect of the verb **comer** to tell what the following people used to eat before their diet, and what they ate today, on their diet. Follow the model.*

> **MODELO:** yo: antes (dos pizzas grandes) / hoy (dos ensaladas grandes)
> **Antes comía dos pizzas grandes pero hoy comí dos ensaladas grandes.**

1. mi compañero(a) de cuarto: antes (cerdo y chorizo) / hoy pollo y lechuga

_____

2. yo: antes (hamburguesas y papas fritas) / hoy pescado

_____

3. mi mejor amigo: antes (perros calientes y papitas) / hoy (ensaladas)

_____

4. mi novia(o) y yo: antes (chocolate caliente y caramelos) / hoy (fresas y peras)

_____

5. Los estudiantes de la residencia: antes (helado y flan) / hoy (manzanas y naranjas)

_____

H. Ud., el (la) traductor(a) *(You, the translator).* You're in Valencia, Spain, on vacation and decide to eat at La barraca, *a restaurant you read about in your guidebook. The owner wants to know what the guidebook said about his restaurant. Translate the review for him.*

La barraca***

When I entered the restaurant it was 9:30. I was tired and hungry. I wanted to eat something immediately. I think that the waiter knew that I was hungry because he gave me a menu right away and then brought bread, cheese and water to the table. I read the menu and then ordered the paella with shellfish and sausage. While I was waiting, the waiter served me soup and asked me if I wanted red or white wine. When the paella arrived, I tried it right away. It was delicious! I finished my meal and paid the waiter. I gave him a good tip. As I was leaving, he invited me to come back soon.

_____

_____

_____

_____

_____

_____

_____

_____

I. ¿El préterito o el imperfecto? *Choose the correct form of the verb according to the context. Then translate the sentence.*

1. Yo (conocí, conocía) al cocinero ayer en el restaurante.

_____

2. Marta siempre (quiso, quería) aprender a cocinar.

_____

 Lección 8

3. ¿Cuándo (supiste, sabías) que Juan es el hermano de María?

_____

4. Yo le serví los guisantes a Rosita pero ella (no quiso, no quería) comerlos y los tiró (*threw*) al suelo.

_____

5. El año pasado no (pudimos, podíamos) hablar español, pero después de pasar un año en España, hablamos muy bien.

_____

J. ¿Qué se hace? *Tell what one does in the following places. Follow the model.*

      MODELO: ¿Qué se hace en la cafetería? (beber)
                  Se bebe en la cafetería.

1. ¿Qué se hace en la biblioteca? (leer) _____

2. ¿Qué se hace en el restaurante? (comer) _____

3. ¿Qué se hace en la discoteca? (bailar) _____

4. ¿Qué se hace en el aula? (aprender) _____

5. ¿Qué se hace en la alcoba? (dormir) _____

6. ¿Qué se hace en la cocina (almorzar) _____

7. ¿Qué se hace en el laboratorio de lenguas? (pronunciar) _____

8. ¿Qué se hace en el mercado? (regatear) _____

9. ¿Qué se hace en el estadio? (jugar) _____

10. ¿Qué se hace en el centro estudiantil? (charlar) _____

K. Consejos y avisos (*Advices and warnings*). *To practice the indefinite* **se,** *advise a visitor to your town about where to eat. Complete the following sentences according to the model.*

      MODELO: Si se come en....
                  Si se come en el restaurante La barraca, se necesita mucho dinero (*money*).

1. Si se come en...

_____

2. Se come bien en...

_____

3. Se come mal en...

_____

4. Si se quiere adelgazar...

_____

5. Si se tiene mucha hambre...

_____

6. Si no se puede pagar mucho dinero por la comida...

_____

L. Traducciones. _A mis abuelos les gustaba la comida más fresca._

1. Every week my grandparents would go shopping.

_____

2. They liked to haggle at the open-air market.

_____

3. My grandfather would always choose the fruits and vegetables and my grandmother would weigh them.

_____

4. Then they would go to the butcher shop, the bakery, and the supermarket.

_____

5. They always bought a kilogram of ham, bread, three cans of tuna fish, a dozen eggs, and some hard candies for me.

_____

COMPOSICIÓN

M. Mi diario personal. _Write at least five sentences in the imperfect tense that describe what a typical day was like for you ten years ago. Then write five sentences in the preterite tense that describe what you did yesterday._

_____

_____

_____

_____

_____

_____

_____

_____

_____

     Lección 8

Lección 9

¡Toma y pruébatelo!

PRÁCTICA DE VOCABULARIO

A. Palabras parecidas (*similar*). *Underline the word that does not belong.*

1. la falda	la corbata	las medias	la blusa
2. el suéter	la camiseta	la blusa	los blue jeans
3. la cartera	el arete	el anillo	el brazalete
4. el sombrero	el estilo	el cinturón	los guantes
5. llamativo	claro	cuero	oscuro
6. cerrado	formal	lindo	elegante
7. los zapatos	los guantes	las zapatillas	las botas
8. el paraguas	las botas	el traje de baño	el impermeable

B. Prendas de vestir. *Name the following articles of clothing.*

1. _____

2. _____

3. _____

4. _____

5. _____

6. _____

7. _____

8. _____

239

9. _____

10. _____

11. _____

12. _____

13. _____

14. _____

15. _____

C. Para estar de moda. *A friend from Chile writes to find out about what university students in the U.S. wear on the following occasions. Answer her with complete sentences.*

1. para ir a un concierto de rock

    una mujer: _____

    un hombre: _____

2. para asistir a clases en la universidad

    una mujer: _____

    un hombre: _____

3. para ir a una boda (*wedding*)

    una mujer: _____

    un hombre: _____

4. para jugar al tenis

    una mujer: _____

    un hombre: _____

5. para ir a una fiesta estudiantil

    una mujer: _____

    un hombre: _____

         Lección 9

ESTRUCTURAS

D. Los verbos reflexivos. *Complete the chart with the correct forms of the following reflexive verbs in the present tense.*

	quitarse	ponerse	vestirse
yo			
tú			
él, ella, Ud.			
nosotros(as)			
vosotros(as)			
ellos, ellas, Uds.			

Now complete the following grammar "equations" to see the various ways to use reflexive and direct object pronouns.

Me lo voy a poner. = Voy a _____.

_____ estoy poniendo. = Estoy poniéndomelo.

Ella _____ va a probar. = Ella va a probárselo.

Ella se lo está probando. = Ella está _____.

E. Una mañana en tu casa. *Fill in the spaces with the correct form of the reflexive verbs in parentheses.*

Todos los días tú (despertarse) _____ a las siete de la mañana. Pero no (levantarse)

_____ en seguida porque como siempre (acostarse) _____ tarde, siempre

tienes sueño. Pues, (quedarse) _____ en la cama por unos 15 ó 20 minutos, y después vas al

cuarto de baño para (afeitarse) _____ y (bañarse)_____. Vuelves a tu

cuarto y (vestirse) _____. Tú siempre (ponerse) _____ blue jeans porque

son muy cómodos. Normalmente (probarse) _____ dos o tres suéteres diferentes hasta

encontrar el que más te gusta. Entonces bajas a la cocina y (sentarse) _____ a la mesa para

tomar tu café. Y luego... a clase.

F. ¿Qué hace? *What do you and your family do in the following situations? Choose the appropriate reflexive verb from the list below and substitute pronouns for nouns whenever possible.*

> **MODELO:** Ud. está durmiendo pero hay mucho ruido.
> **Me despierto.**

irse	despertarse	dormirse	quedarse	quitarse
divertirse	probarse	ponerse	acostarse	sentarse

1. Ud. va a una fiesta muy buena. _____

2. Ud. lleva un suéter pero hace mucho calor. _____

3. Sus padres ven una película muy aburrida en la tele. _____

4. Su abuela está muy cansada y ve un sillón muy cómodo. _____

5. Su hermana encuentra su blusa favorita en el armario. _____

6. Son las once de la noche y su hermanita tiene sueño. _____

7. Nosotros lo pasamos muy bien en la casa de nuestros amigos. _____

8. Su mamá ve un vestido en un almacén que le gusta mucho. _____

9. Son las 7:00 de la mañana y Ud. tiene clase a las 8:00 pero todavía está durmiendo. _____

10. Paco les prometió a sus padres estar en casa a las 11:00. Son las 10:50 y todavía está en casa de su novia.

_____

G. Rutinas de los famosos. *Practice reflexive verbs by reading about the daily routines of some Hispanic stars. Then do the activities that follow.*

CUANDO TE LEVANTAS Y TE ACUESTAS

Las *ESTRELLAS* también son seres humanos y al igual que nosotros, tienen sus propios hábitos. Por ejemplo, ¿no te gustaría saber qué es lo primero que realizan al levantarse de la cama y lo último que hacen antes de acostarse? ✦

estrella—*star*
seres humanos—*human beings*

propios—*own*

realizan—*they do*

GUILLERMO GARCIA CANTU

"¿Qué es lo que hago al levantarme? Voy al baño. Luego me baño. Antes de dormirme me lavo la cara y me pongo a ver televisión. Pero si estoy con alguien, entonces no veo tele. Hago otras cosas..."

 Lección 9

ALBERTO MAYAGOITIA

"Cuando me despierto, de inmediato voy al baño y luego me preparo un café para ponerme a leer el periódico cómodamente. Antes de dormirme apago la luz y me cobijo hasta la cabeza porque soy muy friolento."

me cobijo—*I cover up*

MARGARITA GRALIA

"Cuando despierto, siempre me tomo un café. Antes de acostarme, me lavo los dientes o hago otras cosas..."

1. Las tres estrellas hablan de las varias actividades que hacen después de levantarse y antes de acostarse. Haga (*make*) una lista de todas las actividades que mencionan.

Después de levantarse	**Antes de acostarse**
_____	_____
_____	_____
_____	_____
_____	_____
_____	_____

2. ¿Qué actividades mencionan más?

_____

3. ¿Quiénes no contestan completamente? ¿Qué dicen?

_____

4. ¿Qué hace Ud. después de levantarse y antes de acostarse? Nombre por lo menos cinco actividades e incluya (*include*) verbos reflexivos.

Después de levantarse

1. _____
2. _____
3. _____
4. _____
5. _____

Antes de acostarse

1. _____
2. _____
3. _____
4. _____
5. _____

H. Practiquemos los mandatos (*Let's practice commands*). *Complete the chart with the correct form of the following verbs.*

	Ud.	Uds.	Tú
bajar	baje/no baje	bajen/no bajen	baja/no bajes
vender			
subir			
conocer			
traer			
escoger			
construir			
pedir			
dormir			
buscar			
pagar			
comenzar			
saber			
dar			
volver			

I. Más mandatos—tú. *Complete the following chart with the appropriate commands for* **"tú".**

	Afirmativo	**Negativo**
venir	ven	no
tener		no tengas
salir	sal	no
poner		no pongas
hacer		no hagas
decir		no digas
ser		no
ir		no

J. Mandatos para muchas personas. *You are a tour guide for a group of people of all ages. You often need to tell the people what they should and should not do on the tour. Follow the model.*

MODELO: no tocar los vasos en aquella tienda
                a un estudiante: **No toques los vasos en aquella tienda.**
                a dos padres: **No toquen los vasos en aquella tienda.**

1. mirar los anillos en esta tienda

    a una persona mayor: _____

    a una niña: _____

2. pagar la ropa aquí

    a unos estudiantes: _____

    a una madre: _____

3. no buscar gangas en ese almacén

    a un hombre viejo: _____

    a un niño: _____

4. ir a la Boutique Roma para comprar botas italianas

    a tres personas mayores: _____

    a los estudiantes: _____

5. escoger los regalos con cuidado

   a una niña: _____

   a una persona mayor: _____

6. hacer las compras rápidamente y volver al autobús

   a un niño: _____

   a dos padres: _____

7. subir al autobús

   a dos niños: _____

   a un padre: _____

8. probar la comida en este restaurante mexicano

   a una niña: _____

   a las personas mayores: _____

K. Mandatos con pronombres. *Complete the chart with the correct forms of the following verbs.*

	Ud.	Uds.	Tú
probárselo	pruébeselo/ no se lo pruebe	pruébenselo/ no se lo prueben	pruébatelo no te lo pruebes
ponérselas			
dormirse			
irse			
saberlas			
traerlos			
comprárselos			
hacerlo			

L. Todo lo contrario. *Two sales clerks offer conflicting advice to a poor customer. Change the affirmative command to a negative command. Follow the model.*

   MODELO: **DEPENDIENTE 1:** Pruébese este vestido.
   DEPENDIENTE 2: No se pruebe este vestido.

         Lección 9

1. **DEPENDIENTE 1:**   Mire estos suéteres y pruébeselos.

   DEPENDIENTE 2: _____

2. **DEPENDIENTE 1:**   Escoja Ud. la blusa de seda.

   DEPENDIENTE 2: _____

3. **DEPENDIENTE 1:**   Cómpresela antes de probársela.

   DEPENDIENTE 2: _____

4. **DEPENDIENTE 1:**   Tome esta chaqueta. Póngasela.

   DEPENDIENTE 2: _____

5. **DEPENDIENTE 1:**   Quítesela y pruébese este abrigo.

   DEPENDIENTE 2: _____

6. **DEPENDIENTE 1:**   Vaya al probador y vístase rápidamente.

   DEPENDIENTE 2: _____

7. **DEPENDIENTE 1:**   Tome estos guantes y páguelos allí.

   DEPENDIENTE 2: _____

8. **DEPENDIENTE 1:**   Recoja sus compras y llévelas a su casa.

   DEPENDIENTE 2: _____

M. Compras y consejos. *You're on a shopping trip with your friend Carlos. Use commands to advise him on what he should or should not buy. Follow the model.*

> **MODELO:**   **CARLOS:**   Me encanta este suéter pero es muy caro.
> **UD.:**   **¡Cómpratelo!** *or* **¡No te lo compres!**

1. **CARLOS:**   No sé si debo comprar estos pantalones. Ya tengo unos muy similares.

   UD.: _____

2. **CARLOS:**   Necesito una corbata nueva. Ésta cuesta sólo diez dólares y es de seda.

   UD.: _____

3. **CARLOS:**   Voy a comprar este cinturón de cuero. ¿Es una buena idea?

   UD.: _____

4. **CARLOS:**   ¿Debo comprar estas zapatillas?

   UD.: _____

5. **CARLOS:** Este traje me queda grande. ¿Lo compro?

   UD.: _____

6. **CARLOS:** Me gusta este reloj y es una ganga.

   UD.: _____

N. Traduccciones. *La Madre de Juan Carlos lo lleva a comprar su primer traje.*

MAMÁ: Juan Carlos, come here. Look at these suits!

_____

JUAN CARLOS: Mom, come here. Look at these toys!

_____

MAMÁ: No, Juan Carlos. Don't touch those toys. We're here to buy you a suit. Take this one and try it on.

_____

_____

JUAN CARLOS: Where do I try it on?

_____

MAMÁ: Over there in that dressing room. And hurry up!

_____

COMPOSICIÓN

O. Un anuncio comercial (*An advertisement*). *The **tienda "La última moda"** is having a super sale (**liquidación**) of men's and women's clothing. Write an ad listing the various **gangas** that are offered. Include all the details and be sure to use commands to entice customers to your store. Feel free to illustrate your ad.*

 Lección 9

Lección 10

Por vía aérea

PRÁCTICA DE VOCABULARIO

A. La palabra correcta. *Llene Ud. el espacio con la palabra correcta de la lista siguiente.*

sala de espera	billete	pasaporte	asiento	cinturón
azafata	equipaje	ida	atrasado	gratis

1. Algo que no cuesta nada es _____.

2. Muchas maletas forman el _____.

3. En un avión, nos sentamos en el _____.

4. La mujer que nos trae café, té o leche en un avión es la _____.

5. Si el avión no llega a tiempo está _____.

6. Para ir a un lugar y volver, necesitamos comprar un boleto de _____ y vuelta.

7. Cuando viajamos internacionalmente, necesitamos un _____.

8. Después de abordar el avión, tenemos que abrochar el _____ de seguridad.

9. Esperamos a los viajeros en la _____.

10. Para poder abordar el avión, necesitamos mostrarle nuestro _____ al aeromozo.

B. El verbo correcto. *Llene Ud. el espacio con la forma correcta del verbo apropiado de la siguiente lista. Use el tiempo (tense) apropiado.*

revisar	extrañar	despedirse	volar
meter	abrochar	fumar	cancelar

1. Cuando la tía Luisa viaja, va por autobús porque no le gusta _____.

2. No me gusta sentarme cerca de los pasajeros que _____ cigarrillos en el avión.

3. Cuando supe que la abuela estaba enferma, decidí no viajar y _____ mi reservación.

4. Ella se sentó en el asiento y _____ su cinturón de seguridad.

5. José _____ de sus amigos en la puerta y abordó el avión.

6. En la aduana, los agentes _____ todas las maletas de los viajeros.

7. Cuando hago un viaje por mucho tiempo siempre _____ a mi familia y a mis amigos.

8. Yo rompí mi maleta porque _____ demasiadas cosas adentro.

C. El viaje. *Ponga en orden las siguientes etapas* (steps) *de un viaje por avión. Luego añada* (add) *los detalles a cada grupo de acciones. Siga el modelo.*

MODELO: __1__ En la agencia de viajes: **escoger el vuelo**
hacer las reservas
pagar los billetes

Orden de los preparativos

_____   En casa: hacer las maletas

_____

_____

_____   En la aduana: hacer cola

_____

_____

_____   En el avión: escuchar al aeromozo (a la azafata)

_____

_____

_____   En el aeropuerto: facturar el equipaje

_____

_____

D. Los turistas. *Dos turistas de visita en la ciudad de Ud. le piden información sobre cómo llegar a ciertos lugares. Déles la información necesaria, usando los verbos indicados y las expresiones de la sección «De uso común» en su texto. Use mandatos y siga el modelo.*

MODELO: encontrar un hotel barato (cruzar, doblar, caminar)
Para encontrar un hotel barato, crucen la calle, doblen a la izquierda y caminen tres cuadras para llegar a la calle Main. Allí hay varios hoteles baratos.

1. la estación de autobuses (bajar, doblar, cruzar)

_____

_____

   Lección 10

2. el aeropuerto (subir, seguir, cruzar)

_____

_____

3. la cafetería de la universidad (caminar, doblar, seguir)

_____

_____

ESTRUCTURAS

E. Repasando (_Reviewing_) el subjuntivo. _Complete Ud. la siguiente tabla con las formas correctas de los verbos siguientes en el subjuntivo._

	yo	tú	él, ella, Ud.	nosotros(as)	vosotros(as)	ellos, ellas, Uds.
volar						
meter						
despedirse						
pagar						
sentir						
buscar						
comenzar						
saber						
ser						
ir						
haber						
dar						
estar						

F. Para identificar el subjuntivo. _Lea Ud. los siguientes párrafos y subraye cada verbo en el subjuntivo._

Rafael entra en el aeropuerto. Todavía no sabe si Lana va a cumplir con (_fulfill_) su promesa. Él espera que el vuelo llegue a tiempo. Piensa, «No me importa que ella vuelva o no vuelva.» Pero en su corazón (_heart_), Rafael sabe que no es la verdad. Es muy importante que ella deje su trabajo en París y que venga a vivir con él en Madrid.

Rafael mira el reloj otra vez. El vuelo tarda en llegar. Él piensa, «No es bueno que yo la quiera tanto. Es mejor que yo la olvide y empiece a vivir como antes». Pero él sabe que ahora es imposible que todo sea como antes.

Anuncian la llegada del vuelo 981 de París. Los pasajeros empiezan a pasar por la puerta. Rafael se levanta nerviosamente para ver mejor a los pasajeros que entran en el aeropuerto. Trata de estar tranquilo. No quiere que ella piense que él la extraña. No quiere que ella sepa sus sentimientos (_feelings_) verdaderos. No quiere que ella sepa lo triste que está...

G. El optimista y el pesimista. *Tomás y Bernardo tienen personalidades muy diferentes. Tomás está contento pero Bernardo está descontento. Viajan a Yucatán para pasar unos días. Cambie Ud. las opiniones optimistas de Tomás para expresar las negativas de Bernardo. Use el subjuntivo si es necesario.*

MODELO: TOMÁS: Es importante que nos divirtamos mucho.
            BERNARDO: **No es importante que nos divirtamos mucho.**

1.   **TOMÁS:**   Es bueno que la gente sea tan simpática.

      BERNARDO: _____

2.   **TOMÁS:**   Es obvio que vamos a pasarlo bien.

      BERNARDO: _____

3.   **TOMÁS:**   Es cierto que hay mucho que ver y hacer.

      BERNARDO: _____

4.   **TOMÁS:**   Es verdad que la comida es sabrosa.

      BERNARDO: _____

5.   **TOMÁS:**   Es de esperar que vayamos a Chichén Itzá mañana.

      BERNARDO: _____

6.   **TOMÁS:**   Es probable que yo aprenda mucho sobre la historia de la región.

      BERNARDO: _____

7.   **TOMÁS:**   Es lástima que no podamos pasar más tiempo aquí.

      BERNARDO: _____

8.   **TOMÁS:**   Es verdad que yo voy a volver algún día.

      BERNARDO: _____

9.   **TOMÁS:**   Es dudoso que haya un viaje mejor que éste.

      BERNARDO: _____

10.   **TOMÁS:**   Es cierto que yo viajo contigo otra vez.

      BERNARDO: _____

H. Información para el aeropuerto. *Ud. viaja con sus dos hermanitos y les da información sobre el viaje. Forme Ud. frases completas usando el indicativo o el subjuntivo. Siga el modelo.*

MODELO: Es dudoso que el vuelo... (salir a tiempo)
            Es dudoso que el vuelo salga a tiempo.

1.   Es mejor que Uds... (esperar aquí)

_____

         Lección 10

2. Es importante que Uds... (obedecer)

_____

3. Es cierto que nosotros... (ir a pasarlo bien)

_____

4. No es cierto que el vuelo... (llegar tarde)

_____

5. Es verdad que el piloto... (tener mucha experiencia)

_____

6. No es importante que Uds... (sentarse adelante)

_____

7. Es ridículo que nosotros... (abordar ahora)

_____

8. Es posible que los aeromozos y las azafatas... (servirnos limonada)

_____

9. Es evidente que el avión... (ser grande)

_____

10. No es seguro que nosotros... (poder sacar fotos)

_____

I. Los pronombres relativos... por altavoz (*by loudspeaker*). *Ud. trabaja en el aeropuerto y hace anuncios por altavoz. Lea Ud. la información siguiente y use el pronombre relativo* **que** *para formar una frase de las dos. Siga el modelo.*

MODELO: La pasajera perdió su cartera. Debe ir a la oficina del gerente.
La pasajera que perdió su cartera debe ir a la oficina del gerente.

1. La gente espera el vuelo 76 de San Juan. Tiene que ir a la puerta 43 para reunirse con (*meet*) los pasajeros.

_____

2. El agente de viajes buscaba a una pasajera de Guatemala. Debe ir a la puerta 28.

_____

3. El vuelo de Bogotá llegó hace una hora. Está ahora en la puerta 19.

_____

4. La mujer dejó un paraguas en el avión. Necesita ir directamente a la oficina central.

_____

5. El hombre perdió su pasaporte. Debe ir a la sala de espera.

_____

J. Más pronombres relativos... por altavoz. *Lea Ud. la información siguiente y use los pronombres relativos apropiados para formar una frase de las dos. Siga el modelo.*

> **MODELO:** La Sra. Bustelo hablaba de una niña. La niña está en la aduana.
> **La niña de quien la Sra. Bustelo hablaba está en la aduana.**

1. La gerente hablaba de la azafata del vuelo 31. La azafata debe venir a la oficina del director.

   La azafata... _____

2. El piloto charlaba con un hombre italiano. El hombre italiano dejó su libro en el avión.

   El hombre italiano... _____

3. El Sr. Robles viajó con un turista del Uruguay. El turista tiene una llamada telefónica.

   El turista... _____

4. La chica rubia conversa con el hombre alto. El hombre alto perdió su pasaporte.

   El hombre alto... _____

5. La vieja le pide ayuda al aeromozo. El aeromozo no sabe qué hacer.

   El aeromozo... _____

K. El aeromozo. *Francisco es aeromozo y en el vuelo hoy él tiene que ayudar a muchos pasajeros. Para practicar* **lo que** *y pronombres, forme los comentarios de Francisco. Siga el modelo.*

> **MODELO:** Una pasajera tiene mucha sed. (un vaso de agua)
> **FRANCISCO:** **Lo que** Ud. necesita es un vaso de agua. **Se lo** traigo en seguida.

1. Un pasajero tiene mucha hambre. (una hamburguesa)

   FRANCISCO: _____

2. Una pasajera está aburrida. (algunas revistas)

   FRANCISCO: _____

3. Un pasajero tiene dolor de cabeza (*headache*). (dos aspirinas)

   FRANCISCO: _____

4. Un pasajero tiene mucho sueño. (una almohada)

   FRANCISCO: _____

 Lección 10

5. Una pasajera tiene frío. (una manta)

   FRANCISCO: _____

6. Un pasajero tiene calor. (limonada fría)

   FRANCISCO: _____

7. Una pasajera quiere escribir tarjetas postales. (un bolígrafo)

   FRANCISCO: _____

8. Un pasajero quiere escuchar música. (unos cassettes)

   FRANCISCO: _____

9. Una pasajera quiere saber las noticias. (un periódico)

   FRANCISCO: _____

L. Traducciones. *Información importante de la azafata.*

1. Hello and welcome to flight 929, destined for Mexico City.

   _____

2. It is important that you read the information about this airplane.

   _____

3. It is necessary that you fasten your seatbelt.

   _____

4. It's true that we serve Mexican cuisine on this flight.

   _____

5. What everyone needs to do now is to enjoy our movie.

   _____

COMPOSICIÓN

M. El (La) presidente nuevo(a). *Ud. es el (la) presidente nuevo(a) de una línea aérea. Hoy Ud. escribe su primer memorándum a todos los empleados en que Ud. da sus opiniones y recomendaciones. Use Ud. expresiones impersonales y su imaginación para expresar por lo menos ocho opiniones o recomendaciones.*

> **Expresiones impersonales:** es bueno, es cierto, es claro, es de esperar, es dudoso, es evidente, es importante, es (im)posible, es lástima, es malo, es mejor, es necesario, es preferible, es probable, es obvio, es ridículo, es seguro, es sorprendente, es terrible, no hay duda.

MEMORÁNDUM

Fecha:

De:

A: Los empleados

_____

_____

_____

_____

_____

_____

_____

_____

_____

_____

_____

_____

_____

Lección 10

Lección 11

En tren se ve todo

PRÁCTICA DE VOCABULARIO

A. Categorías. *Complete Ud. las siguientes tablas con palabras o expresiones relacionadas con el tema (theme) en el centro.*

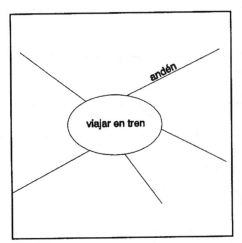

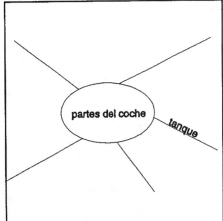

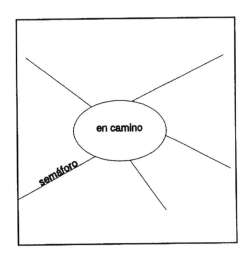

257

B. Un billete de RENFE. *Mire Ud. el siguiente billete para un viaje en tren. Luego, conteste las preguntas con frases completas.*

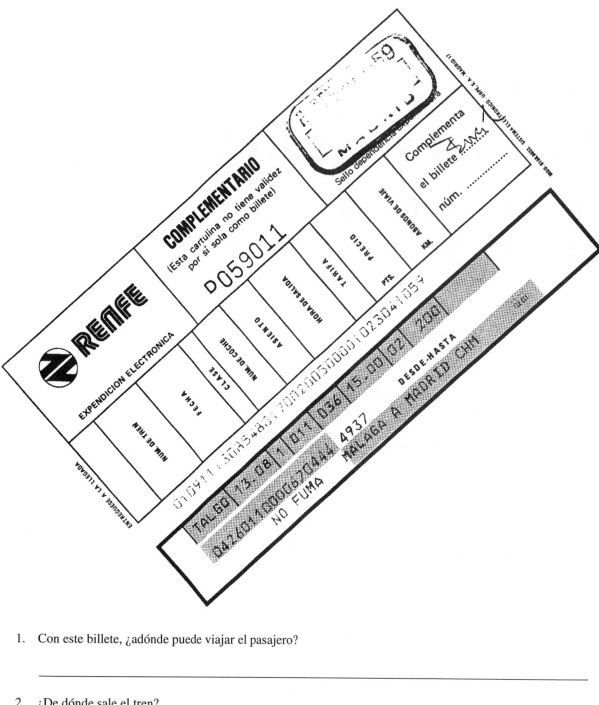

1. Con este billete, ¿adónde puede viajar el pasajero?

   _____

2. ¿De dónde sale el tren?

   _____

3. ¿En qué clase viaja el pasajero?

   _____

4. ¿Cuál es el número del coche? ¿Y el número del asiento?

   _____

 Lección 11

5. ¿Puede el pasajero fumar en el coche?

_____

6. ¿A qué hora sale el tren?

_____

C. La gasolinera Momotombo. *Mire Ud. el siguiente recibo (receipt) de esta gasolinera en Managua, Nicaragua. Luego, lea las frases que siguen. Todas son falsas. Corríjalas, basándose en la información en el recibo.*

VALE _____ 23200

ESTACION TEXACO MOMOTOMBO
RUC 011044-3510

NI UN POQUITO MAS, NI UN POQUITO MENOS
LA GASOLINERA DE LA MEDIDA EXACTA
SERVICIO PERMANENTE LAS 24 HORAS DEL DIA
FRENTE A LA PLANTA ELECTRICA - TELEFONO No. 2-2809
MANAGUA, NIC.

medida—*measure, amount*

frente—*in front of*

21 de _____ de 198 9

Cliente _____ Vehículo No. _____

Cant.	UNIDAD	A R T I C U L O	VALOR
		Gasolina Fire Chief	23200
		Gasolina Sky Chief	
		Diesel Chief	
		Batería	
		Aceite Havoline No.	
		Aceite Texaco No.	
		Aceite de Barril No.	
		Texamatic	
		Lavado Máquina	
		Grasa No.	
		Lavado	
		Engrasado	
		Aceite Ursa No.	
		Varios	
		T O T A L	23200

Firma del Cliente

NOTA:—Este vale deberá ser cancelado en los primeros 15 días del presente mes, de lo contrario, quedará automáticamente suspendido el crédito.

quedará—*will be*

FACTURA

Talles Santa Marha Ruc. 170354-3654
O/T 005 200 B. del 0001 al 20.000

Nº 19743

1. La Estación Momotombo está detrás de la planta eléctrica.

   Falso. _____

2. En esta gasolinera, siempre meten demasiada gasolina en el tanque.

   Falso. _____

3. Este conductor (*driver*) compró gasolina y aceite.

   Falso. _____

4. Venden llantas en esta gasolinera.

   Falso. _____

5. No lavan los coches en esta gasolinera.

   Falso. _____

6. Este conductor tuvo una llanta desinflada y el mecánico la arregló.

   Falso. _____

7. Sólo venden un tipo de gasolina en esta gasolinera.

   Falso. _____

8. Sólo venden un tipo de aceite aquí.

   Falso. _____

ESTRUCTURAS

D. Consejos. *El Sr. Moreno conoce bien México y le da a Ud. recomendaciones sobre qué ver y hacer allí. Forme Ud. frases completas y use el subjuntivo. Siga el modelo.*

MODELO: aconsejar / Ud. visitar Taxco
Yo aconsejo que Ud. visite Taxco.

1. alegrarse / Ud. ir a pasar una semana en México

   _____

2. recomendar / Ud. aprovecharse de las muchas tiendas elegantes

   _____

3. esperar / Ud. gozar de las bonitas playas (*beaches*)

   _____

4. aconsejar / Ud. visitar el Museo de Antropología

   _____

5. estar contento de / Ud. querer ir a Guadalajara

_____

6. sugerir / Ud. pasar unas horas en Chapultepec

_____

7. insistir en / Ud. mirar las ruinas mayas

_____

8. recomendar / Ud. descansar un poco después de tanto turismo

_____

E. Para no tener un accidente. *Un padre le da consejos a su hijo sobre su forma de conducir.*
Llene Ud. el espacio con la forma correcta del verbo entre paréntesis en el indicativo o el subjuntivo.

1. Siempre es importante que tú (tener) _____ cuidado cuando manejas.

2. Aconsejo que tú (frenar) _____ cuando el semáforo está en rojo.

3. Sugiero que tú (llenar) _____ el tanque antes de hacer un viaje largo.

4. Insisto en que tú (estacionar) _____ legalmente.

5. Prohibo que tú (conducir) _____ en el centro cuando hay mucha circulación.

6. No dudo que tú (ser) _____ muy inteligente.

7. Espero que tú nunca (hacer) _____ autostop.

8. Si el motor hace ruido, recomiendo que tú (ir) _____ directamente a una gasolinera.

9. Si un policía te para, quiero que tú le (mostrar) _____ tu licencia de conducir.

10. No niego que tú (saber) _____ que está prohibido conducir rápidamente.

F. Todo el mundo viaja en tren. *Lea Ud. el siguiente anuncio de RENFE sobre los servicios para la gente que viaja por tren. Luego, haga recomendaciones para las siguientes personas. Use un verbo de cada grupo y siga el modelo.*

MODELO: Inés es una chica de 15 años. Quiere visitar a su abuela en Zaragoza.
Yo recomiendo que ella compre la tarjeta joven.

aconsejar				aprovecharse de
recomendar	}	y	{	escoger
sugerir				comprar

TARJETA FAMILIAR

Permite conseguir descuentos del 50 al 75% a partir de 3 viajeros. Menores de 4 años no pagan. La tarjeta Familiar o libro de familia permite obtener la tarjeta "Rail Europ Familiar", válida para descuentos en toda Europa, en días azules. Descuento del 80 al 100% en Auto-Expreso.

TARJETA JOVEN

Para viajar por la mitad, en días azules. Para jóvenes entre 12 y 16 años. Renfe regala con la Tarjeta un recorrido gratis en litera. Sólo necesitas presentar el D.N.I. Sólo necesitas 2.500 Ptas., y poco más, para viajar por Europa. Ser joven con Renfe es una ventaja.

FACTURACION EQUIPAJES Y ANIMALES DOMESTICOS

Una familia podrá facturar hasta un tope de 500 Kg. Los animales domésticos viajarán con la familia en su departamento de cama o, si lo desea, en nuestras perreras especiales.

AUTO EXPRESO:

Para viajar en tren con coche. Dependiendo del número de billetes y del trayecto, los descuentos en Días Azules podrán oscilar entre un 20 y un 100%.

ESPECIAL PAREJAS

Para viajar con su pareja en coche cama. Todos los días azules. Su acompañante sólo paga 2.000 pesetas adicionales al precio de su billete.

COCHE GUARDERIA:

Para niños entre 2 y 11 años de edad. Atendidos durante el viaje por diplomados en puericultura. La guardería se abre 15 minutos después de iniciado el viaje y se cierra 15 minutos antes de finalizar.

AVISO: Los días azules de RENFE son los días en los que hay un descuento para los pasajeros.

1. Stefano y Ana quieren hacer un viaje de luna de miel (*honeymoon*) por la provincia de Galicia.

2. La familia Montañeros se muda (*is moving*) de Madrid a Valencia. La familia quiere viajar en tren pero no saben qué hacer con su coche.

3. En la familia Sopeña hay seis niños de 3 a 15 años.

 Lección 11

4.   La Sra. Oviedo quiere llevar su perro a Toledo para un concurso de perros (*dog show*).

_____

G. Formas de viajar. *Llene Ud. el espacio con la forma correcta del verbo entre paréntesis en el indicativo, el subjuntivo o el infinitivo.*

A mí, me gusta mucho (viajar) _____. Prefiero que mis amigos (viajar) _____

conmigo, pero no es necesario que ellos me (acompañar) _____. Si vienen conmigo, yo les

aconsejo que (hacer—ellos) _____ las reservaciones temprano. Si vamos por avión, les

digo que (pedir—ellos) _____ asientos en la sección de no fumar. Si vamos por tren,

sugiero que ellos (comprar) _____ boletos para el coche-cama porque es importante (estar)

_____ cómodo. Si vamos por barco, es necesario que el viaje (ser) _____

breve. Creo que un viaje largo por barco (poder) _____ ser aburrido. Yo les digo a mis

amigos que yo siempre (aprender) _____ algo nuevo cuando viajo.

H. ¿Qué es lo que nos pasó? *Para practicar el uso de* **se** *para expresar eventos inesperados (unexpected events), llene Ud. el espacio con la forma correcta del verbo entre paréntesis en el pretérito.*

    MODELO: Se nos (ir) __fue__ el taxi.

1.   Se nos (romper) _____ las copas de cristal.

2.   Se nos (ir) _____ el último autobús para el centro de la ciudad.

3.   Se nos (acabar) _____ todo nuestro dinero.

4.   Se nos (olvidar) _____ los nombres de algunos de los guías turísticos.

5.   Se nos (perder) _____ nuestros cheques de viajero.

6.   Se nos (caer) _____ el vino durante la cena.

7.   Se nos (olvidar) _____ el nombre del hotel donde hicimos las reservaciones.

I. ¿A quién le pasó lo siguiente? *Para practicar más el uso de* **se** *para expresar eventos inesperados, llene Ud. el espacio con el pronombre del complemento indirecto (indirect object pronoun) apropiado, según el modelo.*

    MODELO: A mí, se __me__ ocurrió una idea estupenda.

1.   A ti, se _____ ocurrió una idea ridícula.

2.   A Juan, se _____ perdieron las entradas para el teatro.

3. A nosotros, se _____ acabó el helado.

4. A Marta y Elena, se _____ rompió la ventana de su cuarto.

5. A mí se _____ cayeron las papitas.

6. A Uds., se _____ fue el avión.

J. Practiquemos los mandatos. *Complete Ud. la tabla siguiente con la forma correcta de los verbos siguientes.*

Infinitivo	Mandato, *nosotros*
bajar	bajemos
vender	
subir	
conocer	
traer	
escoger	
construir	
pedir	
dormir	
buscar	
pagar	
comenzar	
saber	
dar	

K. Practiquemos con pronombres. *Complete Ud. la tabla con la forma correcta de los verbos siguientes.*

Infinitivo	Madato afirmativo	Mandato negativo
probárselo	probémonoslo	no nos lo probemos
ponérselas		
dormirse		
irse		
saberlas		
traerlos		
comprárselos		
hacerlo		

 Lección 11

L. Traducciones. *Raúl y Tino, dos estudiantes mexicanos, hablan de cómo pasar las vacaciones.*

RAÚL: I have a great idea. Let's visit New York. They say that it's a very interesting city.

_____

TINO: No, let's not go there. I went to New York in December and had a terrible time.

_____

RAÚL: Why? What happened to you there?

_____

TINO: First, I missed my plane. Then I lost my passport. After that, I ran out of money.

_____

RAÚL: Okay. Let's stay here in Mexico. Let's call Ana and Rosa to tell them.

_____

COMPOSICIÓN

M. Guía para turistas. *Ud. trabaja en la oficina de turismo de su ciudad. Escriba unos párrafos en los que Ud. explica qué atracciones hay en su ciudad. Incluya recomendaciones para turistas, y use algunos de los siguientes verbos.*

aconsejar   recomendar   insistir en   sugerir

_____

_____

_____

_____

_____

_____

_____

_____

_____

_____

Lección 12

¿Qué clase de hotel es éste?

PRÁCTICA DE VOCABULARIO

A. El hotel de lujo. *¿Qué necesitan los siguientes huéspedes? Siga el modelo.*

> **MODELO:** La señorita Valdez quiere nadar.
> **Necesita una piscina.**

1. La señora Contreras necesita ayuda con su equipaje.

   _____

2. El señor Rivas tiene una habitación en el séptimo piso, pero no quiere subir la escalera.

   _____

3. El señor Rodríguez no quiere pagar con dinero.

   _____

4. Las hermanas García quieren tomar el sol.

   _____

5. La señora Goytisolo tiene un vestido para planchar.

   _____

6. La señorita Castillos quiere comprar un periódico.

   _____

7. La señora Palacio quiere lavarse el pelo.

   _____

8. Los señores Hernández quieren tomar un taxi.

   _____

9. La señorita Moreno quiere echar una carta.

   _____

10. Los señores Molina tienen calor en su habitación.

    _____

B. Actividades en el hotel. *Nombre Ud. una actividad que Ud. hace en los siguientes lugares.*

> **MODELO:** la piscina
> **Yo nado en la piscina.**

1. el ascensor _____

2. el balcón _____

3. la playa _____

4. la parada de taxi _____

5. la recepción _____

6. la lavandería _____

7. el correo _____

8. el quiosco _____

C. Pares. *Busque Ud. en la segunda columna la palabra o expresión asociada con el verbo en la primera columna.*

_____	1. firmar	a.	mucho dinero
_____	2. alojarse en	b.	la calle
_____	3. prender	c.	una carta
_____	4. empacar	d.	un hotel
_____	5. tomar	e.	la maleta
_____	6. dar a	f.	un cheque
_____	7. cobrar	g.	la televisión
_____	8. echar	h.	el sol

ESTRUCTURAS

D. ¿Existe un hotel lujoso? *Llene Ud. los espacios con una de las siguientes frases, escogiendo el indicativo o el subjuntivo según el contexto.*

> **MODELO:** …hotel que __es__ lujoso.
> …hotel que __sea__ lujoso.

1. Este verano queremos quedarnos en un _____.

2. No hay ningún _____.

3. Durante las vacaciones yo siempre me quedo en un _____.

4. Mamá conoce un _____.

5. ¿Hay algún _____?

6. Los abuelos buscan un _____.

 Lección 12

7. Necesitan quedarse en un _____.

8. Aquí hay un _____.

9. Juan espera encontrar un _____.

10. La familia Sopaña siempre se aloja en un _____.

E. Más cosas que tenemos y más cosas que queremos. *Cuando viajan, los García nunca están contentos. Llene Ud. el espacio con la forma apropiada del verbo entre paréntesis en el indicativo o el subjuntivo.*

1. Tenemos un baño en nuestro hotel que (tener) _____ una bañera, pero queremos un baño que (tener) _____ una ducha.

2. Tenemos una criada que (limpiar) _____ el cuarto en la tarde, pero necesitamos una criada que (limpiar) _____ el cuarto en la mañana.

3. Aquí hay un recepcionista que (saber) _____ hablar portugués, pero necesitamos un recepcionista que (saber) _____ hablar español.

4. En nuestro hotel hay un gimnasio que (estar) _____ abierto (*open*) todo el día, pero buscamos un gimnasio que (estar) _____ abierto toda la noche.

5. Tenemos una habitación que (ser) _____ muy cara, pero queremos una habitación que (ser) _____ muy barata.

6. En nuestro hotel hay una cafetería que (servir) _____ café francés, pero queremos encontrar una cafetería que (servir) _____ café colombiano.

7. El taxista (*taxi driver*) aquí no (conocer) _____ bien la ciudad, pero necesitamos un taxista que (conocer) _____ bien la ciudad.

8. El guía turístico nos (llevar) _____ a los museos de arte, pero buscamos un guía que nos (llevar) _____ a los museos de historia.

F. Pero, prefiero este hotel. *Ud. tenía reservaciones en el Aruba Concorde Hotel, pero en el último momento el hotel tuvo que cancelarlas. Su agente quiere buscar otro hotel que sea igual. Lea Ud. la descripción del Aruba Concorde, y dígale al agente seis cosas que debe tener el nuevo hotel para ser igual. Siga el modelo.*

> **MODELO:** (El Aruba Concorde está junto a la playa)
> **Quiero un hotel que esté junto a la playa.**

Aruba Concorde Hotel-Casino

Un hotel de cinco estrellas junto a una playa...¡de cinco estrellas! 500 habitaciones de lujo todas con vista al mar, dos camas dobles, televisión vía satélite a colores, refrigerador, caja de seguridad,[1] teléfono directo... Piscina olímpica con bar restaurante Tres restaurantes formales, cafetería y club nocturno donde se presantan las figuras de renombre[2] internacional.

Todos los deportes acuáticos[3]...Desde la vela[4] y la tabla hawaiiana[5] hasta el buceo[6] y la pesca en alta mar.[7]

El casino mayor del Caribe con 3 mesas de dados,[8] 6 de ruleta, 19 de blackjack, 2 de baccarat, rueda[9] de la foruna desde la 1 p.m... Y más de 200 máquinas tragamonedas[10] abiertas desde las 10 a.m.

Juegos electrónicos. La mayor galería comercial de la isla, con boutiques, farmacia, delicatessen, joyería,[11] salón de belleza.

ARUBA CONCORDE HOTEL CASINO, Aruba. Antillas Holandesas. Telf: 24466. Telex: 384-5011 ARUCO
MIAMI: 848 Brickell Ave., Suite 1100. Miami, FL 33131 (305)3252.

[1]*safe*
[2]*renown*

[3]*water sports*　　[8]*dice*
[4]*sailing*　　　　　[9]*wheel*
[5]*surfing*　　　　　[10]*slot machine*
[6]*skin diving*　　　[11]*jewelry store*
[7]*deep sea fishing*

1. (El Aruba Concorde es de cinco estrellas)

   _____

2. (El Aruba Concorde ofrece televisión vía satélite a colores)

   _____

3. (El Aruba Concorde presenta figuras famosas en su club nocturo)

   _____

4. (El Aruba Concorde tiene una piscina olímpica)

   _____

Ahora, escriba Ud. dos frases originales sobre lo que Ud. quiere encontrar en el nuevo hotel.

5. _____

6. _____

 Lección 12

G. ¿El sexto o el séptimo? *Ud. maneja el ascensor en el Hotel Lujoso. Mire Ud. el directorio y dígales a los siguientes huéspedes en qué piso deben bajar para encontrar lo que buscan. Siga el modelo.*

DIRECTORIO

1. recepción, tienda de regalos
2. oficina del gerente, lavandería
3. oficina del turismo, correo
4. quiosco, zapatería
5. cocina, guardería (*nursery*)
6. Café Brasil
7. sauna, piscina
8. comedor, farmacia
9. clases de aeróbicos
10. habitaciones de lujo

> **MODELO:** Sra. Campos, nadar
> **¡Piscina: séptimo piso!**

1. Sr. Cardenas, medicinas _____

2. Sra. Vargas, un recuerdo _____

3. Sr. Gómez, hacer ejercicios _____

4. Sra. Trujillo, hablar con la cocinera _____

5. Srta. Núñez, tomar un café _____

6. Srta. Duende, un periódico _____

7. Sr. Arbucías, sellos _____

8. Sra. Oliveras, lavar la ropa _____

9. Sr. Ordóñez, un itinerario de viaje _____

10. Sra. Suárez, una habitación elegantísima _____

H. Comparaciones. *Llene Ud. el espacio con las palabras apropiadas (**más, menos, tan, tanto,** etc.) para formar comparaciones.*

1. Esta habitación por 3.000 pesetas es _____ cara _____ esta habitación por 2.500 pesetas.

2. Esta habitación por 2.200 pesetas es _____ cara _____ esta habitación por 3.400 pesetas.

3. Esta habitación por 2.000 pesetas es _____ cara _____ esta habitación por 2.000 pesetas.

4. Este cepillo por 200 pesetas cuesta _____ dinero _____ este champú por 150 pesetas.

5. Este champú por 150 pesetas cuesta _____ dinero _____ este cepillo por 200 pesetas.

6. Esta pasta dental por 150 pesetas cuesta _____ dinero _____ este cepillo por 150 pesetas.

I. Comparaciones en el hotel. *Las siguientes frases sobre el Hotel Aruba Concorde son falsas. Lea Ud. el anuncio del ejercicio F y corríjalas, diciendo si el hotel tiene más o menos. Siga el modelo.*

Vocabulario útil

dados—*dice*   **rueda**—*wheel*   **máquinas tragamonedas**—*slot machines*

      MODELO: El casino mayor tiene 2 mesas de dados.
                      Falso. El casino mayor tiene más de dos mesas de dados.

1. El casino mayor tiene 198 máquinas tragamonedas.

   Falso. _____

2. El hotel tiene 650 habitaciones.

   Falso. _____

3. Hay 4 restaurantes formales.

   Falso. _____

4. Hay 18 mesas de blackjack.

   Falso. _____

5. El hotel tiene 6 farmacias.

   Falso. _____

6. El anuncio menciona 2 deportes acuáticos.

   Falso. _____

7. Cada habitación tiene 4 camas dobles.

   Falso. _____

8. Es un hotel de 3 estrellas (*stars*).

   Falso. _____

J. ¿Mejores o peores? *Exprese sus opiniones sobre lo que ofrece el Hotel Aruba Concorde según el modelo.*

      MODELO: piscina olímpica / clases de aeróbica
                      Una piscina olímpica es mejor (peor) que clases de aeróbica.

1. tres restaurantes formales / una cafetería

   _____

2. una farmacia / un salón de belleza

_____

3. estar junto a (*next to*) la playa / estar en el centro de la ciudad

_____

4. un club nocturo / una discoteca

_____

5. muchos deportes acuáticos / muchos juegos electrónicos

_____

6. un hotel de dos estrellas / un hotel de cinco estrellas

_____

7. tener refrigerador / tener teléfono directo

_____

8. quedarse aquí por un mes / quedarse aquí por una semana

_____

K. Traducciones. *Fátima piensa viajar a México y habla con el agente de viajes.*

1. **AGENTE:** How may I help you?

_____

2. **FÁTIMA:** I want to spend a week in Acapulco but I need information.

_____

3. **AGENTE:** I'm happy to answer your questions.

_____

4. **FÁTIMA:** Do you know a hotel that costs less than $25.00 for a double room? And are there flights that leave at 7:00 in the morning? And can I find restaurants that serve hot dogs and hamburgers?

_____

_____

_____

5. **AGENTE:** Please, speak slower and permit me to answer.

_____

COMPOSICIÓN

L. El más lujoso de todos. *Refiriéndose al anuncio del ejercicio F, escriba un anuncio para un hotel aún (even) más lujoso y grande que el Aruba Concorde. Incluya por lo menos seis comparaciones entre el nuevo hotel y el Aruba Concorde. Si quiere, puede ilustrar su anuncio.*

 Lección 12

Lección 13

¡Ay, doctora!

PRÁCTICA DE VOCABULARIO

A. Clase de anatomía. *Nombre Ud. las partes indicadas del cuerpo humano. Use el artículo definido.*

> **MODELO:** la cabeza

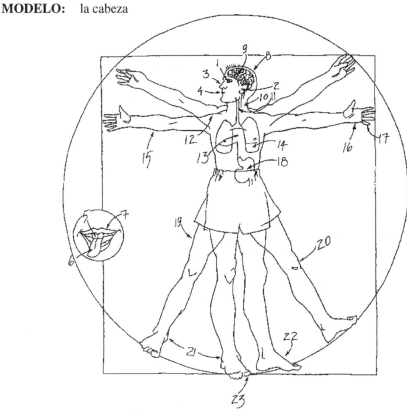

1. _____ 9. _____ 17. _____
2. _____ 10. _____ 18. _____
3. _____ 11. _____ 19. _____
4. _____ 12. _____ 20. _____
5. _____ 13. _____ 21. _____
6. _____ 14. _____ 22. _____
7. _____ 15. _____ 23. _____
8. _____ 16. _____

B. ¿Para qué sirven? *Indique Ud. las varias partes del cuerpo que usamos para hacer las siguientes acciones. ¡Ojo! (Careful!) En algunos casos hay varias respuestas correctas.*

1. estudiar: (3)

_____   _____   _____

2. escuchar música: (2)

_____   _____

3. escribir: (3)

_____   _____   _____

4. correr (*to run*): (3)

_____   _____   _____

5. hablar: (4)

_____   _____   _____

_____

6. jugar al tenis: (4)

_____   _____   _____

_____

C. Problemas y síntomas. *Relacione Ud. las palabras en la segunda columna con los problemas en la primera columna. Luego forme una frase completa, según el modelo.*

> **MODELO:**   dolor de estómago / estar mareado
> **Cuando tengo dolor de estómago estoy mareado.**

____ 1. apendicitis	a. necesitar tomar un jarabe
____ 2. un catarro	b. deber tomar antibióticos
____ 3. fiebre	c. tener un dolor fuerte de estómago
____ 4. dolor de cabeza	d. necesitar una operación
____ 5. caries	e. tomar aspirinas y descansar
____ 6. tos	f. tener una temperatura muy alta
____ 7. úlceras	g. tomar la vitamina C y beber jugo de naranja
____ 8. la gripe	h. dolerme el diente

1. _____

2. _____

3. _____

4. _____

5. _____

6. _____

7. _____

8. _____

D. Ud. es el (la) farmacéutico(a). *Escriba Ud. la conversación que Ud. tiene con cada una de las siguientes personas. Incluya una descripción de los síntomas y un remedio. Refiérase a las expresiones de la sección «De uso común» en el texto en las páginas 435–436 y el vocabulario de esta lección. Siga el modelo.*

> **MODELO:** Sra. Esquival / la gripe
> —**Buenos días, Sra. Esquival. ¿Cómo se siente? Está muy pálida.**
> —**Buenos días. Me siento fatal. Tengo la gripe y me duele mucho la cabeza.**
> —**Bueno, le sugiero que tome estas aspirinas y estos antibióticos.**

1. Sr. Villalobos / catarro

_____

_____

_____

_____

2. Srta. Carreño / fiebre

_____

_____

_____

_____

3. Sra. Monteros / tos

_____

_____

_____

_____

4. Sr. Bastos / dolor de estómago

_____

_____

_____

_____

_____

_____

ESTRUCTURAS

E. Los participios pasados y la salud. _Forme Ud. el participio pasado de los siguientes infinitivos._
Luego, úselos para describir el sustantivo (noun) _indicado, y traduzca la frase al inglés. Siga el_
modelo.

> **MODELO:** comer—la manzana
> **comido / la manzana comida.** / _the eaten apple_

1. cerrar—los consultorios

_____   _____   _____

2. hinchar—los ojos

_____   _____   _____

3. aliviar—el dolor

_____   _____   _____

4. beber—la leche

_____   _____   _____

5. romper—el corazón

_____   _____   _____

6. recetar—los antibióticos

_____   _____   _____

7. escribir—las instrucciones

_____   _____   _____

8. abrir—la ventana

_____   _____   _____

 Lección 13

9. resolver—los problemas

_____   _____   _____

10. curar—el paciente

_____   _____   _____

11. hacer—la diagnosis

_____   _____   _____

14. descubrir—el problema

_____   _____   _____

F. En la sala de espera. *Varios pacientes están en la sala de espera de la doctora Sopeña. Forme Ud. participios de los infinitivos entre paréntesis para saber cuáles son sus problemas. Siga el modelo.*

   MODELO: A José le duele la garganta porque la tiene (inflamar) <u>inflamada</u>.

1. La Sra. Oliveros tiene catarro y no puede respirar. Está (congestionar) _____.

2. La Srta. Ramos tiene la gripe. Tiene dolor de estómago y está un poco (marear) _____.

3. El Sr. Donoso se cayó en la escalera y tiene la pierna (romper) _____.

4. Jorgito Blanco tiene paperas (*mumps*). Por eso tiene la cara y el cuello (hinchar) _____.

5. El Sr. Fontina se cortó el dedo y parece que tiene una infección porque está rojo y muy (inflamar)

   _____.

6. Antes la Sra. Galdós tuvo apendicitis. La operaron y ahora parece que está totalmente (curar)

   _____.

7. La Srta. Pérez tuvo un accidente de automóvil. Ahora no puede mover los dedos de la mano izquierda.

   Tiene la mano (herir) _____.

G. ¿Y, el resultado (*result*)? *José se quedó en casa hoy, ayudando a su mamá enferma. Explique Ud. cuáles son los resultados de sus acciones, usando el verbo* **estar + el participio pasado.** *Siga el modelo.*

   MODELO: Preparó la sopa.
   La sopa está preparada.

1. Hizo las camas. _____

2. Planchó la ropa. _____

3. Fregó el lavabo. _____

4. Arregló el salón. _____

5. Lavó los platos. _____

6. Limpió la cocina y la sala. _____

7. Cubrió el sofá. _____

8. Le escribió una carta a la abuela. _____

9. Les devolvió el azúcar a los vecinos. _____

10. No rompió nada. _____

H. Las formas de haber. *Complete Ud. las tablas con las formas correctas del verbo* **haber.**

Presente del indicativo

Yo	_____	visto al médico.
Tú	_____	visto al médico.
Él / Ella / Ud.	_____	visto al médico.
Nosotros(as)	_____	visto al médico.
Vosotros(as)	_____	visto al médico.
Ellos / Ellas / Uds.	_____	visto al médico.

Presente del subjuntivo

Es bueno que yo	_____	hablado con la farmacéutica.
Es bueno que tú	_____	hablado con la farmacéutica.
Es bueno que él / ella / Ud.	_____	hablado con la farmacéutica.
Es bueno que nosotros(as)	_____	hablado con la farmacéutica.
Es bueno que vosotros(as)	_____	hablado con la farmacéutica.
Es bueno que ellos / ellas / Uds.	_____	hablado con la farmacéutica.

Imperfecto

Antes, yo siempre	_____	ido a la clínica.
Antes, tú siempre	_____	ido a la clínica.
Antes, él / ella / Ud. siempre	_____	ido a la clínica.
Antes, nosotros siempre	_____	ido a la clínica.
Antes, vosotros siempre	_____	ido a la clínica.
Antes, ellos / ellas / Uds. siempre	_____	ido a la clínica.

 Lección 13

I. La Salud. *Juan se cuida bien, y siempre se ha cuidado bien. Cambie Ud. los verbos del presente al presente perfecto, según el modelo.*

MODELO: Juan visita al médico.
Juan siempre ha visitado al médico.

1. Juan se levanta temprano. _____

2. Juan corre cuatro kilómetros. _____

3. Juan come muchas frutas. _____

4. A Juan le gusta mucho el bróculi. _____

5. Juan practica el ciclismo. _____

6. Juan bebe mucha agua. _____

7. Juan se acuesta temprano. _____

Ahora, cambie todos los verbos al pluscuamperfecto, según el modelo.

MODELO: Juan visita al médico.
Juan había visitado al médico.

1. _____

2. _____

3. _____

4. _____

5. _____

6. _____

7. _____

Finalmente, cambie Ud. todos los verbos al presente perfecto del subjuntivo, según el modelo.

MODELO: Juan visita al médico.
Yo dudo que Juan haya visitado al médico.

1. _____

2. _____

3. _____

4. _____

5. _____

6. _____

7. _____

J. Ud. y la salud. *Conteste Ud. las siguientes preguntas usando el presente perfecto.*

1. ¿Ha comido Ud. conejo (*rabbit*) alguna vez?

   _____

2. ¿Ha tomado más de seis vitaminas en un día?

   _____

3. ¿Se ha roto la pierna alguna vez?

   _____

4. ¿Ha dormido durante 18 horas seguidas (*in a row*)?

   _____

5. ¿Ha tenido fiebre de más de 103?

   _____

6. ¿Se ha dormido en la sala de espera del médico?

   _____

7. ¿Ha pasado la noche en un hospital?

   _____

8. ¿Ha tenido una operación?

   _____

9. ¿Le ha puesto una inyección a alguna persona?

   _____

10. ¿Ha estado en una sala de emergencia?

    _____

K. En la farmacia. *Pablo visita la farmacia de su tía y ella le explica dónde se hacen todas las actividades. Forme Ud. frases completas usando el **se** pasivo, según el modelo.*

> **MODELO:**   contestar / el teléfono
> **Aquí se contesta el teléfono.**

1. hacer / la penicilina
2. preparar / el jarabe
3. meter / las pastillas en las botellas
4. encontrar / la aspirina
5. vender / termómetros
6. escribir / la lista de los ingredientes
7. decidir / los precios
8. contar / las píldoras
9. poner / las vitaminas
10. consultar / la enciclopedia de la farmacéutica

L. Traducciones. *Un día en el hospital.*

1. Sandra returned from the hospital yesterday.

    _____

2. She had gone to the emergency room because she was suffering from stomach pains.

    _____

3. She had complained about a sore throat, also.

    _____

4. The doctor prescribed an antibiotic and told her that she must rest.

    _____

5. She has followed his advice and is taking care of herself.

    _____

COMPOSICIÓN

M. Un nuevo producto. *Lea Ud. el siguiente anuncio de Tylenol. Ahora piense en un producto nuevo (o uno que ya existe) y escriba una descripción de sus beneficios. Diga para qué sirve el producto y por qué es mejor que otros productos. Luego, escriba un anuncio creativo.*

NOMBRE DEL PRODUCTO: _____

DESCRIPCIÓN: _____

_____

_____

_____

_____

ANUNCIO:

Lección 14

La vida deportiva

PRÁCTICA DE VOCABULARIO

A. Soñando despiertos (*Daydreaming*). *Los estudiantes están aburridos hoy y todos piensan en las actividades que les gusta hacer. Mire el dibujo y conteste las preguntas que siguen con frases completas.*

María Teresa   Lucinda   Vera   Nicolás   Guillermo   Leo   Ricardo   Susana   Mario

¿Qué deporte juega(n) / hace(n)...

1. María Teresa? _____

2. Leo, Susana y Ricardo? _____

3. Vera? _____

4. Mario? _____

5. Guillermo? _____

6. Lucinda? _____

7. Nicolás? _____

8. ¿Qué hace Leo con la pelota? _____

9. ¿Qué hace Susana con la pelota? _____

10. ¿Qué quiere hacer Ricardo con la pelota? _____

11. ¿Cuál de los deportes le interesa más a Ud.? ¿Por qué? _____

B. ¿Dónde? *¿En qué lugar se juegan los siguientes deportes? Siga el modelo.*

    MODELO: jugar al fútbol.
                  Se juega al fútbol en un estadio.

1. jugar al tenis _____

2. nadar _____

3. jugar al béisbol _____

4. practicar el ciclismo _____

5. jugar al fútbol americano _____

C. ¿Qué hacen? *Diga Ud. qué hacen las siguientes personas. Siga el modelo.*

    MODELO: el espectador
                  El espectador mira los partidos.

1. el aficionado: _____

2. el futbolista: _____

3. el tenista: _____

4. el campeón: _____

5. el ciclista: _____

6. el entrenador: _____

7. el pelotero: _____

8. el nadador: _____

ESTRUCTURAS

D. El futuro. *Complete Ud. la tabla con las formas correctas de los verbos en el tiempo futuro.*

	yo	tú	él, ella, Ud.	nosotros(as)	vosotros(as)	ellos, ellas, Uds.
esquiar						
vencer						
sonreír						
decir						
hacer						
haber						
poder						
poner						
querer						
saber						
salir						
tener						
venir						

E. En cinco años. *Forme Ud. el tiempo futuro de los verbos entre paréntesis y termine las frases para decir qué harán las siguientes personas en cinco años. Siga el modelo.*

En cinco años...

1. yo (vivir) _____

2. yo (tener) _____

3. yo (querer) _____

4. mi familia (estar) _____

5. mi compañero(a) de cuarto (venir) _____

6. mi hermano(a) (ser) _____

7. mi mejor amigo(a) (hacer) _____

8. yo (poder) _____

F. ¿Quiénes lo harán? *Llene Ud. los espacios con la forma correcta de los verbos entre paréntesis en el tiempo futuro.*

1. En el partido de béisbol mañana, yo (lanzar) _____ la pelota, Susana (jugar)

    _____ primera base, Marcos (estar) _____ en la segunda base y

    Roberto y Carlos (coger) _____. Tú (batear) _____ primero.

2. En el partido de fútbol que (tener) _____ lugar el domingo, papá nos (entrenar)

_____, todos nosotros (correr) _____ rápido y el otro equipo

(perder) _____ porque nosotros (vencer) _____.

3. El año que viene, yo (dejar) _____ de jugar al fútbol y (empezar) _____

a montar a caballo. Roberto y Carlos (aprender) _____ a nadar y Susana (patinar)

_____. Tú (comenzar) _____ a jugar al golf, ¿no?

G. ¿Cómo jugamos? *Forme Ud. adverbios de los adjetivos siguientes. Luego, forme frases completas incorporando los adverbios para describir cómo las personas hacen las actividades. Siga el modelo.*

> **MODELO:** lento—lentamente   mi abuela / correr
> **Mi abuela corre lentamente.**

1. activo _____   7. fuerte _____

2. ágil _____   8. lento _____

3. animado _____   9. perfecto _____

4. débil _____   10. terrible _____

5. difícil _____   11. rápido _____

6. efectivo _____   12. fácil _____

1. mis hermanos / nadar _____

2. mi padre / jugar al básquetbol _____

3. mi abuelo / esquiar _____

4. yo / montar a caballo _____

5. mis amigos y yo / correr _____

6. mis primos / patinar _____

7. mi mejor amigo / practicar el ciclismo _____

8. mis hermanas / practicar el boxeo _____

9. mis tíos / jugar al tenis _____

10. mi prima / practicar la natación _____

     Lección 14

H. ¿Cuándo jugamos? *Ahora, vuelva a escribir las frases del ejercicio G, expresando ahora con qué frecuencia Uds. hacen las actividades. Use Ud. los adverbios de frecuencia que siguen.*

mucho, poco, nunca, siempre, todos los días, raramente, de vez en cuando, frecuentemente, a menudo, todas las semanas

    MODELO: Mi abuela nunca corre.

1. _____

2. _____

3. _____

4. _____

5. _____

6. _____

7. _____

8. _____

9. _____

10. _____

I. El partido de béisbol. *Llene Ud. los espacios con la forma correcta del verbo en el presente del subjuntivo.*

    MODELO: No puedo jugar al tenis contigo hasta que mamá... (comprarme una raqueta)
                  No puedo jugar al tenis contigo hasta que mamá me compre una raqueta.

1. Rogelio lanzará hasta que le (doler) _____ el brazo.

2. Carlos correrá en cuanto Rogelio (lanzar) _____ la pelota.

3. Luis bateará tan pronto como él (ver) _____ la pelota.

4. Nuestro equipo ganará en cuanto Oscar (batear) _____ un jonrón.

5. Saldré del estadio después de que el partido (terminar) _____.

6. Apoyaré a nuestro equipo hasta que (perder) _____ un partido.

J. Ahora, en el pasado. *Cambie Ud. todos los verbos del ejercicio I al pasado.*

1. Rogelio lanzó hasta que le (doler) _____ el brazo.

2. Carlos corrió en cuanto Rogelio (lanzar) _____ la pelota.

3. Luis bateó tan pronto como él (ver) _____ la pelota.

4. Nuestro equipo ganó en cuanto Oscar (batear) _____ un jonrón.

5. Salí del estadio después de que el partido (terminar) _____.

6. Apoyé a nuestro equipo hasta que (perder) _____ un partido.

K. ¿Cuándo pueden jugar...? *Mire los siguientes dibujos y luego escriba frases que describan qué pasa en cada uno. Siga el modelo.*

Estefanía
tan pronto como

MODELO: Tan pronto como Estefanía escriba su carta, va a esquiar.

Eduardo
cuando

1. _____

Mauricio
después de que

2. _____

Berta
en cuanto

3. _____

Dorotea
cuando

4. _____

 Lección 14

5. _____

Oscar
tan pronto
como

6. _____

Paulina
después de que

L. Unas vacaciones deportivas. *Llene Ud. los espacios con la forma correcta del verbo entre paréntesis en el presente del subjuntivo o con el infinitivo.*

1. Durante las vacaciones yo practicaré el golf hasta (poder) _____ jugar bien.

2. Jugaré al tenis con Sara hasta que ella (aburrirse) _____.

3. Nadaré en cuanto (hacer) _____ calor.

4. Montaré a caballo después de (seguir) _____ unas lecciones.

5. Haré ejercicios aeróbicos antes de que el gimnasio (cerrarse) _____.

6. Practicaré el tenis antes de (participar) _____ en una competencia.

7. Desarrollaré mi forma de batear tan pronto como el entrenador me (ayudar) _____.

M. Traducciones. *Maura and Paula hablan del fin de semana.*

1. **MAURA:** Are you going to ski this weekend?

   _____

2. **PAULA:** No, I'm going to skate with Raquel.

   _____

3. **MAURA:** I'll go with you. I love to skate. What time will you go?

   _____

4. **PAULA:** We can't leave until Raquel finishes her homework.

   _____

5. **MAURA:** Well, call me when you're ready.

   _____

COMPOSICIÓN

N. La importancia de una vida (*life*) activa. *¿Son importantes los deportes en su vida? Escriba una breve composición en la que Ud. explique por qué participar en un deporte es (o no es) importante físicamente, sicológicamente, emocionalmente, etc.*

_____

_____

_____

_____

_____

_____

_____

_____

 Lección 14

Lección 15

Hay que divertirse

PRÁCTICA DE VOCABULARIO

A. Asociaciones. *Para cada dibujo, escriba palabras o expresiones que se asocien con la palabra en el centro.*

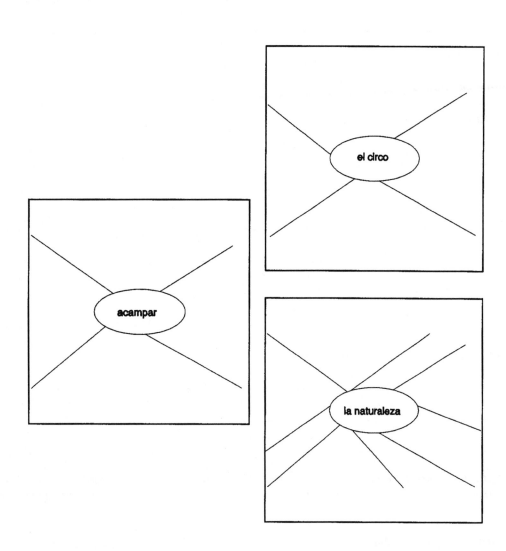

293

B. ¿Dónde se encuentra...? *Diga Ud. dónde se encuentran las cosas siguientes. Puede usar cada lugar más de una vez.*

____	1. el payaso	a.	el río
____	2. el oso	b.	el cielo
____	3. el bote	c.	el océano
____	4. el pájaro	d.	la montaña
____	5. el tiburón	e.	la selva
____	6. el mosquito	f.	el bosque
____	7. la estrella	g.	el circo
____	8. el esquiador	h.	el lago
____	9. la tortuga	i.	el acuario
____	10. la rana		
____	11. el tigre		

Ahora, forme Ud. frases completas, según el modelo.

MODELO: El payaso se encuentra en el circo.

1. _____

2. _____

3. _____

4. _____

5. _____

6. _____

7. _____

8. _____

9. _____

10. _____

C. Descripciones. *Busque el adjetivo de la lista siguiente que describa cada cosa en la lista. Hay varias posibilidades. Luego escriba una frase descriptiva usando la forma correcta del adjetivo según el modelo.*

MODELO: gracioso / chistes
              los chistes graciosos

salvaje	intenso	panorámico	puro	indígena
soleado	mundial	contaminado	chistoso	feroz

1. tigres _____

2. cielo _____

3. payasos _____

4. gente _____

5. calor del desierto _____

6. agua _____

7. aire _____

8. vista _____

9. leones _____

10. paz _____

ESTRUCTURAS

D. El imperfecto del subjuntivo. *Complete Ud. la siguiente tabla con las formas correctas del imperfecto del subjuntivo de los verbos indicados.*

	disfrutar	**hacer**	**dormirse**
***ellos* form of preterite:**	disfrutar*on*	hicier*on*	se durmier*on*
yo			
tú			
él, ella, Ud.			
nosotros(as)			
vosotros(as)			
ellos, ellas, Uds.			

E. Cortesía, por favor. *Exprese Ud. las siguientes frases de una forma cortés, cambiando el verbo subrayado del presente del indicativo al imperfecto del subjuntivo. Siga el modelo.*

> **MODELO:** ¿<u>Puede</u> Ud. acompañarme?
> **¿Pudiera Ud. acompañarme?**

1. <u>Quiero</u> preguntarte algo. _____

2. Ud. <u>debe</u> manejar con cuidado. _____

3. ¿<u>Pueden</u> Uds. ayudarnos? _____

4. <u>Queremos</u> tomar una siesta. _____

5. Paco <u>debe</u> estudiar mucho. _____

6. ¿<u>Puedes</u> volver mañana? _____

F. El viaje por el río Amazonas. *Ud. escribe una novela sobre una familia muy excéntrica. En este capítulo, la familia está navegando por el río Amazonas en Sudamérica. Llene Ud. el espacio con la forma correcta del verbo entre paréntesis en el imperfecto del subjuntivo.*

CAPÍTULO ONCE: EN EL AMAZONAS

Cordelia miraba la salvaje selva mientras el pequeño bote seguía por el río. «¡Qué mala idea venir aquí para las

vacaciones!», dijo. «Ya dije que no era buena idea que (venir—nosotros) _____ aquí. Yo quería

que todos (ir—nosotros) _____ a Nueva York para que yo (poder) _____

pasarlo bien en los restaurantes y tiendas elegantes. Pero Terencio insistía en que nosotros (escoger)

_____ este lugar tan remoto. ¿Y para qué? Para que él (poder) _____ pescar

todos los días. Yo quiero volver en seguida.»

En este momento Pedro le preguntó, «Pero, ¿por qué estás tan triste, Cordelia? Creía que te gustaba la

idea con tal que yo (estar) _____ aquí contigo».

Cordelia contestó cordialmente, «Si quieres saber la verdad, estoy muy aburrida. Le pedí a Amparo que

no le (hacer) _____ caso a Terencio y sus ideas estúpidas. Pero ella sólo quería que él

(estar) _____ contento. Era mejor que (ir—nosotros) _____ a las

montañas a esquiar que venir aquí».

Pedro iba a decirle algo cuando la voz de Terencio rompió el silencio del río. «¡Miren!... ¡Una rana

exótica! ¡Qué fascinante! ¿Ahora piensan Uds. que era mala idea que (decidir—nosotros) _____

hacer este viaje? ¡No sabía que este viaje (poder) _____ ser tan interesante! Era maravilloso

que nosotros (hacer) _____ este viaje. ¿No lo creen?

G. Para expresar un propósito o la dependencia. *Complete Ud. las siguientes frases con las conjunciones apropiadas para formar una lista de expresiones que siempre requieren el uso del subjuntivo. Luego, traduzca cada frase al inglés.*

No voy al circo	_____ *(unless)*	tú me acompañes.
Vamos a disfrutar del lago	_____ *(without)*	nadie nos moleste.
Traigo un saco de dormir	_____ *(in case)*	pensemos acampar.
La familia piensa ir al circo	_____ *(in order that)*	los niños vean los payasos.
Pienso escalar el volcán	_____ *(provided that)*	no sea peligroso.
Tenemos que arreglar la tienda	_____ *(before)*	tú puedas tomar una siesta.

1. _____

2. _____

3. _____

4. _____

5. _____

6. _____

H. ¿Preposición o conjunción? *Llene Ud. el espacio con la forma correcta del verbo en el subjuntivo o con el infinitivo. Siga el modelo.*

> **MODELO:** Voy al parque para (montar) <u>montar</u> a caballo y Susana va al parque para que su hija (montar) <u>monte</u> en bicicleta.

1. Marta va a la playa para (nadar) _____ y Pedro va a la playa para que su esposa

   (poder) _____ nadar.

2. Vamos a arreglar la tienda de campaña antes de (cenar) _____ y vamos a preparar

   los sacos de dormir antes de que José (volver) _____ .

3. Vamos a comer dentro de la tienda de campaña para (estar) _____ más cómodos y

   para que los mosquitos no nos (molestar) _____ .

4. Acampamos para (disfrutar) _____ de la paz y para que papá (pescar)

   _____ .

5. Voy a pasearme por el bosque sin (acercarme) _____ a los osos y sin que los

   insectos me (descubrir) _____ .

I. Las vacaciones ideales. *Llene Ud. el espacio con la forma correcta del verbo entre paréntesis en el subjuntivo.*

1. Para mí, las vacaciones ideales son pasar unos días en casa sin que nadie me (llamar) _____ .

2. Me gusta estar en casa con tal de que (haber) _____ programas de televisión de interés.

3. Es importante para mí pasar tiempo solo para que yo (poder) _____ leer y descansar.

4. A menos que (ser) _____ necesario, prefiero no comunicarme con nadie.

5. En caso de que yo (necesitar) _____ algo, siempre puedo ir al mercado y volver sin

   que nadie me (ver) _____ .

J. Dibujos analíticos. *Complete Ud. los siguientes dibujos para analizar la correlación de tiempos* (sequence of tenses) *con el presente y el presente perfecto del subjuntivo. Luego, traduzca las frases al inglés. Siga el modelo.*

MODELO:

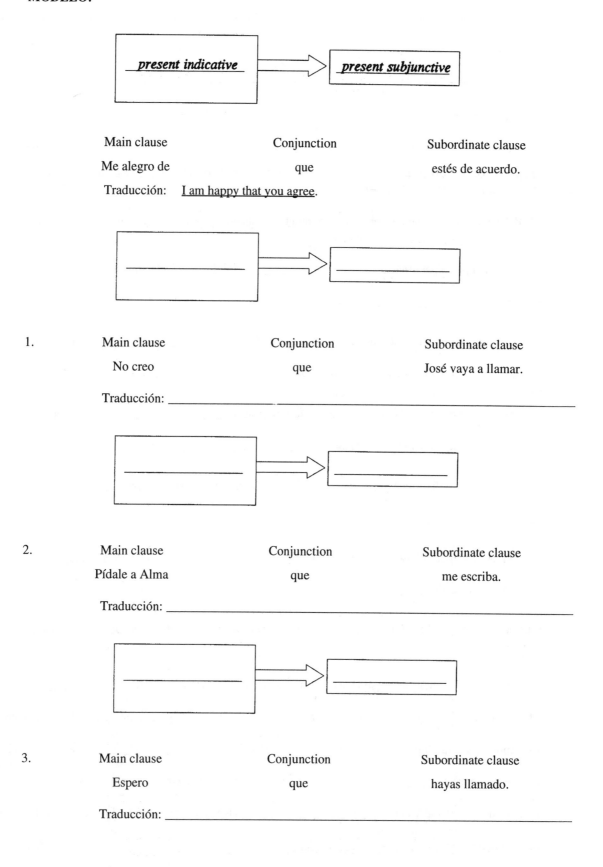

Main clause	Conjunction	Subordinate clause
Me alegro de	que	estés de acuerdo.

Traducción: <u>I am happy that you agree</u>.

1.

Main clause	Conjunction	Subordinate clause
No creo	que	José vaya a llamar.

Traducción: _____

2.

Main clause	Conjunction	Subordinate clause
Pídale a Alma	que	me escriba.

Traducción: _____

3.

Main clause	Conjunction	Subordinate clause
Espero	que	hayas llamado.

Traducción: _____

Lección 15

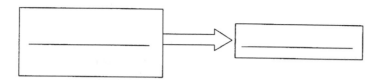

4.	Main clause	Conjunction	Subordinate clause

	Se lo daré a Luis	cuando	lo vea.

	Traducción: _____

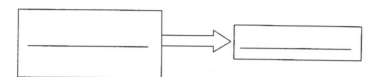

5.	Main clause	Conjunction	Subordinate clause

	Es bueno	que	hayas llegado a tiempo.

	Traducción: _____

K. Los vólcanes. *Lea Ud. los datos sobre las erupciones volcánicas más grandes del siglo* (century) *veinte. Luego, llene el espacio con la forma correcta del verbo entre paréntesis en el subjuntivo.*

Un siglo de furia volcánica

Año	Nombre	País	Muertos
1902	Monte Pelado	Martinica	30.000
1902	La Soufrière	Guadalupe	2.000
1902	Torishima	Japón	125
1911	Taal	Filipinas	1.500
1919	Kelud	Indonesia	5.000
1926	Izalco	El Salvador	58
1949	Puracé	Colombia	1.000
1950	Villarica	Chile	36
1951	Hibok-Hibok	Filipinas	500
1951	Lamingston	Nueva Guinea	3.000
1953	Ruapehu	Nueva Zelanda	150
1963	Agung	Indonesia	1.500
1965	Villarica	Chile	25
1965	Taal	Filipinas	2.000
1968	Arenal	Costa Rica	70
1971	Villarrica	Chile	15
1977	Nyragongo	Zaire	50
1980	St. Helen's	EE UU	60
1982	El Chichón	México	200
1985	Nev. del Ruiz	Colombia	25.000
1991	Pinatubo	Filipinas	207
1991	Unzen	Japón	48

1. Me sorprende que el país que tiene el mayor número de erupciones volcánicas (ser) _____ las Filipinas.

2. ¡Qué lástima que (haber) _____ muerto 30.000 personas en la erupción de Monte Pelado en 1902!

3. Es difícil que las Filipinas (tener) _____ cuatro volcanes activos.

4. Me preocupa que (haber) _____ un volcán en los Estados Unidos.

5. Parece imposible que (haber) _____ habido tres erupciones tan grandes en 1902.

6. En el siglo próximo, haremos esfuerzos (*efforts*) para que no (morir) _____ tantas personas en las erupciones volcánicas.

7. Ojalá que no (haber) _____ más desastres volcánicos.

8. Será mejor que nadie (tener) _____ que vivir al lado de volcanes grandes.

L. Traducciones. *Vamos al circo.*

1. Last night dad insisted that we go to the circus.

   _____

2. Rosalba, my younger sister, wanted to go in order to see the lions, tigers, elephants, and clowns.

   _____

   _____

3. My mom said that I couldn't go unless I finished my homework.

   _____

4. My brother wanted to go provided that we returned by 10:00.

   _____

5. My father said, "Let's go, before it's too late."

   _____

Lección 15

COMPOSICIÓN

M. Mi mascota (*pet*) favorita. *Cuando Ud. era niño(a), ¿tenía algún animal doméstico? Descríbalo, y cuente una anécdota relacionada con él o ella. Si Ud. no tenía un animal, describa uno de su imaginación.*

_____

_____

_____

_____

_____

_____

_____

_____

_____

Lección 16

Con todo mi corazón

PRÁCTICA DE VOCABULARIO

A. Palabras relacionadas. *Subraye Ud. la palabra que no está relacionada con las demás.*

1. luchar	disputar	amistad	divorciarse
2. la boda	la locura	la luna de miel	los recién casados
3. el flechazo	el noviazgo	la soledad	el compromiso
4. llevarse bien	reñir	pelear	disputar
5. abrazar	amar	besar	contratar
6. hacer las paces	resolver	hacer esfuerzos	divorciarse
7. la recepción	la orquesta	la realidad	el invitado
8. cortés	celoso	infantil	envidioso

B. Definiciones. *Busque Ud. la palabra que mejor corresponda a las definiciones siguientes.*

infantil	odiar	luna de miel	beso	celos
cielo	orquesta	boda	recién casados	amistad

1. la relación entre dos buenos amigos   _____

2. dos personas que acaban de casarse   _____

3. una expresión de cariño que se hace con los labios   _____

4. un grupo de músicos que tocan instrumentos   _____

5. característica de alguien que se porta como un niño   _____

6. el antónimo de "amar"   _____

7. el viaje romántico que hace la pareja después de casarse _____

8. la ceremonia en que dos personas se casan   _____

9. nombre cariñoso   _____

10. sentimiento de envidia   _____

C. Antónimos. *Escriba Ud. el antónimo de las siguientes palabras.*

1. hacer las paces _____

2. la ilusión _____

3. maduro _____

4. casarse _____

5. odiar _____

6. salir bien _____

7. llevarse bien _____

ESTRUCTURAS

D. El tiempo condicional. *Complete Ud. la siguiente tabla con la forma correcta de los verbos siguientes en el tiempo condicional.*

	yo	tú	él, ella, Ud.	nosotros(as)	vosotros(as)	ellos, ellas, Uds.
besar						
reñir						
decir						
haber						
hacer						
poder						
poner						
querer						
saber						
salir						
tener						
venir						

E. ¿Qué dijo Ramón? *Ramón y Linda son recién casados. Antes de casarse, Ramón le hizo algunas promesas. Forme Ud. el tiempo condicional de los verbos entre paréntesis para saber qué dijo. Ramón dijo que...*

1. (volver) _____ a casa a las 6:00 en punto todas las noches.

2. (traerle) _____ flores a menudo.

3. (comprar) _____ bombones para ella.

4. no (mirar) _____ a otras mujeres.

 Copyright © 1996 Holt, Rinehart and Winston, Inc. All rights reserved.

5. (recibir)   _____ un ascenso (*promotion*) en el trabajo.

6. no (ir)   _____ a los partidos de fútbol con los amigos.

7. (hacer)   _____ la cama los fines de semana.

8. (poner)   _____ la mesa tres o cuatro veces por semana.

9. (limpiar)   _____ la casa todos los sábados.

10. (tener)   _____ mucho tiempo libre para estar con ella.

11. (salir)   _____ a bailar con ella frecuentemente.

12. ellos (poder)   _____ comer en un restaurante muy elegante de vez en cuando.

F. Lo ideal. *Forme Ud. el tiempo condicional de los verbos entre paréntesis para saber qué creía Linda antes de casarse con Ramón.*

1. Yo siempre creía que mi novio (parecerse) _____ a Mel Gibson.

2. Estaba segura de que él me (amar) _____ con todo su corazón y que me lo (decir)

   _____ a menudo.

3. Pensaba que nosotros (casarse) _____ en seguida y (vivir) _____
   en una casa bonita cerca de la playa.

4. Sabía que nuestra primera casa (ser) _____ pequeña, pero creía que más tarde

   nosotros (poder) _____ comprar una más grande.

5. Pensaba que nosotros (tener) _____ tres hijos, y ellos nos (hacer) _____
   muy felices.

6. Creía que mis padres (venir) _____ a visitarnos cada semana y (saber)

   _____ que yo estaba muy contenta.

G. La curiosidad. *Ud. acaba de leer el siguiente anuncio de la boda de Hulvia y Felipe, pero quiere saber más detalles. Use el tiempo condicional y algunas de las palabras interrogativas para expresar sus dudas. Luego, traduzca las preguntas al inglés. Siga el modelo.*

¿Quién?   ¿Qué?   ¿Dónde?   ¿Cómo?   ¿Cuánto?   ¿Cuándo?   ¿Cuál?   ¿Por qué?

    MODELO: El doctor Jaime Claudio:
               ¿Quién sería el doctor Jaime Claudio? (*Who do you suppose Dr. Jaime Claudio was?*)

Enlace Vidal-Rodríguez

Enlace—*wedding*

En la Iglesia Union Church de Apolo, en Guaynabo, se casaron Hulvia Rodríguez y Felipe Vidal. Apadrinaron el enlace Benigno Dapena y Carolina Martínez. Luego de la ceremonia el grupo de invitados festejó en el Salón de los Espejos del Hotel Condado Beach. El brindis por la felicidad de la nueva pareja estuvo a cargo del Dr. Jaime Claudio. Luego de la recepción los novios partieron hacia Acapulco en viaje de luna de miel.

Fotos Ramón Feliciano

Apadrinaron—*acted as godparents*

Luego de—*after*

festejó—*celebrated*

partieron—*left*

1. Carolina Martínez: _____

   _____

2. Salón de los Espejos: _____

   _____

3. Guaynabo: _____

   _____

4. los invitados: _____

   _____

5. el Hotel Condado Beach: _____

   _____

6. la luna de miel: _____

   _____

 Lección 16

H. Cláusulas condicionales (con si). *Complete Ud. los diagramas siguientes para repasar las cláusulas condicionales. Luego, traduzca las frases al inglés. Siga el modelo.*

MODELO:

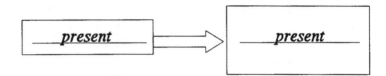

Dependent **si** clause   Main clause
Si Elena se casa con Mario.   tienes que ir a la boda.
Traducción: <u>If Elena marries Mario, you have to go to the wedding.</u>

1.

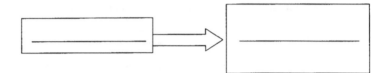

Dependent **si** clause   Main clause

Si Raúl se divorcia de Clara,   no hables con él nunca.

Traducción: _____

2.

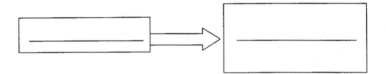

Dependent **si** clause   Main clause

Si José y Sara se pelearan,   volverían a hacer las paces muy rápido.

Traducción: _____

3.

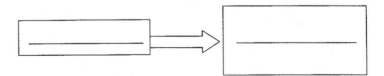

Dependent **si** clause   Main clause

Si vas a contratar a una orquesta

para la recepción,   tienes que hacerlo pronto.

Traducción: _____

4.

Dependent **si** clause
Si Lucrecia respeta a Fabio,

Main clause
resolverá sus problemas con él.

Traducción: _____

5.

Main clause
La madre de la novia habla

Dependent **como si** clause
como si la boda fuera mañana.

Traducción: _____

I. Haciendo las paces. *Ramón quiere llevarse bien con Linda. Llene Ud. el espacio con la forma correcta del verbo entre paréntesis para practicar las cláusulas condicionales.*

1. Yo te traeré flores a menudo si tú me (tratar) _____ bien.

2. Yo te compraré bombones si tú no (gastar) _____ todo mi dinero.

3. Yo recibiría un ascenso (*promotion*) en mi trabajo si tú me (dejar) _____ trabajar más horas.

4. Yo saldría con tus padres si tú (salir) _____ con mis hermanos.

5. Yo te acompañaré al ballet si tú (ir) _____ al cine conmigo.

6. Yo tendré mucho tiempo libre para pasar contigo si tú no me (dar) _____ tantas tareas domésticas que hacer.

7. Yo saldría a bailar contigo si yo no (estar) _____ tan cansado.

8. Nosotros podríamos comer en un restaurante elegante de vez en cuando si tú (ganar) _____ más dinero.

J. Más fórmulas. *Complete Ud. las siguientes fórmulas para repasar la correlación de tiempos con el subjuntivo. Siga el modelo en la primera línea.*

Main clause	Subordinate clause
1. **present**	*present subjunctive or present perfect subjunctive*
2. **command**	
3. **future**	
4. **preterite**	
5. **imperfect**	
6. **conditional**	

 Lección 16

Ahora, para cada una de las siguientes frases, escriba el número de la fórmula que mejor corresponda.

_____ 1. Me alegro de que Juliana se case.

_____ 2. Negaba que los esposos pelearan.

_____ 3. Su madre le diría que se divorciara.

_____ 4. Dígale a Faustino que contrate la orquesta.

_____ 5. Es increíble que se hayan hecho novios.

_____ 6. Les aconsejé que compraran el anillo de casado en la joyería Ramírez.

_____ 7. Espero que ellos hagan las paces.

_____ 8. Será mejor que Julio no se enamore de Julia.

K. Querida Teen Girl... *Los problemas de los jóvenes enamorados son siempre muy dramáticos. Lea Ud. las dos cartas siguientes que piden consejos y termine las frases que siguen.*

QUERIDA TEEN GIRL....

¿ÉL O LAS AMIGAS?

Querida Teen Girl, soy una chica de 16 años y mi nombre es Carola. Soy de carácter alegre, pero a veces me siento melancólica. Hago parte de un grupo de ocho chicas todas simpáticas, y ahora, con nosotras ha entrado a formar parte también un chico de lo más guapo, pero por el momento somos sólo amigos. El problema consiste en el hecho de que él queda simpático también a algunas amigas mías, pero ellas hasta evitan saludarlo. Por favor, aconséjame cómo poder conquistarle y sobretodo, dime cómo debo portarme con mis amigas. Hasta pronto.   CAROLA

el hecho de que—*the fact that*

hasta—*even*

MEJOR QUE TOM

Querida Teen Girl, soy una catorceañera de nombre Clara y tengo un problema. Estoy saliendo con un chico de nombre C. y nos llevamos bien; pero algunas veces, cuando veo la foto de Tom Cruise le digo que si fuera él, me lo tendría bien apretado a que no se fuera. Hablo así, a veces, para ver cómo reacciona, pero él no se molesta en lo más mínimo. ¿Es que acaso ya no le intereso?
CLARA 75

catorceañera—*14 year-old girl*

me lo...apretado—*I would hold onto him tightly.*

lo más mínimo—*in the least*
acaso—*perhaps*

1. Carola escribió a Teen Girl porque quería que la consejera (decirle...) _____

   _____

2. Para Carola, sería mejor que sus amigas (llevarse bien con...) _____

   _____

3. A Carola, le gustaría que ella y el chico (salir) _____

4. Clara escribió a Teen Girl porque quería que la consejera (decirle...) _____

   _____

5. Clara preferiría que su novio (ser...) _____

6. Si su novio fuera Tom Cruise, Clara... (abrazarlo) _____

L. Traducciones. *Ana habla con su madre sobre su boda.*

1. If I can invite 50 of my friends, you can invite 50 of my relatives.

   _____

   _____

2. If you hire an orchestra, please hire a band also.

   _____

3. If I wanted an outdoor ceremony, would you want a reception in the restaurant?

   _____

   _____

4. If I were to wear blue jeans, what would you wear?

   _____

5. You talk as if the wedding were tomorrow.

   _____

  Lección 16

COMPOSICIÓN

M. Consejos de una persona mayor. *Escoja Ud. una de las dos cartas a Teen Girl y déle consejos a una de las chicas sobre su problema romántico.*

_____

_____

_____

_____

_____

_____

_____

_____

_____

_____

_____

Lección 17

La pareja de los 90

PRÁCTICA DE VOCABULARIO

A. Palabras nuevas. *Busque Ud. en la segunda columna el sinónimo o la definición de la palabra en la primera columna.*

____ 1. la lucha   a. atacar o provocar

____ 2. enfadarse   b. tener un bebé

____ 3. ser coqueta   c. ganar o vencer

____ 4. los demás   d. la tarea

____ 5. la faena   e. el centro para niños

____ 6. triunfar   f. siempre hacer lo que las otras personas le dicen

____ 7. ser agresivo   g. la pelea o la disputa

____ 8. la guardería infantil   h. querer la atención de otras personas

____ 9. dar a luz   i. enojarse

____ 10. ser obediente   j. las otras personas

B. Antónimos, una vez más. *Escriba Ud. el antónimo de las palabras siguientes.*

1. conservador   _____

2. rígido   _____

3. paterno   _____

4. dama   _____

5. masculinidad   _____

6. útil   _____

7. agresivo   _____

C. ¿Cómo son los famosos? *Escoja Ud. por lo menos dos adjetivos para describir a cada persona o animal indicado. Forme una frase completa.*

agresivo	conservador	coqueta	flexible	liberado	liberal	
obediente	pasivo	paterno	rígido	sensible	sociable	materno

313

1. Madonna: _____

2. Hillary Rodham Clinton: _____

3. Barbara Bush: _____

4. Bill Clinton: _____

5. George Bush: _____

6. Socks (el gato de la familia Clinton): _____

7. Oprah Winfrey: _____

8. Jerry Seinfeld: _____

9. Phil Donahue: _____

10. Roseanne Arnold: _____

ESTRUCTURAS

D. En la conferencia. *Ud. va con una amiga a una conferencia sobre el matrimonio en los años 90. La amiga le hace varios comentarios sobre las personas allí, pero Ud. no puede oír. Basándose en los comentarios de su amiga, haga preguntas según el modelo.*

> **MODELO:** AMIGA: **Esa mujer rubia** trabaja como reportera para Univisión.
> UD.: **¿Quién es la rubia?**

1. **Ese hombre alto** es el autor liberal que escribió un libro famoso sobre la discriminación.

   _____

2. Mira a **esa mujer coqueta** que habla con el doctor Villarrobles.

   _____

3. ¿Ves a **los dos hombres gordos** que se enfadaron con la sicóloga? Trabajan para el gobierno.

   _____

4. **Esas mujeres bajas** al lado del presentador son representantes del comité educativo.

   _____

5. ¿Y **el hombre agresivo** que domina la conversación? Es un capitán militar.

   _____

6. ¿Estás segura de que no sabes quién es **la mujer morena**? Creía que Uds. asistieron al mismo colegio.

   _____

7. Me gusta la énfasis con que hablan **esas dos mujeres rubias** de la universidad.

   _____

8. **Esos hombres viejos** se enojan con lo que dice la señora de la Organización Nacional para Mujeres.

   _____

E. Para mí, lo mejor es... *Termine Ud. las siguientes frases de una forma original.*

1. Lo mejor sería... _____

2. Lo trágico es... _____

3. Lo malo es... _____

4. Lo bueno es... _____

5. Lo peor sería... _____

6. Lo interesante es... _____

7. Lo importante es... _____

8. Lo más difícil es... _____

F. La violencia doméstica. *Desafortunadamente existe la violencia doméstica en nuestro país. Llene Ud. el espacio con la forma correcta del verbo en el presente del subjuntivo para aprender sobre un tema muy trágico.*

1. Es terrible que (existir) _____ la violencia doméstica.

2. Es necesario que la sociedad les (ofrecer) _____ ayuda a las mujeres para que ellas

   (saber) _____ qué se puede hacer en esta situación.

3. Debemos apoyar leyes en contra de la violencia doméstica para que (ser) _____ legisladas.

4. Es inaceptable que los hombres (seguir) _____ abusando a las mujeres y que las

   mujeres (tener) _____ miedo de dejar a sus esposos abusivos.

5. Es necesario que las mujeres (salir) _____ de la casa a la primera indicación de violencia.

6. Necesitamos una ley que (proteger) _____ a todas las mujeres.

7. No hay ningún hombre que (tener) _____ el derecho de maltratar (*mistreat*) a una mujer.

8. Es triste que el abuso físico y sicológico de la mujer (continuar) _____.

9. Un hombre puede hacerle daño sicológico a una mujer sin que los demás lo (ver) _____.

10. Las mujeres buscan una sociedad en la que no (haber) _____ violencia doméstica.

11. Es necesario que las personas que cometen estos actos de violencia (buscar) _____ ayuda.

G. Otra vez, en el pasado. *Vuelva Ud. a escribir las frases del ejercicio F, cambiándolas del presente al pasado, según el modelo.*

> MODELO: Es terrible que exista la violencia doméstica.
> **Era terrible que existiera la violencia doméstica.**

2. _____

3. _____

4. _____

5. _____

6. _____

7. _____

8. _____

9. _____

10. _____

11. _____

H. Una riña. *Lea Ud. la siguiente conversación entre Adrián y Magdalena. Luego, vuelva a escribir cada expresión en negritas (**boldface**), primero usando la forma enfática del adjetivo posesivo, y luego usando el pronombre posesivo. Siga el modelo.*

> MODELO: mis calcetines
> **los calcetines míos**   **los míos**

ADRIÁN: Oye, Magda, ¿sabes dónde están **mis calcetines** (1) rojos? No los encuentro.

MAGDALENA: No, Adrián, lo siento, pero no sé.

ADRIÁN: ¡Pero es **tu deber** (2) como mujer saber exactamente dónde está cada cosa en la casa! ¿Cómo es que no sabes?

MAGDALENA: Mira, Adrián, no son **mis calcetines** (3), y además ¡no es **mi problema** (4), es **tu problema**! (5)

ADRIÁN: Magda, querida, hablaba en broma (*in jest*)… ¡No me contestes igual que **tu mamá** (6)!

MAGDALENA: ¿Y es que a ti no te gusta **mi madre** (7)? A lo mejor aquí se encuentra la base de **nuestros problemas** (8).

ADRIÁN: No sabía que tuviéramos problemas.

MAGDALENA: Pues, pregúntaselo a **tus hermanas** (9). Ellas me han contado **sus teorías** (10) sobre **nuestro matrimonio** (11) y por qué, según ellas, va a terminar en divorcio.

ADRIÁN: ¡Ya te he dicho que no les hagas caso a **mis hermanas** (12) y **sus ideas** (13) estúpidas! Ellas son unas locas, y **sus esposos** (14) lo saben muy bien. En **mi opinión**, (15) todas mis hermanas necesitan ayuda.

   Lección 17

MAGDALENA: ¿Verdad que sí? Bueno, eso explica por qué Angélica siempre quiere que yo hable con **su siquiatra** (16). Dice que quiere que yo le cuente a él lo horrible que la trata **su marido**... (17). Pero, yo nunca lo he visto... por lo menos nunca en **nuestra casa** (18).

ADRIÁN: Pues mira, ¡aquí están los famosos calcetines rojos! ¡Qué lástima que estos inocentes calcetines hayan provocado **nuestra riña** (19)!

MAGDALENA: Menos mal que los encontraste. ¡Ahora podemos dedicarnos a examinar por qué tú piensas que **nuestra conversación** (20) inocente era una riña!

1. _____ _____   11. _____ _____
2. _____ _____   12. _____ _____
3. _____ _____   13. _____ _____
4. _____ _____   14. _____ _____
5. _____ _____   15. _____ _____
6. _____ _____   16. _____ _____
7. _____ _____   17. _____ _____
8. _____ _____   18. _____ _____
9. _____ _____   19. _____ _____
10. _____ _____   20. _____ _____

I. Traducciones. *Rafaela habla de su matrimonio.*

1. The good part about my marriage is the fact that my husband does half of the housework.

   _____

   _____

2. He knows that my work is as important as his.

   _____

3. Manolo is sensitive, liberal, and very flexible.

   _____

4. If we have a fight, he always insists that we make up before going to bed.

   _____

   _____

5. The only thing that bothers me is that he's not very sociable.

   _____

COMPOSICIÓN

J. La violencia doméstica. *Escriba Ud. un tema breve en que reaccione Ud. a los comentarios del ejercicio F sobre la violencia doméstica. Incluya sus ideas sobre las posibles causas y soluciones.*

_____

_____

_____

_____

_____

_____

_____

_____

 Lección 17

Lección 18

Celebremos la vida

PRÁCTICA DE VOCABULARIO

A. Juego de palabras. *Escriba palabras que se asocien con la palabra central de cada dibujo.*

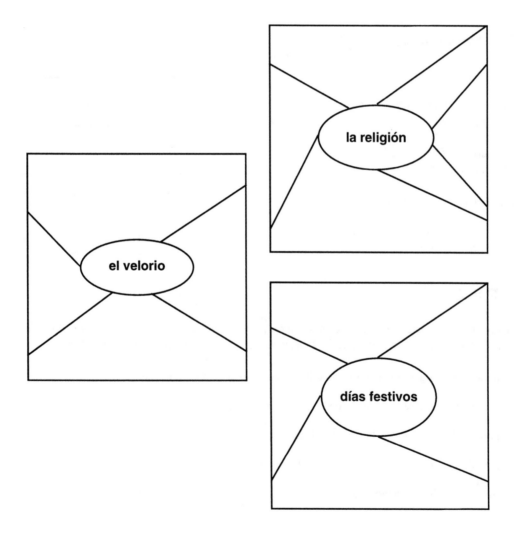

319

B. Definiciones. *Busque Ud. la palabra que mejor corresponda a las definiciones siguientes.*

deprimido	pastor	juntar	festejar
felicidad	rabino	suceder	velorio

1. Sinónimo de "pasar". _____

2. Líder religioso de la gente judía. _____

3. Líder religioso de la gente protestante. _____

4. Sentimiento de mucha alegría. _____

5. Hacer una fiesta o celebrar. _____

6. Sinónimo de "muy triste". _____

7. Reunir a un grupo de personas o cosas. _____

8. Reunión de parientes y amigos cuando una persona muere. _____

C. Los días festivos. *Escriba Ud. el nombre del día festivo que se asocia con cada grupo de palabras.*

1. disfrazarse, bailar, desfiles, la Pascua _____

2. un brindis, despedirse del año viejo _____

3. solemne, cementerio, rezar por los almas
   de amigos y parientes _____

4. alegre, regalos, desfiles, camellos,
   después de la Navidad _____

5. católico, santos, desfiles religiosos, siete días _____

6. la Misa del gallo, villancicos, reunirse con
   la familia, la Nochebuena _____

ESTRUCTURA

D. Para hablar en el pasado... *Las siguientes frases describen los varios usos del pretérito y del imperfecto. Léalas y escriba una P si se refiere al pretérito y una I si se refiere al imperfecto.*

_____ 1. para poner énfasis en el comienzo o la terminación de una acción en el pasado

_____ 2. para describir deseos y condiciones físicas, emocionales y mentales en el pasado

_____ 3. para hablar de la hora y la edad en el pasado

_____ 4. para describir o narrar una acción concluida o una serie de acciones concluidas

_____ 5. para hablar de una acción que ocurrió un número específico de veces en el pasado

_____ 6. para describir a personas o cosas en el pasado

_____ 7. para describir la escena de un evento que ocurrió en el pasado

_____ 8. para hablar de acciones repetidas o habituales en el pasado

   Lección 18

_____ 9. para indicar un cambio en un estado físico, emocional o mental durante un momento específico del pasado

_____ 10. para describir una acción del pasado que todavía ocurría en el momento al que se refiere

_____ 11. para hablar de una acción del pasado cuyo comienzo o fin no está indicado

E. Ejemplos. *Refiérase al ejercicio D y busque el número del uso que mejor corresponda a cada frase. Siga el modelo.*

> **MODELO:** José se levantó, se bañó, se afeitó y salió para la oficina.
> **#4. para describir o narrar una acción concluida o una serie de acciones concluidas**

1. Cuando Marta era pequeña, iba a la playa todos los veranos con su familia.

   _____

2. Al ver el anillo de comprometido, Magda se puso muy feliz.

   _____

3. El abuelo de la novia era un hombre alto y delgado, y era muy simpático.

   _____

4. Era una noche tranquila. La luna brillaba en lo más alto del cielo y no se podía oír el ruido de la ciudad abajo.

   _____

5. Marta bailaba mientras la orquesta tocaba su canción favorita.

   _____

6. El niño se sentía mal, estaba muy enojado y quería volver a su casa.

   _____

7. Era muy tarde. Eran casi las once de la noche.

   _____

8. A la una en punto el concierto empezó.

   _____

9. Paco entró en el salón, saludó a los invitados y en seguida se sentó al lado de Rebeca.

   _____

10. Cuando Celia gritó, todos la miraron sorprendidos.

   _____

11. Volvimos a ese restaurante tres veces la semana pasada porque la comida es maravillosa.

   _____

F. Visitas de familia. *Escriba frases que expresen qué hacían las siguientes personas en el momento en que sus familias vinieron a visitarlas. Siga el modelo.*

      MODELO: Beatriz: hablar con el cura / sus hermanos—llegar
              Beatriz hablaba con el cura cuando sus hermanos llegaron.

1. Laurencio: ir a misa / sus tías—verlo

    _____

2. Marisa: celebrar el día de su santo / su prima—tocar a la puerta

    _____

3. Norma y Marcos: brindar el bautizo de su nieto / sus sobrinos—entrar en la fiesta

    _____

4. Ricardo: reunirse con amigos del trabajo / su hijo—llegar a la oficina

    _____

5. Héctor: mirar el desfile en la tele / sus tíos—llegar en taxi del aeropuerto

    _____

G. La niñez de Patricia. *Mire Ud. los siguientes dibujos y la tarjeta de información. Luego forme preguntas en el pasado que incluyan la información necesaria, y contéstelas. Use el pretérito o el imperfecto según el contexto. Siga el modelo.*

      MODELO: qué deporte / jugar Patricia
              ¿Qué deporte jugaba Patricia?
              Patricia jugaba al tenis.

En general...

FELIZ DÍA DE SAN PATRICIO

En. 1991, en Chicago...

Nombre: Patricia Robles
Fecha de nacimiento: 17 de Marzo de 1981
Lugar de nacimiento: México D.F.
Intereses: jugar al tenis, bailar, cantar

 Lección 18

1. qué intereses / tener Patricia

_____

_____

2. cómo / ser Patricia

_____

_____

3. cómo / celebrar en general Patricia el día de su santo

_____

_____

4. quiénes / asistir a sus fiestas generalmente

_____

_____

5. cuántos años / tener Patricia en 1994

_____

_____

6. dónde / nacer Patricia

_____

_____

7. qué / hacer Patricia en el día de su santo en 1991

_____

_____

8. dónde / celebrar Patricia el día de su santo en 1991

_____

_____

H. Acciones recíprocas. *Complete Ud. la siguiente tabla con los pronombres recíprocos correctos.*

nosotros(as)	
vosotros(as)	
ellos	
ellas	
Uds.	

¿Por qué no hay pronombres recíprocos para las formas **yo, tú, él, ella, Ud.***?*

_____

_____

_____

I. ¿Qué hacen? *Escoja Ud. verbos de la lista siguiente y escriba frases que expresen qué hacen las personas en las situaciones indicadas. Hay muchas posibilidades. Siga el modelo.*

> **MODELO:**   Laura está en Francia de vacaciones y ella y su novio se extrañan.
> **Ellos se escriben todos los días.**

abrazar	besar	ayudar	brindar	contar	felicitar	llamar
mostrar	pedir consejos	saludar	ver	escribir	reñir	

1. Dos mujeres muy amigas acaban de mudarse (*to move*) a la misma ciudad. Viven en la misma calle.

   _____

2. Dos hermanas pequeñas se enojan mientras juegan juntas.

   _____

3. Una hija sale de la casa de sus padres para ir a vivir en una ciudad muy lejos. La hija y la madre se extrañan mucho.

   _____

4. El cura acaba de casar a los novios. ¿Qué hacen inmediatamente después de la ceremonia?

   _____

5. Dos mujeres que se conocen se ven en un almacén.

   _____

6. Dos hombres, viejos amigos, se encuentran en el hospital después del nacimiento de su primer nieto.

   _____

 Lección 18

J. ¿Y Ud.? *Escriba Ud. frases que expresen cuándo Ud. y sus amigos y parientes hacen las siguientes acciones. Siga el modelo.*

> **MODELO:** abrazarse
> **Mi abuela y yo nos abrazamos cada vez que nos vemos.**

1. abrazarse _____

2. llamarse por teléfono _____

3. ayudarse _____

4. darse regalos _____

5. felicitarse _____

6. escribirse _____

7. contarse chistes _____

8. besarse _____

K. Traducciones. *Una pareja feliz.*

1. Vicente and Ema love each other very much.

   _____

2. They call each other from work to tell each other how much they miss each other.

   _____

   _____

3. Yesterday Vicente sent Ema flowers because he knew that she wasn't feeling well.

   _____

   _____

4. When she saw the flowers, she felt much better.

   _____

5. It's probable that they'll get married next year.

   _____

COMPOSICIÓN

L. Los días festivos. *Describa Ud. brevemente un día festivo memorable. Incluya qué hizo, con quién lo celebró y cuántos años tenía.*

Días festivos: el Año Nuevo, el Día de los Enamorados, La Navidad, el Jánuca, el Día de Acción de Gracias (*Thanksgiving*), el Día de la Madres, el Día del Padres

_____

_____

_____

_____

_____

_____

_____

_____

_____

Respuestas para el cuaderno de ejercicios

UNIDAD PRELIMINAR
SECCION 1

A. El alfabeto.

c, ch, f, h, k, m, ñ, p, rr, u, x, z

1. 30
2. ch, ll, ñ, rr
3. a, e, i, o, u

B. Los nombres.

1. ge
2. hache
3. jota
4. che
5. doble ve (doble uve)
6. equis
7. erre
8. elle
9. i griega
10. zeta

C. ¿Cómo se pronuncia... ?

1. hospi<u>tal</u>
2. na<u>ción</u>
3. <u>nue</u>vo
4. <u>u</u>no
5. exage<u>ra</u>do
6. elegante<u>men</u>te
7. es<u>tar</u>
8. <u>fút</u>bol
9. ho<u>tel</u>
10. masculini<u>dad</u>
11. <u>te</u>nis
12. dieci<u>séis</u>
13. ac<u>triz</u>
14. ac<u>tor</u>
15. <u>ca</u>sa

(Possible answers)

1. The word "hospital" is stressed on the last syllable because it ends in a consonant other than "n" or "s".
2. The word "nuevo" is stressed on the next-to-last syllable (or first syllable, here) because it ends in a vowel.
3. The word "tenis" is stressed on the next-to-last syllable because it end in an "s".

D. Los diptongos.

I. 1. miércoles
2. jueves
3. viernes

II. 1. lunes
2. martes
3. sábado
4. domingo

E. Cognados.

1. a. popularity
   b. university
   -ty
   c. nationality
   d. superiority

2. a. vacation   c. cooperation

    b. section   d. election

    -tion

3. a. officially   c. normally

    b. probably   d. liberally

    -ly

4. a. specialist   c. specimen

    b. stupor   d. study

    s-

F. Categorías.

Foods	Places	Clothing/Accessories
tomate	hospital	chaqueta
mermelada	estación de trenes	suéter
pera	museo	pantalones
yogur	farmacia	botas
sándwich	discoteca	brazalete
limón	universidad	blusa

G. Un anuncio.

el inventario   danza

fabulosos   modernas

aeróbicos   accesorios

gimnasia

SECCIÓN 2

A. ¿Qué responde Ud.? *(Possible answers)*

Conversación 1:

—Buenos días, Sra. Martínez.

—Buenos días, Srta. Gómez.

—¿Cómo está Ud.?

—Bien, gracias. ¿Y Ud.?

—Estoy bien, gracias.

—Bueno. Adiós.

—Adiós. Recuerdos a la familia.

Conversación 2:

—Hola, Rafael. ¿Qué hay de nuevo?

—Nada en especial. ¿Qué tal?

—Regular. Bueno, voy a clase. ¡Chau!

—Hasta luego.

Conversación 3:

—Buenas. Me llamo Enrique Solá.

—Mucho gusto. Y yo me llamo Cristina Fernández. Le presento a mi amiga Beatriz Muñoz.

—Mucho gusto, Beatriz.

—Encantada, Enrique.

B. ¿Qué tal?

1. ¡Fenomenal! / ¡Estupendo!
2. Fatal.
3. Bien, gracias. ¿Y tú / usted?
4. Regular. / Así, así. / Bastante bien.

C. La cortesía.

1. Muchas gracias.
2. Sí, por favor.
   No, gracias.
3. De nada.
4. Perdón.
5. Perdón.
6. Con permiso.

D. Entre nosotros.

1. Nicolás—él
2. Héctor y José—ellos
3. you (a friend)—tú
4. you (your professor)—Ud.
5. yourself—yo
6. Marta y María—ellas
7. yourself and a female friend—nosotros(as)
8. you (two female friends—Spain)—vosotras

E. Los sujetos.

1. yo
2. tú
3. Ud.
4. Uds. (vosotros *in Spain*)
5. él
6. ella
7. nosotros
8. ellas
9. ellos
10. ellos

F. Ejemplos. *(Possible answers)*

1. With two of my professors.
   With two adults whom I don't know.
2. In Spain, with my friends.
   In Spain, with my brothers.
3. With my friend.
   With my sister.
4. With my professor.
   With my doctor.
5. In Spain, with two or more girlfriends.
   In Spain, with my sisters.

G. Así soy yo.

1. yo soy
2. tú eres
3. él es
4. ella es
5. Ud. es

6. nosotros somos
7. vosotros sois
8. ellos son
9. ellas son
10. Uds. son

H. Descripciones. (*Possible answers*)

1. Mother Teresa es (optimista).
2. Mr. Rogers es (amable).
3. Madonna es (materialista).
4. El estudiante es (responsable).

5. El profesor es (interesante).
6. El Presidente Clinton es (inteligente).
7. Barbara Walters es (realista).
8. Yo soy (optimista).

I. Preguntas. (*Possible answers*)

1. Yo soy (optimista).
2. Yo soy de (Ohio).
3. El profesor es (Julio López).
4. Yo soy (norteamericano).
5. Una persona famosa es (Hillary Clinton).

J. Más preguntas. (*Answers may vary.*)

K. Estoy bien, gracias, ¿y... ?

1. estoy
2. estás
3. está
4. está
5. está

6. estamos
7. estáis
8. están
9. están
10. están

L. Escenas.

1. La Sra. Rivas está ocupada. Está en la oficina.
2. Jorge está mal. Está en casa.
3. Arturo y Laura están bien. Están en clase.
4. Miri y Olivia están cansadas. Están en la universidad.
5. Estoy (bien). Estoy (en casa). (*Answers may vary.*)

M. Los números.

1. Veinte menos uno son diecinueve.
2. Quince más tres son dieciocho.
3. Cero más trece son trece.
4. Diez menos diez es cero.
5. Ocho menos uno son siete.
6. Quince más cinco son veinte.
7. Doce menos siete son cinco.
8. Dos más diecisiete son diecinueve.
9. Catorce menos tres son once.
10. Diez más seis son dieciséis.

N. Aviso cultural. *Greetings.*

1. They kiss each other on one or both cheeks.
2. They shake hands or embrace.
3. They kiss each other on one or both cheeks.

SECCIÓN 3

A. ¿Qué hay? *(Possible answers)*

1. Hay medicina, doctores y pacientes en el hospital.
2. Hay autobiografías, obras de arte, diccionarios, mapas y enciclopedias en la biblioteca.
3. Hay autobuses, mapas y personas en la estación de autobuses.
4. Hay programas malos, programas interesantes, programas educativos y actores en la televisión.
5. Hay café, limonada, sándwiches y sopa en la cafetería.

B. ¿Y dónde están? *(Possible answers)*

1. Los diccionarios están en la biblioteca.
2. El café está en la cafetería.
3. Los actores están en la televisión.
4. La medicina está en el hospital.
5. La sopa está en la cafetería.
6. Los pacientes están en el hospital.
7. Las enciclopedias están en la biblioteca.
8. Los mapas están en la biblioteca y en la estación de autobuses.
9. Los autobuses están en la estación de autobuses.
10. Los programas educativos están en la televisión.

C. Palabras para la clase.

1. el calendario
2. el mapa
3. la profesora
4. la ventana
5. el bolígrafo
6. el libro
7. la puerta
8. el diccionario
9. el cuaderno
10. la silla
11. la tiza
12. el lápiz
13. el escritorio
14. la pizarra
15. la pared

D. ¿Uno o dos?

un libro	unos libros	el libro	los libros
una blusa	unas blusas	la blusa	las blusas
un señor	unos señores	el señor	los señores
una actriz	unas actrices	la actriz	las actrices
una foto	unas fotos	la foto	las fotos
un actor	unos actores	el actor	los actores
un planeta	unos planetas	el planeta	los planetas
un mapa	unos mapas	el mapa	los mapas
un muchacho	unos muchachos	el muchacho	los muchachos
un profesor	unos profesores	el profesor	los profesores
una universidad	unas universidades	la universidad	las universidades

LECCIÓN 1
PRÁCTICA DE VOCABULARIO

A. Respuestas lógicas.

1. Encantado.
2. Sí, como no.
3. No es nada.
4. De nada.
5. En la biblioteca.
6. Busco libros.
7. No, acabo de tomar café.
8. Felicitaciones.

B. Palabras relacionadas. *(Possible answers)*

Cosas que necesito para hacer la tarea: papel, un bolígrafo, un diccionario, un libro, una máquina de escribir...

Actividades que hago con frecuencia: comprar, contestar, charlar, escuchar, estudiar, hablar, pagar, practicar, preguntar, trabajar...

Edificios en el recinto donde voy con frecuencia: la biblioteca, el centro estudiantil, el gimnasio, el laboratorio de lenguas, la librería, la residencia...

C. Palabras asociadas. *(Answers may vary.)*

D. De uso común. *(Possible answers)*

1. ¡Peste! Necesito estudiar.
2. ¡Qué bien! Sí, deseo tomar un café.
3. ¡Chévere! Sí, deseo un poco.
4. ¡Caramba! No vamos a bailar.
5. ¡Estupendo! Compro más cassettes.

ESTRUCTURAS

E. Una tabla de referencia.

busco	buscas	busca	buscamos	buscáis	buscan
charlo	charlas	charla	charlamos	charláis	charlan
deseo	deseas	desea	deseamos	deseáis	desean
estudio	estudias	estudia	estudiamos	estudiáis	estudian
miro	miras	mira	miramos	miráis	miran
hago	haces	hace	hacemos	hacéis	hacen
voy	vas	va	vamos	vais	van

F. Práctica de los verbos.

ROSA: voy, Vas

VICENTE: miro, Es, necesitamos, busco, compra, necesita, regreso, preparo, va, toman, charlan, pasan

ROSA: deseo, necesito, Deseo

1. Va a la biblioteca.
2. No, él no va con ella.
3. Necesita ir a la librería.
4. Busca un libro para la clase de español.
5. No, ella necesita bolígrafos, libros y cassettes.
6. Él regresa a la residencia y prepara la tarea para mañana.
7. Toman café.
8. Desea ir con ellos.

G. Una encuesta.

1. Noventa y nueve
2. Ochenta y dos
3. Setenta y siete
4. Sesenta y cinco
5. Cincuenta y ocho
6. Cuarenta y nueve
7. Treinta y tres
8. Veintiún
9. quince
10. un

H. Mi horario. *(Possible answers)*

1. A las once menos diez de la mañana estoy en la clase de español.
2. A las once y media de la mañana estoy en el laboratorio de lenguas.
3. A las dos menos cuarto de la tarde estoy en la cafetería.
4. A las seis y cuarto de la tarde estoy en el centro estudiantil.
5. A las ocho y veinte de la noche estoy en la biblioteca.
6. A medianoche estoy en la residencia.

I. ¿Qué hay en la televisión? *(Possible answers)*

1. Son las dos y media. Voy a mirar (*El doctor Who* en el canal Telemadrid).
2. Son las seis. Voy a mirar (*Rockopop* en el canal TVE-1).
3. Son las siete menos cuarto. Voy a mirar (*Concierto* en el Canal Sur).
4. Son las ocho menos veinticinco. Voy a mirar (*Remington Steele* en el canal TVE-1).
5. Son las ocho y media. Voy a mirar (*Telediario fin de semana* en el canal TVE-1).
6. Son las diez y veinte. Voy a mirar (*La hija de Ryan* en el canal TVE-1).

AVISO CULTURAL

K. ¿Dónde compra Ud.?

1. una relojería
2. una papelería
3. una pizzería
4. una frutería
5. una lechería

LECCIÓN 2
PRÁCTICA DE VOCABULARIO

A. ¿En qué grupo? *(Possible answers)*

El negocio	Las matemáticas	Las lenguas	Las personas de la universidad
la contabilidad	el álgebra	el francés	la maestra
la economía	la geometría	el alemán	el consejero
		el italiano	la decana
		el español	el instructor
		el inglés	el profesorado

Las ciencias	Las humanidades	Las ciencias sociales	Las cosas en el aula
la biología	el arte	la historia	el examen
la química	la música	la sicología	la lección
la medicina	la literatura	las ciencias políticas	la prueba
		la sociología	el libro
			el video

B. Frases útiles.

1. No comprendo.
2. ¿Cómo se escribe... ?
3. ¿Qué significa... ?
4. Más lento, por favor.
5. No sé.

C. ¿Dónde hace Ud. las actividades?

1. Yo compro papel y bolígrafos en la librería.
2. Yo repaso la tarea en el aula.
3. Yo aprendo a pronunciar bien en el laboratorio de lenguas.

4. Yo como un sándwich en la cafetería.

5. Yo practico el béisbol en el campo deportivo.

6. Yo vivo en la residencia.

7. Yo charlo con el profesor en el despacho.

8. Yo escribo una composición en la biblioteca (en el dormitorio).

9. Yo hago ejercicios aeróbicos en el gimnasio.

10. Yo tomo café y hablo con amigos en el centro estudiantil.

11. Yo estudio para un examen en el dormitorio (en la biblioteca).

D. Pobre Bruno.

1. No, los exámenes están <u>debajo del</u> libro.

2. No, la profesora está <u>delante de</u> los estudiantes.

3. No, los estudiantes están <u>preocupados (tristes)</u>.

4. No, la profesora es <u>trabajadora</u>.

5. No, los estudiantes son <u>perezosos</u>.

6. No, es <u>septiembre</u>.

7. No, es una clase de <u>historia</u>.

8. No, la persona delante de la clase es <u>la profesora</u>.

Answers may vary. (Possible answers)

1. La profesora está en el aula.

2. La profesora es aplicada.

3. Los estudiantes están aburridos.

4. Los estudiantes son perezosos.

ESCTRUCTURAS

E. ¿Qué tienen en común?

	aprender (-er)		escribir (-ir)
yo		*aprendo* *escribo*	
tú		aprendes escribes	
él, ella, Ud.		aprende escribe	
nosotros(as)	aprendemos		escribimos
vosotros(as)	aprendéis		escribís
ellos, ellas, Uds.		aprenden escriben	

F. ¡Más información, por favor! *(Possible answers)*

1. Yo vivo en la residencia.
2. Yo leo libros de sociología.
3. Mi mejor amigo aprende el español.
4. Mi mejor amiga decide tomar una clase de historia.
5. Mi papá comprende matemáticas.
6. Mi papá insiste en asistir a una clase de arte.
7. Mi mamá debe estudiar mucho.
8. Mi mamá escribe frases originales en español.
9. Mi profesor insiste en dar muchos exámenes.
10. Mi profesor vive en un apartamento.

G. ¿Cómo son? *(Possible answers)*

Santiago es guapo, pobre y bajo.

Cecilio y Cecilia son altos, inteligentes y rubios.

Berta es vieja, rica y simpatica.

Answers may vary.

H. Descripciones correctas.

1. g	2. c	3. e	4. a
5. d	6. h	7. f	8. b

Answers may vary.

1. *Don Quijote de la Mancha* es un gran libro.
2. Albert Einstein es un gran hombre.
3. Shaquille O'Neal es un hombre grande.
4. Mother Teresa es una gran mujer.
5. Roseanne Arnold es una mujer grande.
6. Un Mercedes Benz es un gran coche.
7. Una limosina es un coche grande.

I. Más adjetivos.

1. Leo tres libros interesantes.
2. Dos profesoras alemanas enseñan la clase.
3. Vivo con dos muchachos simpáticos.
4. Pablo es un buen instructor español.
5. Prepara mucha tarea difícil.
6. El maestro da pocos exámenes fáciles.

J. Ser y estar.

estar	ser
estoy	soy
estás	eres
está	es
estamos	somos
estáis	sois
están	son

(Possible answers)

Ser	**Estar**
1. Nosotros somos mexicanos.	1. Ella está triste.
2. Tú eres bueno.	2. Yo estoy enferma.
3. Es tarde.	3. Vosotros estáis contentos.
4. Ustedes son inteligentes.	4. Él está con ellos.
5. Son las cinco de la tarde.	5. Nosotros estamos cansados.

K. Las personas muy famosas. *(Answers may vary.)*

L. ¿Ser, estar, o hay?

RITA: Hay, Son, son

EMA: son, está, son, es

RITA: es, Es, está, estoy, es

EMA: hay, estoy, es, Es

RITA: está, estoy

1. Hay cuatro libros en la mesa.
2. Los libros son de la profesora.
3. Son las dos menos veinte.
4. La profesora es de Chile.
5. La profesora es muy interesante.
6. La profesora es muy paciente.

M. Muchas posibilidades.

1. a. en el aula *and* d. triste
2. d. de Colorado
3. b. delante de los estudiantes
4. b. muy guapo, c. pobre, *and* d. simpático
5. a. la una, b. de plástico, *and* d. japonés

N. Hablamos de las materias.

de la, de las, del, del, del, de la, del

LECCIÓN 3
PRÁCTICA DE VOCABULARIO

A. ¿Quién? *(Possible answers)*

1. El contador trabaja con números.
2. El camarero trabaja con cocineros.
3. El médico trabaja con personas enfermas.
4. El abogado trabaja con jueces.
5. El secretario trabaja con máquinas de escribir.
6. El programador trabaja con computadoras.
7. El arquitecto trabaja con edificios.
8. El profesor trabaja con estudiantes.
9. El músico trabaja con música.
10. El farmacéutico trabaja con medicinas.

B. Anuncios de empleo. *(Possible answers)*

1. enfermeros, médicos
2. cocineros, camareros, gerente
3. programadores, secretarios
4. obreros, gerente, secretarios
5. contadores, hombres/mujeres de negocios
6. sicólogos, siquiatras, médicos

C. Actividades. *(Answers may vary.)*

ESTRUCTURAS

D. ¿Dónde cambia?

recomiendo	pierdo	prefiero
recomiendas	pierdes	prefieres
recomienda	pierde	prefiere
recomendamos	perdemos	preferimos
recomendáis	perdéis	preferís
recomiendan	pierden	prefieren

E. Cambios e → ie.

1. empieza
2. prefiere
3. comienza
4. recomienda
5. cierra
6. quiere
7. piensa
8. pierde

F. ¡Aún más cambios!

encuentro	puedo	duermo	juego
encuentras	puedes	duermes	juegas
encuentra	puede	duerme	juega
encontramos	podemos	dormimos	jugamos
encontráis	podéis	dormís	jugáis
encuentran	pueden	duermen	juegan

G. Cambios o → ue.

1. cuenta
2. recuerda
3. duerme
4. encuentra
5. vuelve
6. puede
7. muestra
8. cuesta

H. La entrevista final.

GERENTE: recomiendan, piensa

CANDIDATO: entiendo, llueve, nieva, niego, prefiero, vuelvo

GERENTE: Quiero, Puede

CANDIDATO: Almuerzo, vuelvo

I. ¿A qué hora? *(Answers may vary.)*

1. Almuerzo a las doce.
2. Prefiero estudiar a las ocho.
3. Vuelvo de la cafetería a la una.
4. Empiezo a estudiar a las diez.
5. Puedo charlar con los amigos a las seis.
6. Juego al tenis a las dos.
7. Cierro los libros a las once y media.
8. Duermo a medianoche.

J. Tener *and* venir.

tengo	vengo
tienes	vienes
tiene	viene
tenemos	venimos
tenéis	venís
tienen	vienen

K. Una fiesta en la oficina.

viene, viene, tiene, venimos, tenemos, tengo, vienes, tienes, vienen, tienen.

L. Cuando tengo... necesito... *(Possible answers)*

1. Cuando tengo calor, necesito abrir todas las ventanas.
2. Cuando tengo ganas de bailar, necesito ir a una discoteca.
3. Cuando tengo sed, necesito beber una limonada.
4. Cuando tengo hambre, necesito comer un sándwich.
5. Cuando tengo miedo, necesito llamar a la policía.
6. Cuando tengo sueño, necesito dormir.
7. Cuando tengo frío, necesito buscar un suéter.
8. Cuando tengo ganas de leer, necesito ir a la biblioteca.
9. Cuando tengo mucho éxito en la vida, necesito escribir mi autobiografía.

M. ¿De quién es?

mi, mis

tu, tus

su, sus

nuestro, nuestra, nuestros, nuestras

vuestro, vuestra, vuestros, vuestras

su, sus

N. Al contrario.

siempre—nunca/jamás

también—tampoco

algo—nada

alguien—nadie

O. Dos chicos diferentes.

1. Manuel no habla con nadie interesante.
2. Manuel nunca trabaja por dos horas.
3. Manuel no come nada por la mañana.
4. Manuel nunca va a las fiestas.
5. Manuel no va a conciertos tampoco.
6. Manuel no lee nada interesante en el periódico.
7. Nadie trabaja con Manuel.
8. Manuel no tiene suerte tampoco.

LECCIÓN 4
PRÁCTICA DE VOCABULARIO

A. Los colores. *(Answers may vary.)*

1. El árbol es verde.
2. La banana es amarilla.
3. La rosa es roja.
4. El coche de mis padres es negro (blanco, etc.)
5. El helado de vainilla es blanco.
6. Mi libro de español es negro, amarillo, blanco, rojo, verde y morado.
7. Mi bolígrafo es azul (amarillo, etc.)
8. La limonada es amarilla.
9. La pizarra es negra.
10. La tiza es blanca.

B. Parientes.

1. madre	2. cuñado	3. padres	4. hermano	5. tíos
6. abuelo	7. primo	8. suegros	9. nietos	10. novia

C. Opuestos.

1. esposa (mujer)	2. casado	3. negro	4. barato	5. corto
5. mayor	7. mal educado	8. la muerte	9. la cena	10. el campo

ESTRUCTURAS

D. Verbos irregulares.

conozco	doy	pongo	sé
conoces	das	pones	sabes
conoce	da	pone	sabe
conocemos	damos	ponemos	sabemos
conocéis	dais	ponéis	sabéis
conocen	dan	ponen	saben

salgo	traigo	veo	digo	oigo
sales	traes	ves	dices	oyes
sale	trae	ve	dice	oye
salimos	traemos	vemos	decimos	oímos
salís	traéis	veis	decís	oís
salen	traen	ven	dicen	oyen

E. El hermano menor.

1. Yo salgo ahora también.
2. Conduzco a la universidad también.
3. Conozco a un profesor de México también.
4. Sé cálculo y álgebra también.
5. Digo ¡Feliz cumpleaños! también.
6. Traigo regalos para los primos también.
7. Veo a mi novia todos los días también.
8. Quiero ayudar a mamá también.
9. Pongo la mesa todas las noches también.
10. Siempre obedezco a mamá también.
11. Hago mi tarea antes de mirar la televisión también.
12. Nunca miento tampoco.
13. Siempre vengo a tiempo también.
14. Cuento chistes muy buenos también.

F. Una reunión familiar.

1. Yo conozco a todas las personas.
2. Nosotros escuchamos los chistes de papá.
3. Mi hermano ve el coche de los tíos.
4. Yo veo a mi tía Luisa.
5. Mi mamá lleva a la abuela a la fiesta.
6. José invita a sus suegros también.
7. Pedro y Marta llevan sus cassettes.
8. Tú esperas a los abuelos.
9. Yo traigo helado.
10. El abuelo mira a todos sus nietos.
11. Nosotros vemos a alguien que no conocemos.
12. Paquita llama a su marido.

G. ¿A quién ves? ¿Qué ves?

1. ¿A quién(es) conoce Ud. (conoces tú)?
2. ¿Qué escuchan Uds.?
3. ¿Qué ve su (tu) hermano?
4. ¿A quién ve Ud. (ves tú)?
5. ¿A quién lleva su (tu) mamá a la fiesta?
6. ¿A quién(es) invita José?
7. ¿Qué llevan Pedro y Marta?
8. ¿A quién(es) espero yo?
9. ¿Qué trae Ud. (traes tú)?
10. ¿A quién(es) mira el abuelo?
11. ¿A quién(es) ven Uds.?
12. ¿A quién llama Paquita?

H. Chistes.

PEDRO: sabes, conozco

PAQUITA: conoces

PEDRO: conozco, sé, sé

PAQUITA: conoces, sé, sabes, sabes

PEDRO: sabes, sabe, conozco, conozco, sé.

PAQUITA: conoces, sabes, sabes, conoces, sabes

I. ¿Saber o conocer? *(Answers may vary.)*

1. Yo conozco Europa.
2. Mi padre sabe jugar al golf.
3. Mi madre conoce a alguien famoso.
4. Mi hermano sabe conducir.
5. Mis primos conocen a mi mejor amigo.
6. Mis tíos saben hablar español.
7. Mis abuelos saben bailar bien.
8. Mi novio conoce la música de Jon Secada.

J. Las cuatro estaciones. *(Possible answers)*

la primavera	marzo, abril, mayo	Hace fresco. Llueve.
el verano	junio, julio, agosto	Hace calor. Hace sol.
el otoño	septiembre, octubre, noviembre	Hace fresco. Hace viento. Hace buen tiempo.
el invierno	diciembre, enero, febrero	Hace frío. Nieva. Hace mal tiempo.

K. ¡Feliz cumpleaños!

1. La fecha de nacimiento de la abuela es el nueve de julio de mil novecientos treinta y tres.
2. La fecha de nacimiento de papá es el diez de febrero de mil novecientos cincuenta y uno.
3. La fecha de nacimiento de la tía Juana es el veinte y seis de junio de mil novecientos cuarenta y siete.
4. La fecha de nacimiento de Julita es el veinte y siete de marzo de mil novecientos ochenta y cinco.
5. La fecha de nacimiento de Anita es el trece de noviembre de mil novecientos setenta.
6. La fecha de nacimiento del bisabuelo es el diez de octubre de mil ochocientos noventa y ocho.
7. La fecha de nacimiento de Vicente es el diez y seis de abril de mil novecientos setenta y cinco.
8. La fecha de nacimiento de Ema es el primero de enero de mil novecientos sesenta y seis.

L. Traducciones.

1. Voy a conocer a la familia de mi novio hoy.

2. Él tiene una familia muy grande: tres hermanos menores y dos hermanas mayores.

3. Vive en una casa grande en el campo.

4. Su madre es de San Juan y sabe cocinar comida puertorriqueña—arroz con gandules y más.

5. Su padre es dominicano y sabe bailar merengue.

AVISO CULTURAL

M. Hispanic names. Meet the López family.

1. mother
2. father
3. father

4. mother
5. López Moreno

LECCIÓN 5
PRÁCTICA DE VOCABULARIO

A. Palabras relacionadas.

1. pedir
2. repetir
3. el hogar
4. la bañera
5. la manta
6. solo
7. el cuadro

8. la estufa
9. pagar el alquiler
10. la estufa
11. el espejo
12. el sótano
13. la radio
14. armario

B. Compre en La Curaçao. *(Answers may vary.)*

1. a. sofás, sillones
2. a. un estéreo
   d. una nevera

b. mesas, sillas

b. una plancha
e. un televisor

c. camas, armarios

c. una cama
f. una estufa

C. En casa. *(Answers may vary.)*

1. el baño: fregar el suelo
2. la alcoba: hacer la cama
3. la sala de estar: arreglar los muebles
4. el patio: barrer

5. la cocina: cocinar la cena
6. el salón: pasar la aspiradora
7. el sótano: planchar

ESTRUCTURAS

D. Un estudio comparado.

mí (yo), ti (tú), él, ella, Ud., nosotros(as), vosotros(as), ellos, ellas, Uds.

1. según
2. incluso
3. menos

4. entre
5. salvo
6. excepto

E. Preguntas y respuestas.

1. conmigo, contigo
2. Uds., nosotros
3. tú, yo
4. ella, él
5. ellos, nosotros

F. ¿Qué están haciendo?

Yo estoy cocinando (comiendo, compartiendo) la cena.

Tú estás cocinando (comiendo, compartiendo) la cena.

Él, Ella, Ud. está cocinando (comiendo, compartiendo) la cena.

Nosotros(as) estamos cocinando (comiendo, compartiendo) la cena.

Vosotros(as) estáis cocinando (comiendo, compartiendo) la cena.

Ellos, Ellas, Uds. están cocinando (comiendo, compartiendo) la cena.

G. Actividades diarias.

1. Lilián está cocinando una paella.
2. Papá está limpiando el garaje.
3. La abuela está barriendo el suelo.
4. Tú estás fregando la bañera.
5. Rosita está haciendo la cama.

6. Jorge está arreglando su cuarto.
7. Mamá está poniendo la mesa.
8. Nicolás y yo estamos lavando y secando la ropa.
9. Susana está leyendo el periódico.
10. Gloria y Raúl están chismeando.

H. Más cambios.

	servir		pedir	
yo	sirvo		pido	
tú	sirves		pides	
él, ella, Ud.	sirve		pide	
nosotros(as)		servimos		pedimos
vosotros(as)		servís		pedís
ellos, ellas, Uds.	sirven		piden	
forma progresiva del presente	sirviendo		pidiendo	

I. Una periodista curiosa. *(Answers may vary.)*

1. Sí, los atletas de mi universidad compiten hoy.

2. Sí, yo consigo buenas notas en mis clases.

3. Sí, mi profesor de español corrige los exámenes rápido.

4. Mis amigos siguen los cursos de biología, sociología y español.

5. Sí, nosotros elegimos a candidatos calificados para nuestro gobierno estudiantil.

6. Sí, sirven el desayuno en la cafetería.

7. Pido café en la cafetería.

8. Sí, repito las palabras de mi profesor para practicar la pronunciación.

J. Pero, ahora mismo.

1. Sí, los atletas de mi universidad están compitiendo hoy.

2. Sí, yo estoy consiguiendo buenas notas en mis clases.

3. Sí, mi profesor de español está corrigiendo los exámenes rápido.

4. Mis amigos están siguiendo los cursos de biología, sociología y español.

5. Sí, nosotros estamos eligiendo a candidatos cualificados para nuestro gobierno estudiantil.

6. Sí, están sirviendo el desayuno en la cafetería.

7. Estoy pidiendo café en la cafetería.

8. Sí, estoy repitiendo las palabras de mi profesor para practicar la pronunciación.

K. Los adjetivos demostrativos.

Esta habitación, Esos dos cuartos, Aquel cuarto, Este microondas, esta nevera, Estas sillas, aquel sillón, Ese sofá, Este perro, Esos pájaros, Aquel gato

L. Más demostrativos.

Ésta, esta, Este, Ésos, Éste, ése, Aquéllos, este.

Ésa, Esas, Éstas, Aquellos.

M. De compras en La Curaçao.

1. Prefiero esta mesa a aquella lámpara.
2. Prefiero este sillón a esta silla.
3. Prefiero estas camas a aquellas alfombras.
4. Prefiero esa nevera a ese televisor.
5. Prefiero aquel espejo a aquel cuadro.
6. Prefiero aquellas sábanas a aquellas mantas.
7. Prefiero ese radio a aquel espejo.
8. Prefiero estas sillas a esta mesa.
9. Prefiero este sofá a esa lavadora.
10. Prefiero ese lavaplatos a esa secadora.

N. ¿Qué marca prefiere Ud.?

1. ¿Prefiere Ud. este sillón o ése? Prefiero éste.
2. ¿Prefiere Ud. aquellas camas o éstas? Prefiero aquéllas.
3. ¿Prefiere Ud. esa nevera o aquélla? Prefiero ésa.
4. ¿Prefiere Ud. este espejo o ése? Prefiero éste.
5. ¿Prefiere Ud. aquellas sábanas o ésas? Prefiero aquéllas.
6. ¿Prefiere Ud. este radio o aquél? Prefiero éste.
7. ¿Prefiere Ud. estas sillas o ésas? Prefiero éstas.
8. ¿Prefiere Ud. ese sofá o aquél? Prefiero ése.

O. Una carta de Armando.

1. Voy a limpiarlo pronto. (Lo voy a limpiar pronto.)
2. Las tengo.
3. Voy a ponerlas en mi cama. (Las voy a poner en mi cama.)
4. Las arreglo antes de dormir.
5. Lo necesito barrer. (Necesito barrerlo.)
6. Quiero limpiarlas también. (Las quiero limpiar también.)
7. Tengo que fregarla. (La tengo que fregar.)
8. Después, voy a cocinarla. (Después, la voy a cocinar.)
9. Debo pasarla. (La debo pasar.)
10. Pero ahora estoy escribiéndola. (Pero ahora la estoy escribiendo.)

P. ¿Qué hace Ud. en cada situación?

1. Los limpio.
2. La sirvo.
3. Las plancho.
4. Lo arreglo.
5. Lo seco.
6. La friego.
7. La hago.
8. Lo alquilo.

Q. En el futuro.

1. Los voy a limpiar. Voy a limpiarlos.

2. Lo voy a servir. Voy a servirlo.

3. Las voy a planchar. Voy a plancharlas.

4. Lo voy a arreglar. Voy a arreglarlo.

5. Lo voy a secar. Voy a secarlo.

6. Lo voy a fregar. Voy a fregarlo.

7. La voy a hacer. Voy a hacerla.

8. Lo voy a alquilar. Voy a alquilarlo.

R. Traducciones.

1. Mamá, mi familia nunca me ayuda (no me ayuda nunca) con las tareas domésticas.

2. ¿Ves aquellos libros en el suelo? ¿Y la ropa sucia en la cama? Yo tengo que arreglarlos. (Yo los tengo que arreglar.)

3. ¿Y el suelo? Lo friego todos los días.

4. Y esas camas. Las hago también.

5. ¿Me ayudan los fines de semana? ¡De ninguna manera!

LECCIÓN 6
PRÁCTICA DE VOCABULARIO

A. Hablando por teléfono. *(Answers may vary.)*

1. ¿Está Roberto (Susana, etc.)?

2. Lo siento.
   Cuelgo.

3. Cuelgo. Vuelvo a llamar. (Marco el número otra vez).

4. Soy Paco (Rosa, etc.).

5. Vuelvo a llamar más tarde. Gracias. (¿Puedo dejar un recado?)

6. Paco (Rosa, etc.).

7. Cuelgo y hago la llamada más tarde.

B. El periódico.

1. El Diario: Local, página 2   Las Noticias del Mundo: Metropolitanas, páginas 2/4

2. El Vocero: Horóscopo, página 22   Las Noticias del Mundo: Horóscopo, página 12

3. El Vocero: Clasificados, página 25   Las Noticias del Mundo: Clasificados, páginas 18/19

4. El Vocero: Editorial, página 16   El Diario: Opinión, página 15

   Las Noticas del Mundo: Editorial / Enfoques, página 6

5. El Vocero: Televisión, página 22   Las Noticias del Mundo: Entretenimientos, página 12

6. El Diario: Internacional, página 13   Las Noticias del Mundo: Internacional, página 7

7. El Vocero: Deportes, página 28   El Diario: Deportes, página 40

   Las Noticias del Mundo: Deportes, páginas 13/17/20

C. Reacciones. (*Answers may vary.*)

1. ¡Qué suerte!
2. ¡Qué alegría!
3. ¡Qué lástima!

4. ¡Qué sorpresa!
5. ¡Qué pesado!

ESTRUCTURAS

D. Los pronombres del complemento directo e indirecto.

Subject pronouns	Direct objects pronouns	Indirect object pronouns
yo	me	me
tú	te	te
él	lo	le (se)
ella	la	le (se)
Ud.	lo, la	le (se)
nosotros(as)	nos	nos
vosotros(as)	os	os
ellos	los	les (se)
ellas	las	les (se)
Uds.	los, las	les (se)

E. Práctica de pronombres.

1. me
2. le
3. nos
4. le
5. les
6. te
7. les
8. nos
9. me
10. te

F. Regalos.

1. Yo le doy los juguetes a Pedrín.
2. Yo le doy el bolígrafo a la profesora.
3. Yo te doy dos relojes (a ti).

4. Yo les doy un coche a mis hermanos.
5. Yo les doy unos cassettes a mis tíos.
6. Yo le doy una guitarra a mi abuela.

G. Regalos otra vez.

1. Yo se los doy.
2. Yo se lo doy.
3. Yo te los doy.

4. Yo se lo doy.
5. Yo se los doy.
6. Yo se la doy.

H. Para hablar del pasado.

	prestar	devolver	asistir	ser/ir	hacer	dar
yo	presté	devolví	asistí	fui	hice	di
tú	prestaste	devolviste	asististe	fuiste	hiciste	diste
él, ella, Ud.	prestó	devolvió	asistió	fue	hizo	dio
nosotros(as)	prestamos	devolvimos	asistimos	fuimos	hicimos	dimos
vosotros(as)	prestasteis	devolvisteis	asististeis	fuisteis	hicisteis	disteis
ellos, ellas, Uds.	prestaron	devolvieron	asistieron	fueron	hicieron	dieron

I. Hoy y ayer.

1. compraron
2. aprendimos
3. asistió
4. leyó
5. pagué
6. dimos
7. hiciste
8. toqué
9. pintaste
10. fueron

J. Una lección de historia

1. salió, la India	5. hispanoamericana, comenzó
2. atómica, explotó	6. patentó, telégrafo
3. encontró, Livingston	7. vendieron, coche
4. Tea Party, pasó	8. llegó, América

K. Ayer en las telenovelas.

Magda descubrió, ella trató, David ayudó, ellos pintaron, Los dos le regalaron, Ernestina lo vio, le dio, Arturo llamó, (ella) fue, Elisa gritó, Nosotros no hicimos, Tú llamaste, él salió, Yo te esperé, tú no llegaste, Nosotros intentamos, tú saliste, (tú) no contestaste, yo le di, él me dio, nosotros hicimos, él fue, yo fui

L. ¿Cuánto tiempo hace que... ?

1. Hace dos semanas que fui a una fiesta.
2. Hace un mes que le di un regalo a alguien.
3. Hace una semana que hice una cita con mi novio(a).
4. Hace un día que leí el periódico.
5. Hace una hora que comencé a estudiar.
6. Hace un año que empecé a trabajar aquí.
7. Hace tres días que les escribí a mis padres.
8. Hace media hora que apagué la televisión.

M. Traducciones.

1. Marta, esta mañana fui a clase temprano.
2. Llegué a las 8:30.
3. El profesor nos dio un examen, pero fue fácil porque tú me ayudaste.
4. Después de la clase fui a un almacén y te compré un regalo.
5. No voy a decirte (No te voy a decir) qué te compré, pero voy a dártelo (te lo voy a dar) esta noche.

LECCIÓN 7
PRÁCTICA DE VOCABULARIO

A. Categorías. *(Possible answers)*

Verduras: aceitunas, cebollas, frijoles, guisantes, maíz, tomates...

Bebidas: batido, café, cerveza, jugo, leche, té, vino...

Cosas en la mesa: copa, cuchara, cuchillo, plato, taza, tenedor, vaso...

Palabras para describir la comida: delicioso, dulce, frito, picante, salado, sano...

B. Definiciones.

B. Definiciones.

1. la propina
2. la receta
3. los mariscos
4. el menú
5. sabroso
6. el cuchillo
7. el café
8. la torta
9. el jugo
10. la legumbre
11. la zanahoria
12. el maíz

C. Repasando los colores.

1. Los guisantes son verdes.
2. Las zanahorias son anaranjadas.
3. El vino tinto es rojo.
4. El maíz es amarillo.
5. Los tomates son rojos.
6. Las aceitunas son verdes (negras).
7. La pimienta es negra.
8. La sal es blanca.
9. El aceite de oliva es amarillo.
10. Los camarones son rosados. (blancos y rojos).

ESTRUCTURAS

D. Mis preferencias. *(Answers may vary.)*

1. Sí, me gusta la torta de chocolate.
2. Sí, me gustan los mariscos.
3. Sí, me gusta la leche.
4. Sí, me gusta el café.
5. No, no me gustan los tomates.
6. No, no me gusta el ajo.
7. Sí, me gusta el flan.
8. No, no me gustan las aceitunas.

E. Una cena típica en mi casa.

1. A mis hermanas les fascinan las gambas.
2. A mi madre le encantan los pasteles.
3. A mi padre le hace falta comer menos.
4. A mi hermanito le falta un tenedor.
5. A mi abuela le importa comer bien.
6. A mi abuelo le gusta el vino tinto.
7. A mí me molesta comer con mis hermanos.
8. A mí no me gusta cenar en casa.

F. Preguntas sobre Ud. *(Answers may vary.)*

1. Tres clases que me fascinan son...
2. Sí, mi profesor(a) de español me parece interesante. (Sí, me parece interesante mi profesor[a] de español).
3. Dos cosas que me molestan son...
4. Después de las clases me gusta...
5. Lo que me importa más es recibir buenas notas. (Recibir buenas notas me importa más).
6. Lo que más me encanta hacer es...

G. En el supermercado.

1. No, Rosita. Es para papá. Es para él.
2. No, Rosita. Es para Susana. Es para ella.

3. No, Rosita. Son para Carlos y José. Son para ellos.

4. No, Rosita. Es para la abuela. Es para ella.

5. No, Rosita. Es para Ana y Julia. Es para ellas.

6. No, Rosita. Son para papá y yo. Son para nosotros.

7. No, Rosita. Son para el abuelo. Son para él.

8. Sí, Rosita. Es para ti.

H. Comentarios sobre la comida.

1. por, por
2. Para
3. Por, por, por, por
4. para, para, para, por, para
5. para, para, para

6. para, para, para
7. por
8. por
9. Por, por
10. por, Por, para

I. Verbos irregulares.

	yo	tú	él, ella, Ud.	nosotros(as)	vosotros(as)	ellos, ellas, Uds.
andar	anduve	anduviste	anduvo	anduvimos	anduvisteis	anduvieron
conducir	conduje	condujiste	condujo	condujimos	condujisteis	condujeron
decir	dije	dijiste	dijo	dijimos	dijisteis	dijeron
estar	estuve	estuviste	estuvo	estuvimos	estuvisteis	estuvieron
poder	pude	pudiste	pudo	pudimos	pudisteis	pudieron
poner	puse	pusiste	puso	pusimos	pusisteis	pusieron
producir	produje	produjiste	produjo	produjimos	produjisteis	produjeron
querer	quise	quisiste	quiso	quisimos	quisisteis	quisieron
saber	supe	supiste	supo	supimos	supisteis	supieron
tener	tuve	tuviste	tuvo	tuvimos	tuvisteis	tuvieron
traducir	traduje	tradujiste	tradujo	tradujimos	tradujisteis	tradujeron
traer	traje	trajiste	trajo	trajimos	trajisteis	trajeron
venir	vine	viniste	vino	vinimos	vinisteis	vinieron

J. Cambios.

	yo	tú	él, ella, Ud.	nosotros(as)	vosotros(as)	ellos, ellas, Uds.
conseguir	conseguí	conseguiste	consiguió	conseguimos	conseguisteis	consiguieron
dormir	dormí	dormiste	durmió	dormimos	dormisteis	durmieron
mentir	mentí	mentiste	mintió	mentimos	mentisteis	mintieron
morir	morí	moriste	murió	morimos	moristeis	murieron
pedir	pedí	pediste	pidió	pedimos	pedisteis	pidieron
preferir	preferí	preferiste	prefirió	preferimos	preferisteis	prefirieron
repetir	repetí	repetiste	repitió	repetimos	repetisteis	repitieron
servir	serví	serviste	sirvió	servimos	servisteis	sirvieron

K. Una cena original.

Juan preparó, él anduvo, compró, Él escogió, Juan volvió, empezó, Cortó, probó, él puso, abrió, Él quiso, pudo, Raquel llegó, Juan le dijo, él le sirvió, Raquel le dio, los dos lavaron

L. Traducciones.

1. **MAMÁ:** Voy a preparar gambas para la cena esta noche.

2. **PEDRÍN:** Mamá, tú sabes que no me gustan las gambas. Las probé en casa de la Tía Juana. No quiero comerlas (No las quiero comer) esta noche.

3. **MAMÁ:** Pues, ¿prefieres el pescado? O puedo comprar carne.

4. **PEDRÍN:** No me importa. Me gustan la carne y el pescado. Y, para el postre… sabes que me encantan los pasteles.

5. **MAMÁ:** Bueno, pero debes comer una ensalada grande también.

LECCIÓN 8
PRÁCTICA DE VOCABULARIO

A. Variedades. *(Answers may vary.)*

Seis frutas: las peras, las uvas, las fresas, las naranjas, los melocotones, las manzanas.

Cinco tipos de carne: el jamón, la hamburguesa, el chorizo, el cerdo, el bistec.

Cuatro lugares donde venden comida: el mercado, el supermercado, la carnicería, la panadería.

Tres condimentos: la mostaza, la salsa de tomate, la mayonesa.

Dos alimentos dulces: las galletas, los bombones.

Un tipo de marisco: la langosta.

B. ¿Cómo le gusta? *(Answers may vary.)*

1. Prefiero la papa frita.
2. Prefiero la zanahoria cruda.
3. Prefiero el pavo asado.
4. Prefiero la manzana cruda.
5. Prefiero el huevo hervido.
6. Prefiero la langosta hervida.
7. Prefiero el maíz hervido.

C. De compras. *(Answers may vary.)*

Mercado al aire libre: las manzanas, los limones, los plátanos, las papas, las uvas, las fresas.

Panadería/pastelería: las tortas, los pasteles, las galletas, los bombones.

Carnicería: la hamburguesa, el pavo, el pollo, el cerdo.

El supermercado: la salsa de tomate, la mantequilla, las galletas saladas, los huevos, el atún, las papitas.

ESTRUCTURAS

D. Para usar el imperfecto.

	regatear	recoger	conseguir	ser	ir	ver
yo	regateaba	recogía	conseguía	era	iba	veía
tú	regateabas	recogías	conseguías	eras	ibas	veías
él, ella, Ud.	regateaba	recogía	conseguía	era	iba	veía
nosotros(as)	regateábamos	recogíamos	conseguíamos	éramos	íbamos	veíamos
vosotros(as)	regateabais	recogíais	conseguíais	erais	ibais	veíais
ellos, ellas, Uds.	regateaban	recogían	conseguían	eran	iban	veían

E. El chef Raúl.

1. A las ocho y cuarto de la mañana la asistente del chef Raúl le preparaba un café.

2. A las nueve de la mañana otro asistente del chef iba de compras al mercado.

3. A las diez de la mañana el chef Raúl decidía el menú del día.

4. A las diez y media de la mañana el chef Raúl escogía la especialidad de la casa.

5. A las once menos cuarto de la mañana el chef Raúl escribía una lista de los ingredientes.

6. A las once de la mañana el chef Raúl daba un paseo por el parque.

7. A las once de la mañana los asistentes empezaban a preparar los platos.

8. A la una de la tarde el chef Raúl salía para comer.

9. A las tres de la tarde el chef Raúl leía el periódico.

10. A las cuatro de la tarde los asistentes comían rápidamente.

11. A las seis de la tarde el chef Raúl probaba los platos y criticaba a los asistentes.

12. A las siete de la tarde el chef Raúl y el dueño del restaurante tomaban unas copas de vino.

13. A las nueve de la noche el chef Raúl volvía a casa y dormía bien.

14. A medianoche los asistentes lavaban los platos, barrían el suelo y fregaban la cocina.

F. ¿Qué hacían?

1. Nilda bebía jugo.

2. Elmer y Olga leían.

3. Marcos comía un taco.

4. Antonio pesaba uvas.

5. Elisa hablaba por teléfono.

6. Sebastián y Dorotea bailaban.

7. Daniel dormía.

8. Natalia compraba chorizo.

G. A dieta.

1. Antes mi compañero(a) de cuarto comía cerdo y chorizo pero hoy comió pollo y lechuga.

2. Antes yo comía hamburguesas y papas fritas pero hoy comí pescado.

3. Antes mi mejor amigo comía perros calientes y papitas pero hoy comió ensaladas.

4. Antes mi novia(o) y yo comíamos chocolate caliente y caramelos pero hoy comimos fresas y peras.

5. Antes los estudiantes de la residencia comían helado y flan pero hoy comieron manzanas y naranjas.

H. Ud., el (la) traductor(a). *(Answers may vary.)*

La barraca

Cuando yo entré en el restaurante eran las nueve y media. Estaba cansado y tenía hambre. Quería comer algo inmediatamente. Creo que el camarero sabía que tenía hambre porque me dio un menú en seguida y entonces trajo pan, queso y agua a la mesa. Leí el menú y entonces pedí la paella con mariscos y chorizo. Mientras esperaba, el camarero me sirvió una ensalada y me preguntó si quería vino tinto o blanco. Cuando la paella llegó, la probé en seguida. ¡Estaba rica! Terminé mi comida y le pagué al camarero. Le di una propina buena. Mientras salía, él me invitó a volver pronto.

I. ¿El pretérito o el imperfecto?

1. **conocí.** I met the cook yesterday in the restaurant.

2. **quería.** Marta always wanted to learn how to cook.

3. **supiste.** When did you find out that Juan is María's brother?

4. **no quiso.** I served peas to Rosita but she refused to eat them and threw them on the floor.

5. **podíamos.** Last year we weren't able to speak Spanish, but after spending a year in Spain we speak very well.

J. ¿Qué se hace?

1. Se lee en la biblioteca.

2. Se come en el restaurante.

3. Se baila en la discoteca.

4. Se aprende en el aula.

5. Se duerme en la alcoba.

6. Se almuerza en la cocina.

7. Se pronuncia en el laboratorio de lenguas.

8. Se regatea en el mercado.

9. Se juega en el estadio.

10. Se charla en el centro estudiantil.

K. Consejos y avisos. *(Answers may vary.)*

L. Traducciones.

1. Todas las semanas mis abuelos iban de compras.

2. Les gustaba regatear en los mercados al aire libre.

3. Mi abuelo siempre escogía las frutas y legumbres y mi abuela las pesaba.

4. Entonces iban a la carnicería, la pastelería y el supermercado.

5. Siempre compraban un kilo de jamón, pan, tres latas de atún, una docena de juevos y algunos caramelos para mí.

LECCIÓN 9
PRÁCTICA DE VOCABULARIO

A. Palabras parecidas.

1. la corbata

2. los blue jeans

3. la cartera

4. el estilo

5. cuero

6. cerrado

7. los guantes

8. el traje de baño

B. Prendas de vestir.

1. los calcetines

2. el anillo

3. los guantes

4. el traje de baño

5. el vestido

6. el sombrero

7. la cartera

8. la falda

9. los pantalones

10. las botas

11. el paraguas

12. la corbata

13. los zapatos

14. el cinturón

15. los aretes

C. Para estar de moda. *(Answers may vary.)*

Respuestas para el cuaderno de ejercicios

ESTRUCTURAS

D. Los verbos reflexivos.

	quitarse	ponerse	vestirse
yo	me quito	me pongo	me visto
tú	te quitas	te pones	te vistes
él, ella, Ud.	se quita	se pone	se viste
nosotros(as)	nos quitamos	nos ponemos	nos vestimos
vosotros(as)	os quitáis	os ponéis	os vestís
ellos, ellas, Uds.	se quitan	se ponen	se visten

Me lo voy a poner. = Voy a ponérmelo.

Me lo estoy poniendo. = Estoy poniéndomelo.

Ella se lo va a probar. = Ella va a probárselo.

Ella se lo está probando. = Ella está probándoselo.

E. Una mañana en tu casa.

te despiertas, te levantas, te acuestas, te quedas, afeitarte, bañarte, te vistes, te pones, te pruebas, te sientas

F. ¿Qué hace? *(Answers may vary.)*

1. Me divierto. 2. Me lo quito. 3. Se duermen. 4. Se sienta. 5. Se la pone.

6. Se acuesta. 7. Nos quedamos. 8. Se lo prueba. 9. Me despierto. 10. Se va.

G. Rutinas de los famosos. *(Answers may vary.)*

1. **Después de levantarse**   **Antes de acostarse**

   ir al baño   lavarse la cara
   bañarse   ponerse a ver televisión
   prepararse un café   apagar la luz
   ponerse a leer el periódico   cobijarse
                                   lavarse los dientes

2. ir al baño, tomar café

3. Guillermo y Margarita. Dicen, «Hago otras cosas».

4. *(Possible answers)*

   Después de levantarse

   1. desayunarme
   2. bañarme
   3. lavarme los dientes
   4. afeitarme
   5. vestirme

   Antes de acostarse

   1. quitarme la ropa
   2. ponerme las zapatillas
   3. lavarme la cara y las manos
   4. sentarme en la cama
   5. probarme la ropa para mañana

H. Practiquemos los mandatos.

	Ud.	Uds.	Nosotros	Tú
vender	(no) venda	(no) vendan	(no) vendamos	vende / no vendas
subir	(no) suba	(no) suban	(no) subamos	sube / no subas
conocer	(no) conozca	(no) conozcan	(no) conozcamos	conoce / no conozcas
traer	(no) traiga	(no) traigan	(no) traigamos	trae / no traigas
escoger	(no) escoja	(no) escojan	(no) escojamos	escoge / no escojas
construir	(no) construya	(no) construyan	(no) construyamos	construye / no construyas
pedir	(no) pida	(no) pidan	(no) pidamos	pide / no pidas
dormir	(no) duerma	(no) duerman	(no) durmamos	duerme / no duermas
buscar	(no) busque	(no) busquen	(no) busquemos	busca / no busques
pagar	(no) pague	(no) paguen	(no) paguemos	paga / no pagues
comenzar	(no) comience	(no) comiencen	(no) comencemos	comienza / no comiences
saber	(no) sepa	(no) sepan	(no) sepamos	sabe / no sepas
dar	(no) dé	(no) den	(no) demos	da / no des
volver	(no) vuelva	(no) vuelvan	(no) volvamos	vuelve / no vuelvas

I. Más mandatos—tú.

venir: ven, no vengas

tener: ten, no tengas

salir: sal, no salgas

poner: pon, no pongas

hacer: haz, no hagas

decir: di, no digas

ser: sé, no seas

ir: ve, no vayas

J. Mandatos para muchas personas.

1. Mire, Mira
2. Paguen, Pague
3. No busque, No busques
4. Vayan, Vayan
5. Escoge, Escoja
6. Haz / vuelve, Hagan / vuelvan
7. Suban, Suba
8. Prueba, Prueben

K. Mandatos con pronombres.

ponérselas: póngaselas/no se las ponga, pónganselas/no se las pongan, póntelas/no te las pongas

dormirse: duérmase/no se duerma, duérmanse/no se duerman, duérmete/no te duermas

irse: váyase/no se vaya, váyanse/no se vayan, vete/no te vayas

saberlas: sépalas/no las sepa, sépanlas/no las sepan, sábela/no la sepas

traerlos: tráigalos/no los traiga, tráiganlos/no los traigan, tráelos/no los traigas

comprárselos: cómpreselos/no se los compre, cómprenselos/no se los compren, cómpratelos/no te los compres

hacerlo: hágalo/no lo haga, háganlo/no lo hagan, hazlo/no lo hagas

L. Todo lo contrario.

1. No mire estos suéteres y no se los pruebe.
2. No escoja la blusa de seda.
3. No se la compre antes de probársela.
4. No tome esta chaqueta. No se la ponga.
5. No se la quite y no se pruebe este abrigo.
6. No vaya al probador y no se vista rápidamente.
7. No tome estos guantes y no los pague allí.
8. No recoja sus compras y no las lleve a su casa.

M. Compras y consejos. (*Possible answers*.)

1. ¡No te los compres!
2. ¡Cómpratela!
3. ¡Cómpratelo!
4. ¡No te las compres!
5. ¡No te lo compres!
6. ¡Cómpratelo!

N. Traducciones.

1. **MAMÁ:** Juan Carlos, ven aquí. ¡Mira estos trajes!
2. **JUAN CARLOS:** Mamá, ven aquí. ¡Mira estos juguetes!
3. **MAMÁ:** No, Juan Carlos. No toques esos juguetes. Estamos aquí para comprarte un traje. Toma éste y pruébatelo.
4. **JUAN CARLOS:** ¿Dónde me lo pruebo?
5. **MAMÁ:** Allí en aquel probador. ¡Y ten prisa!

LECCIÓN 10
PRÁCTICA DE VOCABULARIO

A. La palabra correcta.

1. gratis
2. equipaje
3. asiento
4. azafata
5. atrasado
6. ida
7. pasaporte
8. cinturón
9. sala de espera
10. billete

B. El verbo correcto.

1. volar
2. fuman
3. cancelé
4. abrochó
5. se despidió
6. revisan
7. extraño
8. metí

C. El viaje. (*Answers may vary.*)

2. En casa: hacer las maletas, llamar al aeropuerto, confirmar la reservación.
5. En la aduana: hacer cola, mostrar el pasaporte, abrir las maletas.
4. En el avión: escuchar al aeromozo (a la azafata), sentarse en el asiento, abrochar el cinturón de seguridad.
3. En el aeropuerto: facturar el equipaje, ir a la sala de espera, despedirse de los amigos.

D. Los turistas. (*Answers may vary.*)

ESTRUCTURAS

E. Repasando el subjuntivo.

	yo	tú	él, ella, Ud.	nosotros(as)	vosotros(as)	ellos, ellas, Uds.
volar	vuele	vueles	vuele	volemos	voléis	vuelen
meter	meta	metas	meta	metamos	metáis	metan
despedirse	me despida	te despidas	se despida	nos despidamos	os despidáis	se despidan
pagar	pague	pagues	pague	paguemos	paguéis	paguen
sentir	sienta	sientas	sienta	sintamos	sintáis	sientan
buscar	busque	busques	busque	busquemos	busquéis	busquen
comenzar	comience	comiences	comience	comencemos	comencéis	comiencen
saber	sepa	sepas	sepa	sepamos	sepáis	sepan
ser	sea	seas	sea	seamos	seáis	sean
ir	vaya	vayas	vaya	vayamos	vayáis	vayan
haber	haya	hayas	haya	hayamos	hayáis	hayan
dar	dé	des	dé	demos	deis	den
estar	esté	estés	esté	estemos	estéis	estén

F. Para identificar el subjuntivo.

llegue, vuelva, vuelva, deje, venga, quiera, olvide, empiece, sea, piense, sepa, sepa.

G. El optimista y el pesimista.

1. No es bueno que la gente sea tan simpática.

2. No es obvio que vayamos a pasarlo bien.

3. No es cierto que haya mucho que ver y hacer.

4. No es verdad que la comida sea sabrosa.

5. No es de esperar que vayamos a Chichén Itzá mañana.

6. No es probable que yo aprenda mucho sobre la historia de la región.

7. No es lástima que no podamos pasar más tiempo aquí.

8. No es verdad que yo vaya a volver algún día.

9. No es dudoso que hay un viaje mejor que éste.

10. No es cierto que yo viaje contigo otra vez.

H. Información para el aeropuerto.

1. Es mejor que Uds. esperen aquí.

2. Es importante que Uds. obedezcan.

3. Es cierto que nosotros vamos a pasarlo bien.

4. No es cierto que el vuelo llegue tarde.

5. Es verdad que el piloto tiene mucha experiencia.

6. No es importante que Uds. se sienten adelante.

7. Es ridículo que nosotros abordemos ahora.

8. Es posible que los aeromozos y las azafatas nos sirvan limonada.

9. Es evidente que el avión es grande.

10. No es seguro que nosotros podamos sacar fotos.

I. Los pronombres relativos... por altavoz.

1. La gente que espera el vuelo 76 de San Juan tiene que ir a la puerta 43 para reunirse con los pasajeros.

2. El agente de viajes que buscaba a una pasajera de Guatemala debe ir a la puerta 28.

3. El vuelo de Bogotá que llegó hace una hora está ahora en la puerta 19.

4. La mujer que dejó un paraguas en el avión necesita ir directamente a la oficina central.

5. El hombre que perdió su pasaporte debe ir a la sala de espera.

J. Más pronombres relativos... por altavoz.

1. La azafata del vuelo 31 de quien hablaba la gerente debe venir a la oficina del director.

2. El hombre italiano con quien charlaba el piloto dejó su libro en el avión.

3. El turista del Uruguay con quien viajó el Sr. Robles tiene una llamada telefónica.

4. El hombre alto con quien conversa la chica rubia perdió su pasaporte.

5. El aeromozo a quien la vieja le pide ayuda no sabe qué hacer.

K. El aeromozo.

1. Lo que Ud. necesita es una hamburguesa. Se la traigo en seguida.

2. Lo que Ud. necesita son algunas revistas. Se las traigo en seguida.

3. Lo que Ud. necesita son dos aspirinas. Se las traigo en seguida.

4. Lo que Ud. necesita es una almohada. Se la traigo en seguida.

5. Lo que Ud. necesita es una manta. Se la traigo en seguida.

6. Lo que Ud. necesita es una limonada fría. Se la traigo en seguida.

7. Lo que Ud. necesita es un bolígrafo. Se lo traigo en seguida.

8. Lo que Ud. necesita son unos cassettes. Se los traigo en seguida.

9. Lo que Ud. necesita es un periódico. Se lo traigo en seguida.

L. Traducciones.

1. Hola y bienvenidos al vuelo 929, con destino a la Ciudad de México.

2. Es importante que Uds. lean la información sobre este avión.

3. Es necesario que Uds. abrochen su cinturón de seguridad.

4. Es verdad que servimos cocina mexicana en este vuelo.

5. Lo que todos necesitan hacer ahora es gozar de nuestra película.

LECCIÓN 11
PRÁCTICA DE VOCABULARIO

A. Categorías. *(Possible Answers)*

Viajar en tren: coche-cama, coche-comedor, tren, ventanilla...

Las partes del coche: batería, freno, llanta, maletero, motor...

En camino: autopista, camino, circulación, estación de gasolina, milla, multa, velocidad...

B. Un billete de RENFE.

1. El pasajero puede viajar a Madrid.

2. Sale de Málaga.

3. Viaja en primera clase.

4. El coche es el número 11. El asiento es el número 36.

5. No, el pasajero no puede fumar en el coche.

6. El tren sale a las 15:00 (3:00 de la tarde).

C. La gasolinera Momotombo.

1. Está frente a la planta eléctrica.

2. No meten ni un poquito más ni un poquito menos. Meten la medida exacta.

3. Este conductor compró solamente gasolina.

4. No venden llantas en esta gasolinera.

5. Lavan los coches en esta gasolinera.

6. Este conductor no tuvo una llanta desinflada.

7. Venden tres tipos de gasolina en esta gasolinera.

8. Venden por lo menos cuatro tipos de aceite.

ESTRUCTURAS

D. Consejos.

1. Me alegro de que Ud. vaya a pasar una semana en México.

2. Recomiendo que Ud. se aproveche de las muchas tiendas elegantes.

3. Espero que Ud. goce de las bonitas playas.

4. Aconsejo que Ud. visite el Museo de Antropología.

5. Estoy contento de que Ud. quiera ir a Guadalajara.

6. Sugiero que Ud. pase unas horas en Chapultepec.

7. Insisto en que Ud. mire las ruinas mayas.

8. Recomiendo que Ud. descanse un poco después de tanto turismo.

E. Para no tener un accidente.

1. tengas	2. frenes	3. llenes	4. estaciones	5. conduzcas
6. eres	7. hagas	8. vayas	9. muestres	10. sabes

F. Todo el mundo viaja en tren. *(Answers may vary.)*

1. Aconsejo que Stefano y Ana se aprovechen de la «Especial parejas».

2. Sugiero que la familia Montañeros escoja el «Auto expreso».

3. Recomiendo que la familia Sopeña compre la «Tarjeta familiar».

4. Aconsejo que la Sra. Oviedo se aproveche de la «Facturación equipajes y animales domésticos».

G. Formas de viajar.

viajar, viajen, acompañen, hagan, pidan, compren, estar, sea, puede, aprendo

H. ¿Qué es lo que nos pasó?

1. rompieron
2. fue
3. acabó
4. olvidaron
5. perdieron
6. cayó
7. olvidó

I. ¿A quién le pasó lo siguiente?

1. te
2. le
3. nos
4. les
5. me
6. les

J. Practiquemos los mandatos.

vendamos, subamos, conozcamos, traigamos, escojamos, construyamos, pidamos, durmamos, busquemos, paguemos, comencemos, sepamos, demos

K. Practiquemos con pronombres.

pongámonoslas, no nos las pongamos / durmámonos, no nos durmamos / vámonos, no nos vayamos / sepámoslas, no las sepamos / traigámoslos, no los traigamos / comprémonoslas, no nos las compremos / hagámoslo, no lo hagamos

L. Traducciones.

RAÚL: Tengo una idea estupenda. Visitemos Nueva York. Dicen que es una ciudad muy interesante.

TINO: No, no vayamos allí. Fui a Nueva York en diciembre y lo pasé muy mal.

RAÚL: ¿Por que? ¿Qué te pasó allí?

TINO: Primero, se me fue el avión. Entonces, se me perdió el pasaporte. Luego, se me acabó el dinero.

RAÚL: Bueno. Quedémonos aquí en México. Llamemos a Ana y Rosa para decirles.

LECCIÓN 12
PRÁCTICA DE VOCABULARIO

A. El hotel de lujo. *(Answers may vary.)*

1. Necesita un botones.
2. Necesita un ascensor.
3. Necesita una tarjeta de crédito.
4. Necesitan una playa.
5. Necesita una lavandería.
6. Necesita un quiosco.
7. Necesita champú.
8. Necesitan una parada de taxi.
9. Necesita un sello (correo).
10. Necesitan aire acondicionado.

B. Actividades en el hotel. *(Answers may vary.)*

1. Yo subo en el ascensor.
2. Yo tomo el sol en el balcón.
3. Yo nado en la playa.
4. Yo busco un taxi en la parada de taxi.
5. Yo pido información en la recepción.
6. Yo dejo mi ropa en la lavandería.
7. Yo echo cartas en el correo.
8. Yo compro periódicos en el quiosco.

C. Pares.

1. f
2. d
3. g
4. e
5. h
6. b
7. a
8. c

ESTRUCTURAS

D. ¿Existe un hotel lujoso?

1. hotel que sea lujoso.
2. hotel que sea lujoso.
3. hotel que es lujoso.
4. hotel que es lujoso.
5. hotel que sea lujoso?
6. hotel que sea lujoso.
7. hotel que sea lujoso.
8. hotel que es lujoso.
9. hotel que sea lujoso.
10. hotel que es lujoso.

E. Más cosas que tenemos y más cosas que queremos.

1. tiene, tenga
2. limpia, limpie
3. sabe, sepa
4. está, esté
5. es, sea
6. sirve, sirva
7. conoce, conozca
8. lleva, lleve

F. Pero, prefiero este hotel.

1. Quiero un hotel que sea de cinco estrellas.
2. Quiero un hotel que ofrezca televisión vía satélite a colores.
3. Quiero un hotel que presente figuras famosas en su club nocturno.
4. Quiero un hotel que tenga una piscina olímpica.
5. *and* 6. *Answers may vary.*

G. ¿El sexto o el séptimo?

1. ¡Farmacia: octavo piso!
2. ¡Tienda de regalos: primer piso!
3. ¡Clases de aeróbicas: noveno piso!
4. ¡Cocina: quinto piso!
5. ¡Café Brasil: sexto piso!
6. ¡Quiosco: cuarto piso!
7. ¡Correo: tercer piso!
8. ¡Lavandería: segundo piso!
9. ¡Oficina de turismo: tercer piso!
10. ¡Habitaciones de lujo: décimo piso!

H. Comparaciones.

1. más, que   2. menos, que   3. tan, como   4. más, que   5. menos, que   6. tanto, como

I. Comparaciones en el hotel.

1. El casino mayor tiene más de ciento noventa y ocho máquinas tragamonedas.

2. El hotel tiene menos de seiscientas cincuenta habitaciones.

3. Hay menos de cuatro restaurantes formales.

4. Hay más de dieciocho mesas de blackjack.

5. El hotel tiene menos de seis farmacias.

6. El anuncio menciona más de dos deportes acuáticos.

7. Cada habitación tiene menos de cuatro camas dobles.

8. Es un hotel de más de tres estrellas.

J. ¿Mejores o peores? *(Answers may vary.)*

1. Tres restaurantes formales son mejores que una cafetería.

2. Una farmacia es mejor que un salón de belleza.

3. Estar junto a la playa es peor que estar en el centro de la ciudad.

4. Un club nocturno es peor que una discoteca.

5. Muchos deportes acuáticos son mejores que muchos juegos electrónicos.

6. Un hotel de dos estrellas es peor que un hotel de cinco estrellas.

7. Tener refrigerador es mejor que tener teléfono directo.

8. Quedarse aquí por un mes es mejor que quedarse aquí por una semana.

K. Traducciones.

1. **AGENTE:**   ¿En qué puedo servirle?

2. **FÁTIMA:**   Quiero pasar una semana en Acapulco pero necesito información.

3. **AGENTE:**   Estoy contento(a) de contestar sus preguntas.

4. **FÁTIMA:**   ¿Conoce un hotel que cueste menos de $25.00 por una habitación doble? Y, ¿hay vuelos que salgan a las 7:00 de la mañana? Y, ¿puedo encontrar restaurantes que sirvan perros calientes y hamburguesas?

5. **AGENTE:**   Por favor, hable más despacio y permítame contestar.

LECCIÓN 13
PRÁCTICA DE VOCABULARIO

A. Clase de anatomía.

1. el ojo	2. la oreja	3. la nariz	4. la boca	5. el diente (los dientes)
6. la lengua	7. el labio (los labios)	8. la cabeza	9. el cerebro	10. el cuello
11. la garganta	12. el hombro	13. el pecho	14. el pulmón	15. el brazo
16. la mano	17. el dedo	18. el estómago	19. la pierna	20. la rodilla
21. el tobillo (los tobillos)		22. el pie	23. el dedo del pie	

B. ¿Para qué sirven? *(Answers may vary.)*

1. el cerebro, los ojos, las manos
2. los oídos, el cerebro
3. las manos, los brazos, los dedos
4. los pies, las piernas, los pulmones
5. la boca, la lengua, la garganta, los dientes
6. los pies, las piernas, las manos, los brazos

C. Problemas y síntomas. *(Answers may vary.)*

1. d. Cuando tengo apendicitis necesito una operación.
2. g. Cuando tengo un catarro tomo la vitamina C y bebo jugo de naranja.
3. f. Cuando tengo fiebre tengo una temperatura muy alta.
4. e. Cuando tengo dolor de cabeza tomo aspirinas y descanso.
5. h. Cuando tengo caries me duele el diente.
6. a. Cuando tengo tos necesito tomar un jarabe.
7. c. Cuando tengo úlceras tengo un dolor fuerte de estómago.
8. b. Cuando tengo la gripe debo tomar antibióticos.

D. Ud. es el (la) farmacéutico(a). *(Answers may vary.)*

ESTRUCTURAS

E. Los participios pasados y la salud.

1. cerrado. / los consultorios cerrados / *the closed doctors' offices*
2. hinchado / los ojos hinchados / *the swollen eyes*
3. aliviado / El dolor aliviado / *the relieved pain*
4. bebido / la leche bebida / *the drunk milk*
5. roto / el corazón roto / *the broken heart*
6. recetado / los antibióticos recetados / *the prescribed antibiotics*
7. escrito / las instrucciones escritas / *the written instructions*
8. abierto / la ventana abierta / *the open window*
9. resuelto / los problemas resueltos / *the resolved problems*
10. curado / el paciente curado / *the cured patient*
11. hecho / la diagnosis hecha / *the diagnosis made or done*
12. descubierto / el problema descubierto / *the discovered problem*

F. En la sala de espera.

1. congestionada
2. mareada
3. rota
4. hinchados
5. inflamado
6. curada
7. herida

G. ¿Y, el resultado?

1. Las camas están hechas.
2. La ropa está planchada.
3. El lavabo está fregado.
4. El salón está arreglado.
5. Los platos están lavados.
6. La cocina y la sala están limpiadas.
7. El sofá está cubierto.
8. Una (La) carta está escrita.
9. El azúcar está devuelto.
10. Nada está roto.

H. Las formas de haber.

Yo he	Tú has	Él, Ella, Ud. ha	Nosotros(as) hemos	Vosotros(as) habéis	Ellos, Ellas, Uds. han
yo haya	tú hayas	él, ella, Ud. haya	nosotros(as) hayamos	vosotros(as) hayáis	ellos, ellas, Uds. hayan
yo había	tú habías	él, ella, Ud. había	nosotros(as) habíamos	vosotros(as) habíais	ellos, ellas, Uds. habían

I. La salud.

1. Juan siempre se ha levantado temprano.
2. Juan siempre ha corrido cuatro kilómetros.
3. Juan siempre ha comido muchas frutas.
4. A Juan siempre le ha gustado mucho el bróculi.
5. Juan siempre ha practicado el ciclismo.
6. Juan siempre ha bebido mucha agua.
7. Juan siempre se ha acostado temprano.

1. se había levantado
2. había corrido
3. había comido
4. le había gustado
5. había practicado
6. había bebido
7. se había acostado

1. se haya levantado
2. haya corrido
3. haya comido
4. le haya gustado
5. haya practicado
6. haya bebido
7. se haya acostado

J. Ud. y la salud. *(Answers may vary.)*

1. Nunca he comido conejo.
2. No he tomado más de seis vitaminas en un día.
3. Nunca me he roto la pierna.
4. He dormido durante 18 horas seguidas.
5. No he tenido fiebre de más de 103.
6. No me he dormido en la sala de espera del médico.
7. He pasado la noche en un hospital.
8. No he tenido una operación.
9. No le he puesto una inyección a nadie.
10. He estado en una sala de emergencia.

K. En la farmacia.

1. Aquí se hace la penicilina.
2. Aquí se prepara el jarabe.

3. Aquí se meten las pastillas en las botellas.

4. Aquí se encuentra la aspirina.

5. Aquí se venden termómetros.

6. Aquí se escribe la lista de los ingredientes.

7. Aquí se deciden los precios.

8. Aquí se cuentan las píldoras.

9. Aquí se ponen las vitaminas.

10. Aquí se consulta la enciclopedia de la farmacéutica.

L. Traducciones

1. Sandra volvió del hospital ayer.

2. Había ido a la sala de emergencia porque sufría de dolores de estómago.

3. Se había quejado de dolor de garganta también.

4. El médico recetó un antibiótico y le dijo que debe descansar.

5. Ha seguido su consejo y se está cuidando (está cuidándose).

LECCIÓN 14
PRÁCTICA DE VOCABULARIO

A. Soñando despíertos.

1. María Teresa juega al tenis.

2. Leo, Susana, y Ricardo juegan al béisbol.

3. Vera hace el ciclismo.

4. Mario hace el boxeo.

5. Guillermo juega al golf.

6. Lucinda patina.

7. Nicolás juega al fútbol americano.

8. Leo coge la pelota.

9. Susana lanza la pelota.

10. Ricardo quiere batear.

11. *Answer may vary.*

B. ¿Dónde?

1. Se juega al tenis en la cancha de tenis.

2. Se nada en la piscina.

3. Se juega al béisbol en el estadio.

4. Se practica el ciclismo en la calle (parque, etc.).

5. Se juega al fútbol americano en el estadio.

C. ¿Qué hacen? *(Answers may vary.)*

1. El aficionado asiste a los partidos.

2. El futbolista corre con el fútbol.

3. El tenista practica todos los días.

4. El campeón gana.

5. El ciclista monta en bicicleta.

6. El entrenador entrena a los atletas.

7. El pelotera batea y corre alrededor de las bases.

8. El nadador nada.

ESTRUCTURAS

D. El futuro.

esquiaré	esquiarás	esquiará	esquiaremos	esquiaréis	esquiarán
venceré	vencerás	vencerá	venceremos	vencéreis	vencerán
sonreiré	sonreirás	sonreirá	sonreiremos	sonreiréis	sonreirán
diré	dirás	dirá	diremos	diréis	dirán
haré	harás	hará	haremos	haréis	harán
habré	habrás	habrá	habremos	habréis	habrán
podré	podrás	podrá	podremos	podréis	podrán
pondré	pondrás	pondrá	pondremos	pondréis	pondrán
querré	querrás	querrá	querremos	querréis	querrán
sabré	sabrás	sabrá	sabremos	sabréis	sabrán
saldré	saldrás	saldrá	saldremos	saldréis	saldrán
tendré	tendrás	tendrá	tendremos	tendréis	tendrán
vendré	vendrás	vendrá	vendremos	vendréis	vendrán

E. En cinco años. *(Answers may vary.)*

1. Yo viviré...
2. Yo tendré...
3. Yo querré...
4. Mi familia estará...
5. Mi compañero(a) de cuarto vendrá...
6. Mi hermano(a) será...
7. Mi mejor amigo(a) hará...
8. Yo podré...

F. ¿Quiénes lo harán?

1. yo lanzaré, Susana jugará, Marcos estará, Roberto y Carlos cogerán, Tú batearás
2. El partido… tendrá lugar, papá nos entrenará, nosotros correremos, el otro equipo perderá, nosotros venceremos
3. yo dejaré, yo empezaré, Roberto y Carlos aprenderán, Susana patinará, Tú comenzarás

G. ¿Cómo jugamos?

1. activamente
2. ágilmente
3. animadamente
4. débilmente
5. difícilmente
6. efectivamente
7. fuertemente
8. lentamente
9. perfectamente
10. terriblemente
11. rápidamente
12. fácilmente

Answers may vary.

1. Mis hermanos nadan fuertemente.
2. Mi padre juega al básquetbol animadamente.
3. Mi abuelo esquía rápidamente.
4. Yo monto a caballo perfectamente.
5. Mis amigos y yo corremos ágilmente.
6. Mis primos patinan fácilmente.
7. Mi mejor amigo practica el ciclismo efectivamente.
8. Mis hermanas practican el boxeo difícilmente.
9. Mis tíos juegan al tenis terriblemente.
10. Mi prima practica la natación activamente.

H. ¿Cuándo jugamos? *(Answers may vary.)*

1. Mis hermanos nadan todos los días.
2. Mi padre nunca juega al básquetbol.
3. Mi abuelo esquía poco.
4. Yo monto a caballo a menudo.
5. Mis amigos y yo corremos de vez en cuando.
6. Mis primos patinan raramente.
7. Mi mejor amigo practica el ciclismo frecuentemente.
8. Mis hermanas nunca practican el boxeo.
9. Mis tíos juegan al tenis todas las semanas.
10. Mi prima practica la natación mucho.

I. El partido de béisbol.

1. duela
2. lance
3. vea
4. batee
5. termine
6. pierda

J. Ahora, en el pasado.

1. dolió
2. lanzó
3. vio
4. bateó
5. terminó
6. perdió

K. ¿Cuándo pueden jugar? *(Answers may vary.)*

1. Cuando Eduardo termine su sándwich, va a jugar al béisbol.
2. Mauricio va a montar a caballo después de que lave los platos.
3. Berta va a jugar al tenis en cuanto lea el libro.
4. Dorotea va a montar en bicicleta cuando haga la tarea.
5. Tan pronto como Oscar se despierte, va a jugar al golf.
6. Paulina va a nadar después de que se lave los dientes.

L. Unas vacaciones deportivas.

1. poder
2. se aburra
3. haga
4. seguir
5. se cierre
6. participar
7. ayude

M Traducciones.

1. **MAURA:** ¿Vas a esquiar este fin de semana?
2. **PAULA:** No, voy a patinar con Raquel.
3. **MAURA:** Iré con Uds. Me encanta patinar. ¿A qué hora irán?
4. **PAULA:** No podemos salir hasta que Raquel termine su tarea.
5. **MAURA:** Pues, llámame cuando estén listas.

LECCIÓN 15
PRÁCTICA DE VOCABULARIO

A. Asociaciones. *(Possible answers)*

el circo: el globo, el payaso, el recreo, el león...

acampar: la tienda de campaña, el bosque, la tranquilidad, la mochila...

la naturaleza: el bosque, el cielo, el desierto, la estrella, el lago, la luna, la montaña, el río, la selva, la tierra, el volcán...

B. ¿Dónde se encuentra... ? *(Answers may vary.)*

1. g 2. f 3. h 4. b 5. c 6. e 7. b 8. d 9. i 10. a 11. e

1. El oso se encuentra en el bosque.
2. El bote se encuentra en el lago.
3. El pájaro se encuentra en el cielo.
4. El tiburón se encuentra en el océano.
5. El mosquito se encuentra en la selva.
6. La estrella se encuentra en el cielo.
7. El esquiador se encuentra en la montaña.
8. La tortuga se encuentra en el acuario.
9. La rana se encuentra en el río.
10. El tigre se encuentra en la selva.

C. Descripciones. *(Possible answers)*

1. salvaje / tigres   Los tigres salvajes…
2. soleado / cielo   El cielo soleado…
3. chistoso / payasos   Los payasos chistosos…
4. indígena / gente   La gente indígena…
5. intenso / calor del desierto   El intenso calor del desierto…
6. puro / agua   El agua pura…
7. contaminado / aire   El aire contaminado…
8. panorámico / vista   La vista panorámica…
9. feroz / leones   Los leones feroces.
10. mundial / paz   La paz mundial…

ESTRUCTURAS

D. El imperfecto del subjuntivo.

yo: disfrutara, hiciera, me durmiera

tú: disfrutaras, hicieras, te durmieras

él, ella, Ud.: disfrutara, hiciera, se durmiera

nosotros(as): disfrutáramos, hiciéramos, nos durmiéramos

vosotros(as): disfrutarais, hicierais, os durmierais

ellos, ellas, Uds.: disfrutaran, hicieran, se durmieran

E. Cortesía, por favor.

1. Quisiera
2. debiera
3. ¿Pudieran...?
4. Quisiéramos
5. debiera
6. ¿Pudieras...?

F. El viaje por el río Amazonas.

viniéramos, fuéramos, pudiera, escogiéramos, pudiera,

estuviera, hiciera, estuviera, fuéramos, decidiéramos, pudiera, hiciéramos

G. Para expresar un propósito o la dependencia.

1. a menos que / I'm not going to the circus unless you accompany me.
2. sin que / We're going to enjoy the lake without anyone bothering us.
3. en caso de que / I'm bringing a sleeping bag in case we plan to camp out.
4. para que / The family is planning to go to the circus in order that the kids can see the clowns.
5. con tal que / I'm planning to climb the volcano provided that it's not dangerous.
6. antes de que / We have to arrange the tent before you can take a nap.

H. ¿Preposición o conjunción?

1. nadar, pueda
2. cenar, vuelva
3. estar, molesten
4. disfrutar, pesque
5. acercarme, descubran

I. Las vacaciones ideales.

1. llame
2. haya
3. pueda
4. sea
5. necesite, vea

J. Dibujos analíticos.

1. Present indicative—present subjunctive. I don't believe that José is going to call.
2. Command—present subjunctive. Ask Alma to write to me.
3. Present indicative—present perfect subjunctive. I hope that you have called.
4. Future—present subjunctive. I will give it to Luis when I see him.
5. Present indicative—present perfect subjunctive. It is good that you have arrived on time.

K. Los volcanes.

1. sea
2. hayan
3. tengan
4. haya
5. haya
6. mueran
7. haya
8. tenga

L. Traducciones.

1. Anoche papá insistió en que fuéramos al circo.
2. Rosalba, mi hermana menor, quería ir para ver los leones, los tigres, los elefantes y los payasos.
3. Mi mamá dijo que yo no podía ir a menos que terminara mi tarea.
4. Mi hermano quería ir con tal que volviéramos para las 10:00.
5. Mi padre dijo, «Vamos, antes de que sea demasiado tarde».

LECCIÓN 16
PRÁCTICA DE VOCABULARIO

A. Palabras relacionadas.

1. amistad
2. la locura
3. la soledad
4. llevarse bien
5. contratar
6. divorciarse
7. la realidad
8. cortés

B. Definiciones.

1. amistad
2. recién casados
3. beso
4. orquesta
5. infantil
6. odiar
7. luna de miel
8. boda
9. cielo
10. celos

C. Antónimos.

1. disputar (reñir)
2. la realidad
3. infantil
4. divorciarse
5. amar
6. fracasar
7. llevarse mal

ESTRUCTURAS

D. El tiempo condicional.

besaría	besarías	besaría	besaríamos	besaríais	besarían
reñiría	reñirías	reñiría	reñiríamos	reñiríais	reñirían
diría	dirías	diría	diríamos	diríais	dirían
habría	habrías	habría	habríamos	habríais	habrían
haría	harías	haría	haríamos	haríais	harían
podría	podrías	podría	podríamos	podríais	podrían
pondría	pondrías	pondría	pondríamos	pondríais	pondrían
querría	querrías	querría	querríamos	querríais	querrían
sabría	sabrías	sabría	sabríamos	sabríais	sabrían
saldría	saldrías	saldría	saldríamos	saldríais	saldrían
tendría	tendrías	tendría	tendríamos	tendríais	tendrían
vendría	vendrías	vendría	vendríamos	vendríais	vendrían

E. ¿Qué dijo Ramón?

1. volvería
2. le traería
3. compraría
4. no miraría
5. recibiría
6. no iría
7. haría
8. pondría
9. limpiaría
10. tendría
11. saldría
12. podrían

F. Lo ideal.

1. se parecería
2. amaría, diría
3. nos casaríamos, viviríamos
4. sería, podríamos
5. tendríamos, harían
6. vendrían, sabrían

G. La curiosidad. *(Answers may vary)*

1. ¿Quién sería Carolina Martínez? (*Who do you suppose Carolina Martínez was?*)
2. ¿Cómo sería el Salón de los Espejos? (*What do you think the Hall of Mirrors was like?*)
3. ¿Por qué se casarían en Guaynabo? (*Why do you think they got married in Guaynabo?*)
4. ¿Quiénes serían los invitados? (*Who do you suppose the guests were?*)
5. ¿Cuál sería el Hotel Condado Beach? (*Which do think was the Condado Beach Hotel?*)
6. ¿Adónde irían para la luna de miel? (*Where do you suppose they went for the honeymoon?*)

H. Cláusulas condicionales.

1. Present—command. If Raúl divorces Clara, don't ever talk to him.

2. Imperfect subjunctive—conditional. If José and Sara were to fight, they would make up again very quickly.

3. Present—present. If you are going to hire a band for the reception, you have to do it soon.

4. Present—future. If Lucrecia respects Fabio, she will resolve her problems with him.

5. Present—imperfect subjunctive. The mother of the bride talks as if the wedding were tomorrow.

I. Las excusas de Ramón.

1. tratas	3. dejaras	5. vas	7. estuviera
2. gastas	4. salieras	6. das	8. ganaras

J. Más fórmulas.

2. command—present subjunctive or present perfect subjunctive

3. future—present subjunctive or present perfect subjunctive

4. preterite—imperfect subjunctive or pluperfect subjunctive

5. imperfect—imperfect subjunctive or pluperfect subjunctive

6. conditional—imperfect subjunctive or pluperfect subjunctive

1. 1   2. 5   3. 6   4. 2   5. 1   6. 4   7. 1   8. 3

K. Querida Teen Girl. *(Answers may vary.)*

1. le dijera cómo conquistar a un chico.

2. se llevaran bien con el chico.

3. salieran.

4. le dijera por qué su novio no reacciona cuando habla de Tom Cruise.

5. fuera celoso.

6. lo abrazaría.

L. Traducciones.

1. Si yo puedo invitar a cincuenta de mis amigos, tú puedes invitar a cincuenta de mis parientes.

2. Si tú contratas a una orquesta, por favor contrata a una banda también.

3. Si yo quisiera una ceremonia al aire libre, ¿querrías tú una recepción en el restaurante?

4. Si yo llevara blue jeans, ¿qué llevarías tú?

5. Tú hablas como si la boda fuera mañana.

LECCIÓN 17
PRÁCTICA DE VOCABULARIO

A. Palabras nuevas.

1. g   2. i   3. h   4. j   5. d   6. c   7. a   8. e   9. b   10. f

B. Antónimos una vez más.

1. liberal
2. flexible
3. materno
4. caballero
5. feminidad
6. inútil
7. pasivo

C. ¿Cómo son los famosos? *(Answers may vary.)*

ESTRUCTURAS

D. En la conferencia.

1. ¿Quién es el alto?
2. ¿Quién es la coqueta?
3. ¿Quiénes son los gordos?
4. ¿Quiénes son las bajas?
5. ¿Quién es el agresivo?
6. ¿Quién es la morena?
7. ¿Quiénes son las rubias?
8. ¿Quiénes son los viejos?

E. Para mí, lo mejor es... *(Answers may vary.)*

F. La violencia doméstica.

1. exista
2. ofrezca, sepan
3. sean
4. sigan, tengan
5. salgan
6. proteja
7. tenga
8. continúe
9. vean
10. haya
11. busquen

G. Otra vez, en el pasado.

2. Era necesario que la sociedad les ofreciera ayuda a las mujeres para que ellas supieran qué se podía hacer en esta situación.

3. Debíamos apoyar leyes en contra de la violencia doméstica para que fueran legisladas.

4. Era inaceptable que los hombres siguieran abusando a las mujeres y que las mujeres tuvieran miedo de dejar a sus esposos abusivos.

5. Era necesario que las mujeres salieran de la casa a la primera indicación de violencia.

6. Necesitábamos una ley que protegiera a todas las mujeres.

7. No había ningún hombre que tuviera el derecho de maltratar a una mujer.

8. Era triste que el abuso físico y sicológico de la mujer continuara.

9. Un hombre podía hacerle daño sicológico a una mujer sin que los demás lo vieran.

10. Las mujeres buscaban una sociedad en la que no hubiera la violencia doméstica.

11. Era necesario que las personas que cometían estos actos de violencia buscaran ayuda.

H. Una riña.

1. los calcetines míos; los míos
2. el deber tuyo; el tuyo
3. los calcetines míos; los míos
4. el problema mío; el mío
5. el problema tuyo; el tuyo
6. la mamá tuya; la tuya
7. la madre mía; la mía
8. los problemas nuestros; los nuestros
9. las hermanas tuyas; las tuyas
10. las teorías suyas; las suyas

11. el matrimonio nuestro; el nuestro

12. las hermanas mías; las mías

13. las ideas suyas; las suyas

14. los esposos suyos; los suyos

15. la opinión mía; la mía

16. el siquiatra suyo; el suyo

17. el marido suyo; el suyo

18. la casa nuestra; la nuestra

19. la riña nuestra; la nuestra

20. la conversación nuestra; la nuestra

I. Traducciones.

1. Lo bueno de mi matrimonio es el hecho de que mi esposo hace la mitad de las tareas domésticas.

2. Él sabe que mi trabajo es tan importante como el suyo.

3. Manolo es sensible, liberal y muy flexible.

4. Si tenemos una riña, él siempre insiste en que hagamos las paces antes de acostarnos.

5. Lo único que me molesta es que no es muy sociable.

LECCIÓN 18
PRÁCTICA DE VOCABULARIO

A. Juego de palabras. *(Possible answers)*

1. *la religión:* rezar, el alma, el cura, Dios, el espíritu, la misa, el pastor, el rabino, la sinagoga, católico, cristiano, judío, protestante, religioso, sagrado, solemne...

2. *el velorio:* enterrar, rezar, el alma, el cementerio, el entierro, el (la) muerto(a), deprimente, solemne...

3. *días festivos:* Carnaval, el Día de los Muertos, el Día de los Reyes, el Día del Santo, Jánuca, la Navidad, La Pascua (Florida), la Semana Santa, la Nochebuena, la Noche Vieja...

B. Definiciones.

1. suceder

2. rabino

3. pastor

4. felicidad

5. festejar

6. deprimido

7. juntar

8. velorio

C. Los días festivos.

1. Carnaval

2. la Noche Vieja

3. el Día de los Muertos

4. el Día de los Reyes Magos

5. la Semana Santa

6. La Navidad

ESTRUCTURAS

D. Para hablar en el pasado.

1. P 2. I 3. I 4. P 5. P 6. I 7. I 8. I 9. P 10. I 11. I

E. Ejemplos.

1. 8. para hablar de acciones repetidas o habituales en el pasado

2. 9. para indicar un cambio en un estado físico, emocional o mental durante un momento específico en el pasado

3. 6. para describir a personas en el pasado

   7. para describir la escena de un evento que ocurrió en el pasado

   11. para hablar de una acción del pasado cuyo comienzo o fin no está indicado

6. 2. para describir deseos y condiciones físicas, emocionales y mentales en el pasado

7. 3. para hablar de la hora y la edad en el pasado

8. 1. para poner énfasis en el comienzo o la terminación de una acción en el pasado

9. 4. para describir o narrar una acción concluida o una serie de acciones concluidas

10. 4. para describir o narrar una acción concluida o una serie de acciones concluidas

11. 5. para hablar de una acción que ocurrió un número específico de veces en el pasado

F. Visitas de familia.

1. Laurencio iba a misa cuando sus tías lo vieron.

2. Marisa celebraba el día de su santo cuando su prima tocó a la puerta.

3. Norma y Marcos brindaban el bautizo de su nieto cuando sus sobrinos entraron en la fiesta.

4. Ricardo se reunía con amigos del trabajo cuando su hijo llegó a la oficina.

5. Héctor miraba el desfile en la tele cuando sus tíos llegaron en taxi del aeropuerto.

G. La niñez de Patricia. *(Answers may vary.)*

1. ¿Qué intereses tenía Patricia? Patricia tenía interés en el tenis y los desfiles.

2. ¿Cómo era Patricia? Patricia era alta y rubia.

3. ¿Cómo celebraba en general Patricia el día de su santo? Tenía una fiesta.

4. ¿Quiénes asistían a sus fiestas generalmente? Sus amigos y parientes asistían a sus fiestas.

5. ¿Cuantos años tenía Patricia en 1994? Tenía 13 años.

6. ¿Dónde nació Patricia? Patricia nació en México.

7. ¿Qué hizo Patricia en el día de su santo en 1991? Patricia fue a un desfile.

8. ¿Dónde celebró Patricia el día de su santo en 1991? Celebró el día de su santo en Chicago.

H. Acciones recíprocas.

nosotros(as): nos   vosotros(as): os   ellos: se   ellas: se   Uds.: se

No hay pronombres recíprocos para los pronombres singulares.

I. ¿Qué hacen? *(Answers may vary.)*

1. Se ven todos los días.   2. Se riñen   3. Se llaman y se escriben con frecuencia.

4. Se besan y se abrazan.   5. Se saludan.   6. Se felicitan.

J. ¿Y Ud.? *(Answers may vary.)*

K. Traducciones.

1. Vicente y Ema se quieren (se aman) mucho.

2. Se llaman del trabajo para decirse cuánto se extrañan.

3. Ayer Vicente le mandó a Ema flores porque sabía que ella no se sentía bien.

4. Cuando ella vio las flores, se sintió mucho mejor.

5. Es probable que se casen el año que viene.